中国文化四讲

千年文脉

李启 强功

编 著

中国经济出版社
CHINA ECONOMIC PUBLISHING HOUSE

·北 京·

图书在版编目（CIP）数据

千年文脉 / 启功著；李强编. -- 北京：中国经济
出版社，2024.1
（中国文化四讲）
ISBN 978 - 7 - 5136 - 7472 - 0

Ⅰ.①千⋯ Ⅱ.①启⋯ ②李⋯ Ⅲ.①国学 - 研究
Ⅳ.①Z126

中国国家版本馆CIP数据核字（2023）第180076号

责任编辑　龚风光　陶栎宇
责任印制　马小宾
封面设计　知雨林

出版发行　中国经济出版社
印刷者　北京艾普海德印刷有限公司
经销者　各地新华书店
开　　本　710mm×1000mm　1/16
印　　张　21
字　　数　243千字
版　　次　2024年1月第1版
印　　次　2024年1月第1次
定　　价　98.00元

广告经营许可证　京西工商广字第8179号

中国经济出版社　网址 www.econmyph.com　社址 北京市东城区安定门外大街58号　邮编 100011
本版图书如存在印装质量问题，请与本社销售中心联系调换（联系电话：010-57512564）

　　启功先生（1912—2005）在我们当下的读书界，最初是以著名书法家名世的。然而事实上，启功先生书法的成就，是以丰富与坚实的传统文化修养为根基的。启功先生是爱新觉罗皇族出身，自幼受到良好的传统文化教育，自青年至耄耋之年，从事高等文化教育凡七十余年，是一位文化教育的大师。启先生的著作，总是循循然善诱人的。

　　20世纪70年代末，高等教育恢复，启先生招到了他的首批研究生。面对这些好学聪明又被时代延误读书的学子，启先生设计先开一门特别的课程——猪跑学。这是一个风趣的口头叫法，意思是没吃过猪肉也要了解一下猪跑，为青年学子"恶补"一下文化常识。老一辈学人都评价，启先生肚子里有无尽的中国学问。岂知启先生还是位能将其学问生动诙谐、深入浅出地表达出来的大师。那些如今成就斐然的门生学者，就是启先生的证明。

　　我们与出版社深入沟通，以启先生当年讲述"猪跑学"的思路，梳理整合启先生讲解传统文化的文字，分别以《千里之境》《笔墨风骨》《歌以咏志》《千年文脉》为题，编为绘画、书法、诗词、国学四部分，以图文为形式，为当代读者提供一套有体系、较简明的文化读本，也借此向年轻朋友介绍启功先生的学问一斑与文化品格。

　　在选编过程中，我们反复阅读启先生存世的著作，依据四个主题以及编辑体例要求，进行了仔细的选辑和编排。需要说明的有：

一、依体例要求，少数文章的标题与段落有所调整，并统一了标题层级。

二、依目前出版规范，查考相关资料与工具书，对原文的繁体字、异体字、标点符号等进行了校订，例如"做""作""的""地""得"等用法，均按当下出版规范进行了调整。而作者的写作风格、语言习惯等，则尽量予以保留。

三、历史人物的名字，凡存在繁体、异体字的，统一改为简体字。例如文徵明的"徵"改为"征"，刘知幾的"幾"改为"几"，等等。

四、典籍著作的名称，按书画、文史领域的通用习惯，沿袭旧称。例如"《兰亭叙》""穀梁"等用法，均予以保留。

五、根据一般文化的标准，对我们认为的生僻字添加注音简释，对不常见的文化术语、历史事件、文化人物等添加介绍与说明。此部分文字以边注、脚注的形式呈现。

六、对原文提到的作品，尽我们的搜集能力，配图对照，方便读者的阅读体验。

七、极个别处，对原文知识点有所质疑，将编者的意见附注在页下。

八、根据内容精选历代书画作为配图，若画心完整，则不标注"局部"。

启功先生谢世近二十年了。先生的品德与学问，正像他为北师大拟写的"学为人师、行为世范"的校训一样，越来越广泛地被年青一代了解和继承。启功先生一生做了七十多年的文化教师，他的晚年，把为文化建设添一把力作为自己唯一的生命意义。现在，正是中华民族复兴与传统文化发展的百年良机，我们编辑出版这套"启功讲中国文化"的文化普及系列图书，是希望用方便好读的形式，推广曾经对我们精神再造的传心著作，为爱好传统文化的读者提供一个进阶方案，以纪念精神在我们心中长存的人生师长。启功先生的著作是眼光独具而深入的，也是启发有法且浅出的。我们编辑工作中的失误与不足，请读者朋友指谬，以助我们的改正与进步。

李强

癸卯初秋于北师大乾乾隅

我认为诗与画是同胞兄弟，它们有一个共同的母亲，就是生活。

目录

辑一

显微镜下的国学

⊙ 谈诗书画的关系……003

⊙ 书启制度之变迁……017

⊙ 晋代人书信中的句读……022

⊙ 米元章帖……031

⊙ 杆儿……033

⊙ 札记二十二则……036

⊙ 少数民族与中华民族文化的关系……055

辑四

古代学术思想概论

⊙ 先秦学术 ……239

⊙ 汉代经学 ……262

⊙ 宋明理学 ……267

⊙ 清代今古文经学 ……275

辑五

文史典籍整理

⊙ 《文史典籍整理》课程导言 ……291

⊙ 谈清代改译少数民族姓名事 ……312

附录

⊙ 启功年谱 ……320

目录

辑二

古代文学六讲

- ⊙ 中国文学源流大纲 …… 087
- ⊙ 南北朝文学概况 …… 099
- ⊙ 怎样研究唐代文学 …… 113
- ⊙ 唐代民间文学 …… 125
- ⊙ 明清散文 …… 140
- ⊙ 八股文是怎么回事 …… 146

辑三

文学经典漫谈

- ⊙ 读《论语》献疑 …… 157
- ⊙ 说《千字文》 …… 184
- ⊙ 读《红楼梦》札记 …… 210

尺牍书疏，千里面目。

辑一

显微镜下的国学

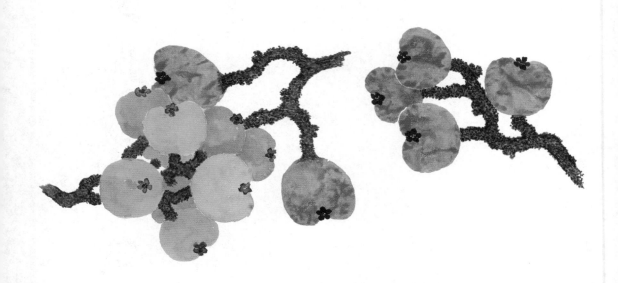

谈诗书画的关系

首先说明，这里所说的诗是指汉诗，书指汉字的书法，画指中国画。

大约自从唐代郑虔[①]以同时擅长诗、书、画被称为"三绝"以后，这便成了书画家多才多艺的美称，甚至成为对一个书画家的要求条件。但这仅仅说明这三项艺术具备在某一作者身上，并不说明三者的内在关系。

古代又有人称赞唐代王维"诗中有画、画中有诗"，以后又成了对诗、画评价的常用考语。这比起泛称"三绝"的说法，当然是进了一步。现在拟从不同的角度，探索一下诗、书、画的关系。

---

① 郑虔：唐代文学家、书法家、画家，字弱齐，郑州荥阳（今属河南）人。任广文馆博士、著作郎，与李白、杜甫交游，被唐玄宗称为"郑虔（诗、书、画）三绝"。事迹见《新唐书》《唐才子传》。——编者注（以下脚注若无特别说明，均为编者注）

一

"诗"的含义。最初不过是徒歌^①的谣谚或带乐的唱辞，在古代由于它和人们的生活有着密切的关系，又发展到政治、外交的领域中，起着许多作用。再后某些具有政治野心、统治欲望的"理论家"硬把古代某些歌辞解释成为含有"微言大义"的教条，那些记录下来的歌辞又上升为儒家的"经典"。这是诗在中国古代曾被扣上过的几顶帽子。

客观一些，从哲学、美学的角度论的"诗"，又成了"美"的极高代称。一切山河大地、秋月春风、巍峨的建筑、优美的舞姿、悲欢离合的生活、壮烈牺牲的事迹，等等，都可以被加上"诗一般的"这句美誉。若从这个角度来论，则书与画也可被包罗进去。现在收束回来，只谈文学范畴的"诗"。

二

诗与书的关系。从广义来说，一件美好的书法作品，也有资格被加上"诗一般的"四字桂冠，现在从狭义讨论，我便认为诗与书的关系远远比不上诗与画的关系深厚。再缩小一步，我曾认为书法不能脱离文辞而独立存在，即使只写一个字，那一个字也必有它的意义。例如写一个"喜"字或一个"福"字，都代表着人们的愿望。一个"佛"字，在佛教传入以后，译经者用它来对梵音，不过是一个声音的符号，而纸上写的"佛"字，贴在墙上，就有人向它膜拜。所拜并非写的笔法墨法，而是这个字所代表的意义。所以我曾认为书法是文辞以至诗

---

① 徒歌：歌唱时无乐器伴奏，即清唱。《尔雅·释乐》："徒歌谓之谣。"

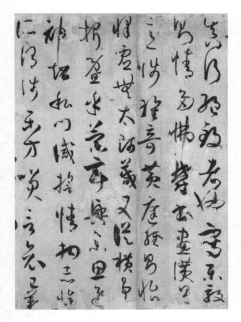

[唐]孙过庭《书谱》（局部）
现藏台北故宫博物院

释文：（真行绝致者也。）写《乐毅》则情多怫郁，书《画赞》则意涉瑰奇，《黄庭经》则怡怿虚无，《太师箴》又纵横争折。暨乎兰亭兴集，思逸神超；私门诫誓，情拘志惨。所谓涉乐方笑，言哀已叹。

文的"载体"。近来有人设想把书法从文辞中脱离出来而独立存在，这应怎么办，我真是百思不得其法。

但转念书法与文辞也不是随便抓来便可用的瓶瓶罐罐，可以任意盛任何东西。一个出土的瓷虎子①，如果摆在案上插花，懂得古器物的人看来，究竟不雅。所以即使瓶瓶罐罐，也不是没有各自的用途。书法即使作为"载体"，也不是毫无条件的；文辞内容与书风，也不是毫无关联的。唐代孙过庭《书谱》说："写《乐毅》则情多怫郁，书《画赞》则意涉瑰奇，《黄庭经》则怡怿虚无，《太师箴》又纵横争折。暨乎兰亭兴集，思逸神超；私门诫誓，情拘志惨。所谓涉乐

① 虎子：中国古代生活用具，常见于汉魏晋南北朝墓葬中，多作兽形，下有矮足，一端有大口，背有提手。材质以青瓷居多。用途一说是溺器（尿壶），一说是水器。

方笑，言哀已叹。"王羲之的这些帖上是否果然分别表现着这些情绪，其中有无孙氏的主观想象，今已无从在千翻百刻的死帖中得到印证，但字迹与书写时的情绪会有关系，则是合乎情理的。这是讲写者的情绪对写出的风格有所影响。

还有所写的文辞与字迹风格也有适宜与否的问题。例如用颜真卿肥厚的笔法、圆满的结字来写李商隐的"昨夜星辰昨夜风"之类的无题诗，或用褚遂良柔媚的笔法、俊俏的结字来写"杀气冲霄，儿郎虎豹"之类的花脸戏词，也让人觉得不是滋味。

归结来说，诗与书，有些关系，但不如诗与画的关系那么密切，也不如诗与画的关系那么复杂。

三

书与画的关系。这是一个大马蜂窝，不可随便乱捅。因为稍稍一捅，即会引起无穷的争论。但题目所迫，又不能避而不谈，只好说说纯粹属于我个人的私见，并不想"执途人以强同"。

我个人认为"书画同源"这个成语最为"书画相关论"者所引据，但同"源"之后，当前的"流"还同不同呢？按神话说，人类同出于亚当、夏娃，源相同了，为什么后世还有国与国的争端，为什么还有种族的差别，为什么还要语言的翻译呢？可见"当流说流"是现实的态度，源不等于流，也无法代替流。

我认为写出的好字，是一个个富有弹力、血脉灵活、寓变化于规范中的图案，一行一篇又是成倍数、方数增加的复杂图案。写字的工具是毛笔，与作画的工具相同，在某些点画效果上有其共同之处。

[元] 柯九思《清闷阁墨竹图》（局部）
现藏北京故宫博物院

[元] 吴镇《芦滩钓艇图》（局部）
现藏台北故宫博物院

[清] 龚贤《千岩万壑图》（局部）
现藏南京博物院

最明显的例如元代柯九思^①、吴镇^②，明清之间的龚贤^③、渐江^④等，他们画的竹叶、树枝、山石轮廓和皴（cūn）法，都几乎完全与字迹

① 柯九思：元代书画家、鉴藏家。字敬仲，号丹丘生，台州仙居（今浙江仙居县）人。元文宗时任奎章阁鉴书博士，元内府所藏金石书画，皆由其鉴定。

② 吴镇：元代画家、书法家、诗人。字仲圭，号梅花道人，浙江嘉兴人。擅画山水、梅花、竹石，与黄公望、倪瓒、王蒙合称"元四家"。

③ 龚贤：清初画家，"金陵八家"之一。一名岂贤，字半千，号野遗、柴丈人，昆山（今属江苏）人。

④ 渐江：明末清初画家。俗姓江，名韬，字六奇，僧名弘仁，字渐江，歙县（今属安徽）人。新安画派开创人，与髡残、朱耷、石涛合称"清初四僧"。

的笔画调子相同，但这不等于书画本身的相同。

书与画，以艺术品种来说，虽然殊途，但对人们生活的作用，却有共同之处。一幅画供人欣赏，一幅字也无二致。我曾误认为文化修养不深的人、不擅长写字的人必然只爱画不爱字，结果并不然。一幅好字吸引人，往往并不少于一幅好画。

书法在一个国家民族中，既然具有"上下千年、纵横万里"的经历，直到今天还受人喜爱，必定有它的特殊因素。不但在使用这种文字的国家民族中如此，而且越来越多地受到并不使用这种文字的兄弟国家民族的艺术家们注意。为什么？这是个值得探索的问题。

我认为如果能找到书法艺术能起如此作用，能有如此影响的原因，把这个"因"和画类同样的"因"相比才能得出它们的真正关系。这种"因"是两者关系的内核，它深于、广于工具、点画、形象、风格等外露的因素。所以我想，与其说"书画同源"，不如说"书画同核"似乎更能概括它们的关系。

有人说，这个"核"究竟应该怎样理解，它包括哪些内容？甚至应该探讨一下它是如何形成的。现在就这个问题作一些探索。

（一）民族的习惯和工具：许多人长久共同生活在一块土地上，由于种种条件，使他们使用共同的工具。

（二）共同的好恶：无论是先天生理的或后天习染的，在交通不便时，久而蕴成共同心理、情调以至共同的好恶，进而成为共同的道德标准、教育内容。

（三）共同的表现方法：用某种语辞表达某些事物、情感，成为共同语言。用共同办法来表现某些形象，成为共同的艺术手法。

（四）共同的传统：以上各种习惯，日久成为共同的各方面的传统。

（五）合成了"信号"：以上这一切，合成了一种"信号"，它足以使人看到甲便联想到乙，所谓"对竹思鹤""爱屋及乌"，同时它又能支配生活和影响艺术创作。合乎这个"信号"的即被认为谐调，否则即被认为不谐调。

所以我认为如果问诗书画的共同"内核"是什么，是否可以说就是这种多方面的共同习惯所合成的"信号"。一切好恶的标准，表现的手法，敏感而易融的联想，相对稳定甚至于有排他性的传统，在本民族（或集团）以外的人，可能原来无此感觉，但这些"信号"是经久提炼而成的，它的感染力也绝不永久限于本土，它也会感染别人，或与别的信号相结合，而成为新的文化艺术品种。

当这个信号与另一民族的信号相遇而有所比较时，又会发现彼此的不足或多余。所谓不足、多余的范围，从广大到细微，从抽象到具体，并非片言可尽。姑且从缩小范围的诗画题材和内容来看，如果把某些诗歌中常用的词汇、所反映的生活加以统计，它的雷同程度会使人吃惊甚至发笑。某些时代某些诗人、画家总有爱咏、爱画的某些事物，又常爱那样去咏、那样去画。也有绝不"入诗""入画"的东西和绝不使用的手法。彼此影响，互相补充，也常出现新的风格流派。

这种彼此影响，互成增减的结果，当然各自有所变化，但在变化中又必然都带有其固有的传统特征。那些特征，也可算作"信号"中的组成部分。它往往顽强地表现着，即使接受了乙方条件的甲方，还常能使人看出它是甲而不是乙。

再总括来说，前文所谓的"核"，也就是一个民族文化艺术上由于共同工具、共同思想、共同方法、共同传统所合成的那种"信号"。

四

诗与画的关系。我认为诗与画是同胞兄弟，它们有一个共同的母亲，就是生活。具体些说，就是它们都来自生活中的环境、感情等，都有美的要求、有动人力量的要求，等等。如果没有环境的启发、感情的激动，作出的诗或画，必然是无病呻吟或枯燥乏味的。如果创作时没有美的要求，不想有动人的力量，必然使观者、读者味同嚼蜡。

这些相同之处，不是人人都同时具备的，也就是说，不是画家都是诗人，诗人也不都是画家。但一首好诗和一幅好画，给人们的享受则是各有一定的分量，有不同而同的内核。这话似乎未免太笼统、太抽象了。但这个原则，应该是不难理解的。

从具体作品来说，略有以下几个角度：

（一）评王维的"诗中有画、画中有诗"这句名言，事实上已把诗画的关系缩得非常之小了。请看王维诗中的"画境"名句，如"山中一夜雨，树杪百重泉""竹喧归浣女，莲动下渔舟""草枯鹰眼疾，雪尽马蹄轻""坐看红树不知远，行尽青溪不见人"等著名佳句，也不过是达到了情景交融甚或只够写景生动的效果。其实这类情景丰富的诗句或诗篇，并不只王维独有，像李白、杜甫诸家，也有许多可以媲美甚至超过的。李白如"朝辞白帝彩云间""天门中断楚江开"及《蜀道难》诸作；杜甫如"吴楚东南坼""无边落木萧萧下"及《奉观严郑公厅事岷山沱江画图十韵》诸作，哪句不是"诗中有画"？只因王维能画，所以还有下句"画中有诗"，于是特别取得"优惠待遇"而已。

至于王维画是个什么样子，今天已无从得以目验。史书上说他"云峰石迹，迥出天机；笔思纵横，参乎造化"。这两句倒真达到了诗画交融的高度，但又夸张得令人难以想象了。试从商周刻铸的器物花纹看起，中经汉魏六朝、隋唐宋元，直到今天的中外名画，又哪一件可以证明"天机""造化"是个什么程度？王维的真迹已无一存，无从加以证实，那么王维的画便永远在"诗一般的"极高标准中"缺席判决"地存在着。以上是说诗与画二者同时具备于一人笔下的问题。

（二）画面境界会因诗而丰富提高。画是有形的，而又有它的先天局限性。画某人的像，如不写明，不认识这个人的观者就无从知道是谁；一处风景，也无从知道画上的东西南北等情况，都需要画外的补充。而补充的方法，又不能在画面上多加小注。即使加注，也只能注些人名、地名、花果名、故事名，却无从注明其中要表现的感情。事实上画上的几个字的题词以至题诗，都起着注明的作用，如一人骑驴，可以写"出游""吟诗""访友"，甚至"回家"，都可因图名而唤起观者的联想，丰富了图中的意境，题诗更足以发挥这种功能。但那些把图中事物摘出排列成为五言、七言有韵的"提货单"，则不在此列（不举例了）。

杜甫像

杜甫那首《奉观严郑公厅事岷山沱江画图十韵》诗，首云"沱水流中座，岷山到北堂"，这幅画我们已无从看到，但可知画上未必在山上注写"岷山"，在水中注写"沱水"。即使曾有注字，而"流"和"到"也必无从注出，再退一步讲，水的"流"可用水纹表示，而山的"到"，又岂能画上两脚呢！无疑这是诗人赋予图画的内容，引发观画人的情感，诗与画因此相得益彰。今天此画虽已不存，而读此诗时，画面便如在眼前。甚至可以说，如真见原画，还未必比得上读诗所想的那么完美。

再如苏轼《题虔州八境图》云："涛头寂寞打城还，章贡台前暮霭寒。倦客登临无限思，孤云落日是长安。"我生平看到的宋画，敢说相当不少了，也确有不少作品能表达出很难表达的情景，即此诗中的涛头、城郭、章贡台、暮霭、孤云、落日都不难画出，但苏诗中那种回肠荡气的感情，肯定在画上是无从具体画出的。

又一首云："朱楼深处日微明，皂盖归时酒半醒。薄暮渔樵人去尽，碧溪青嶂绕螺亭。"和前首一样，景物在图中不难一一画出，而诗中的那种惆怅心情，虽荆、关、李、范也必无从措手的。这八境图我们已知是先有画后题诗的，这分明是诗人赋予图画以感情的。但画手竟然用他的图画启发了诗人这些感情，画手也应有一份功劳。更公平地说，画的作用并不只是题诗用的一幅花笺，能引得诗人题出这样好诗的那幅画，必然不同于寻常所见的"污泥浊水"。

宋理宗赵昀像

（三）诗画可以互相阐发。举一个例：曾见一幅南宋人画的纨扇，另一面是南宋后期某个皇帝的题字，笔迹略似理宗。画一个大船停泊在河边，岸上一带城墙，天上一轮明月。船比较高大，几占画面三分之一，相当充塞。题字是两句诗，"沆（xuè）瀁明月夜，淡泊早秋天"，不知是谁作的。也不知这两面纨扇，是先有字后补图，还是为图题的字。这画的特点在于诗意是冷落寂寞的，而画面上却是景物稠密的，妙处即用这样稠密的景物，竟能把"沆瀁""明月夜"和"淡泊""早秋天"的难状内容，和盘托给观者。足使任何观者都不能不承认画出了以上四项内容，而且了无差错。如果先有题字，则是画手善于传出诗意，这定是深通诗意的画家；如果先有画，则是题者善于捉住画中的气氛，而用语言加工成为诗句。如诗非写者所作，则是一位善于选句的书家。总之或诗中的情感被画家领悟，或画家的情感被题者领悟，这是"相得益彰"的又一典范。

其实所见宋人画尤其许多纨扇小品，一入目来便使人发生某些情感的不一而足。有人形容美女常说"一双能说话的眼睛"，我想借

[南宋] 佚名《御笔》
私人收藏

[宋] 佚名《高士观瀑图》
现藏美国大都会艺术博物馆

喻好画说它们是一幅幅"能说话的景物，能吟诗的画图"。

可以设想在明清画家高手中如唐六如、仇十洲、王石谷、恽南田①诸公，如画沉寥淡泊之景，也必然不外疏林黄叶、细雨轻烟的处理手法。更特殊的是那位画大船纨扇的画家，是处在"马一角②"的时代，却不落"一角"的套子，岂能不算是豪杰之士！

（四）诗画结合的变体奇迹。元代已然是"文人画"（借用董其昌语）成为主流，在创作方法上已然从画帧上贴绢立着画而转到案头上铺纸坐着画了。无论所画是山林丘壑还是枯木竹石，他们最先的前提，不是物象是否得真，而是点画是否舒适。换句话说，即

---

① 唐六如、仇十洲、王石谷、恽南田：明清时期的画家。唐六如即唐寅，字伯虎，号六如居士、桃花庵主等，吴县（今江苏苏州）人，为"明四家""吴中四才子"之一。仇十洲即仇英，字实父，号十洲，太仓（今属江苏）人，为"明四家"之一。王石谷即王翚，字石谷，号耕烟散人等，创虞山派，为"四王""清六家"之一。恽南田即恽寿平，字正叔，号南田、白云外史等，江苏武进（今常州）人。创常州派，为"清六家"之一。

② 马一角，即南宋画家马远，以画"边角之景"而著名，构图别具一格，时人称"马一角"。

[元] 倪瓒《容膝斋图》
现藏故宫博物院

[清] 八大山人作品（局部）

是志在笔墨，而不是志在物象。物象几乎要成为舒适笔墨的载体，而这种舒适笔墨下的物象，又与他们的诗情相结合，成为一种新的东西。倪瓒①那段有名的题语说他画竹只是写胸中的逸气，任凭观者看成是麻是芦，他全不管。②这并非信口胡说，而确实是代表了当时不仅只倪氏自己的一种创作思想。能够理解这个思想，再看他们的作品，就会透过一层。在这种创作思想的支配下，画上的题诗，与物象是合是离，就更不在他们考虑之中了。

倪瓒画两棵树、一个草亭，硬说它是什么山房，还振振有词地题上有人有事有情感的诗。看画面只能说它是某某山房的"遗址"，因为既无山又无房，一片空旷，岂非遗址？但收藏著录或评论记载的书中，却无一写它是"遗址图"的，也没人怀疑诗是抄错了的。

到了八大山人③又进了一步，画的物象不但是"在似与不似之间"，几乎可以说他简直是要以不似为主了。鹿啊，猫啊，翻着白眼，以至鱼鸟也翻白眼。哪里是所画的动物翻白眼，可以说那些动物都是画家自己的化身，在那里向世界翻着白眼。在这种画上题的诗，也就不问可知了。具体说，八大山人题画的诗，几乎没有一首可以讲得清楚的，想他原来也没希望让观者懂得。奇怪的是那些"天晓得"的诗，居然曾见有人为它诠释。雅言之，可说是在猜谜；俗言之，好像巫师传达神语，永远无法证实。

但无论倪瓒或八大山人，他们的画或诗以及诗画合成的一幅幅

---

① 倪瓒：元代画家，初名珽，字元镇，号云林子、荆蛮民、幻霞子，无锡（今属江苏）人。人品高洁，作品意境清远萧疏，为"元四家"之一。

② 倪瓒自跋画竹云："余之竹聊以写胸中逸气耳，岂复较其似与非，叶之繁与疏，枝之斜与真哉！或涂抹久之，它人视以为麻为芦，仆亦不能强辨为竹。"

③ 八大山人，即朱耷，清初画家。江西南昌人。明宁王朱权后裔，明亡后出家，亦僧亦道，别号八大山人、雪个等。擅长水墨花卉鱼鸟，极富个性。与弘仁、髡残、石涛合称"清初四僧"。

[北宋]赵佶《瑞鹤图》（局部）
现藏辽宁省博物馆

鸱尾即鸱吻，是中国古建筑
屋脊两端的一种兽形装饰物。
《瑞鹤图》中的白鹤正站立
在鸱尾上。

作品，都是自标新义、自铸伟词，绝不同于欺世盗名、无理取闹。所以说它们是瑰宝、杰作，并不因为作者名高，而是因为这些诗人、画家所画的画、所写的字、所题的诗，其中都具有作者的灵魂、人格、学养。纸上表现出的艺能，不过是他们的灵魂、人格、学养升华后的反映而已。如果探索前文说过的"核"，这恐怕应算"核"中一个部分吧！

（五）诗画结合也有庸俗的情况。南宋邓椿《画继》记载过皇帝考画院的画手，以诗为题。什么"乱山藏古寺"，画山中庙宇的都不及格，有人画山中露出鸱（chī）尾、旗杆的才及了格。"万绿丛中红一点"，画绿叶红花的都不及格，有人画竹林中美人有一点绛唇的乃得中选。"踏花归去马蹄香"，画家无法措手，有人画马蹄后追随飞舞着蜜蜂、蝴蝶，便夺了魁。如此等等的故事，如果不是记录者想象捏造的，那只可以说这些画是"画谜"，谜面是画，谜底是诗，庸俗无聊，难称大雅。如果是记录者想象出来的，那么那些位记录者可以说"定知非诗人"（苏轼诗句）了。

从探讨诗书画的关系，可以理解前人"诗禅""书禅""画禅"的说法，"禅"字当然太抽象，但用它来说诗、书、画本身许多不易说明的道理，反较繁征博引来得概括。那么我把三者关系说它具有"内核"，可能词不达意，但用意是不难理解的吧？我还觉得，探讨这三者之间的关系，必须对三者各自具有深刻的、全面的了解。在了解的扎实基础上再居高临下去探索，才能知唐宋人的诗画是密合后的超脱，而倪瓒、八大山人的诗画则是游离中的整体。这并不矛盾，引申言之，诗、书、画三者间，也是有其异中之同和同中之异的。

书启制度之变迁

《颜氏家训》云："尺牍书疏，千里面目。"昔人于笔札往还，莫不深加珍重。其文风、字体，乃至笺纸、封皮，俱有种种程式。世之好收藏古尺牍者，亦不乏其人，或刻石为帖，或影印成书，洋洋大观，目不暇给。至于笺纸之制，缄封之法，随时世以变迁者，人多忽而不察。今将所见及者略记于下。

汉代书疏，皆以竹简，故后世曰简、曰笺、曰札、曰尺牍，皆是竹简之概念。后世所用工具不同，形式已异，而名称犹沿其旧焉。

唐以前之书疏，仅于法帖中见之，若西域出土之李柏文书，乃其起草之稿，与直接投致之物，究未能等同视之。而法帖所刻，多无首尾，纵或有之，亦不能见封里痕迹。

古人封检之制，若汉代简版对合，以绳束之，上加封泥，今西域出土者甚多。而六朝唐宋之封式，则无从得见。不佞所曾寓目者，唯宋苏东坡，元赵子昂、邓善之数帖，封签尚存，然已俱剪成竖条，附裱于简帖之旁矣。此类剪下之条，多为中间一缝，上半署收者姓氏官衔，下半署具书人姓名，字皆骑在缝上，莫喻其故。后又见明

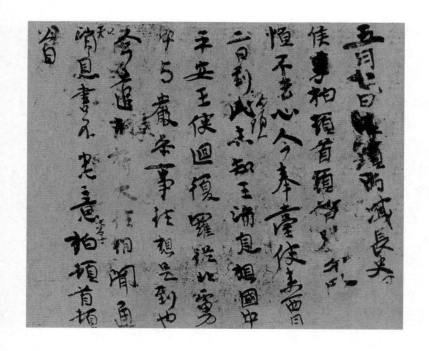

[前凉] 李柏文书（部分）
现藏日本京都龙谷大学学术情
报中心大宫图书馆

这是前凉西域长史李柏写给焉
耆等诸国王的信函草稿。
释文：
五月七日，海头西域长史、
（关内）侯李柏顿首顿首。别
□□□恒不去心，今奉台使来
西，月二日到此（海头），未
知王消息，想国中平安，王使
回复罗，从北虏中与严参事往，
想是到也。今遣使苻大往相闻
通知消息，书不悉意。李柏顿
首顿首。

文征明致其外甥之书数通，皆横纸竖行，有如手卷之式。纸尾有上下封题姓名两半行，其右半行紧邻左纸边，左半行反在纸边之右约数寸之际。以字之偏旁言之，纸左边处征明字存"夊月"，其右数寸处却存"彳日"，殊不可解。一日以日本奉书卷纸作字，见其纸面俱向外，忽悟其制犹唐代所传，盖具书者自纸卷之右端写起，随写随卷，字迹向外，所书既竟，割截其纸，左端略留余纸，卷尾一端白纸即作卷筒之封皮，在纸边着糊，即成卷筒状，以缝为中线在缝上题署。其卷内空白一段，恐有人私拆妄加他语，于是于具名之后，注以"谨空"字样。受书者为就其缝处拆开，即成两个半引字分在卷后。如惜其封署之字，则就此引之两旁剪之，即成骑缝题署一行之竖条。且所见宋元

[清] 李叔同（弘一法师）信封
现藏天津博物馆

书札封题竖条，俱在纸面上写字，又可证其纸面向外卷矣。

古代尚有加封之制，盖受托携带之人表示珍重，或有附件，不能同卷一筒中，则外加封皮。宋元封皮今不可见，清代封皮犹有存者，以今例古，不难推想。清代封皮用白方皮纸一幅，角尖相对，粘成长方包，如今之洋式信封，但易横方为直方耳。然后，在有纸缝一面，粘贴红签条，加以题署。古人所谓斜封，所谓一角文书，谅不外此。

至于明代中叶以后之书启，多见手折之式，每在折面书"副启"二字，或在折纸之最右边处钤"副启"字样之印章，且只存印之左半，初不解其故。继见有附存名帖者，其帖多用红笺一张，与折纸同大，上写具书人之姓名，粘连于副启折前，盖名帖所以代表具书之人，副启则为所陈之事。昔人以亲到面谒为尽礼，有所不能时，以名帖为自身之代表，副启则如"备忘录"，如"说明书"然，非所以昭郑重，故折尾每书"名正具"或"名另具"，所具之处，即在其前之名帖上也。或有正帖已失，仅存副启，款字但书"名正具"，则其人为谁，殊费摸索矣。亦有其折之起手右边下半行处写具书人之姓名顿首拜以代名帖。次行以下，即书副启之文，此则简便之式耳。宋人有所谓"品字笺"者，见陆放翁^①所记，即名帖一，四六骈体笺启一，散文陈述所言之事一，谓之"品"字者，以其名帖居上，下列两种文体二启，如"品"字状也。盖古代称四六骈体为"文"，凡重要文字必以四六为郑重，散文为笔，如明清人之视口语文只小说戏曲用之，不可以登大雅之堂焉。虽史汉^②、韩柳在前，又何能拗过官场积习耶？然骈俪究不易达意，尤不足以说明具体事物，故再加散文之启。然叠床架屋，徒成具文，即在当时，亦通行不久。而今日流传宋人墨迹，竟无一四六笺启，可见当时即使施之于用者，亦不过胥吏拼凑套语，敷衍了事而已。明人之名帖副启合一之制，殆亦宋人之遗，而省其四六一启，可谓"吕"字笺矣。明人笺启之式至清犹存，康雍时固无论，即乾隆时犹存明式。曾见钱香树致其女之翁一札，已截装成册页，前有白纸一幅，为名帖，后为书启，其名帖纸与附启相同，盖即折子之前一页耳。盖亲家翁相见，在当时必取为最敬之礼也，后世通行无论亲属亲戚朋友乃至长官僚属具书，皆首一行曰"某某下"，（其人之字或号）称谓（各随其关系称之）下接"敬启□下（各随其关系而定）"之式，则不知始于何时。大约康熙以后，逐渐形成者。其纸亦由折式而易为笺纸焉。

---

① 陆放翁，即陆游。南宋诗人。字务观，号放翁。

② 史汉：《史记》《汉书》的并称。

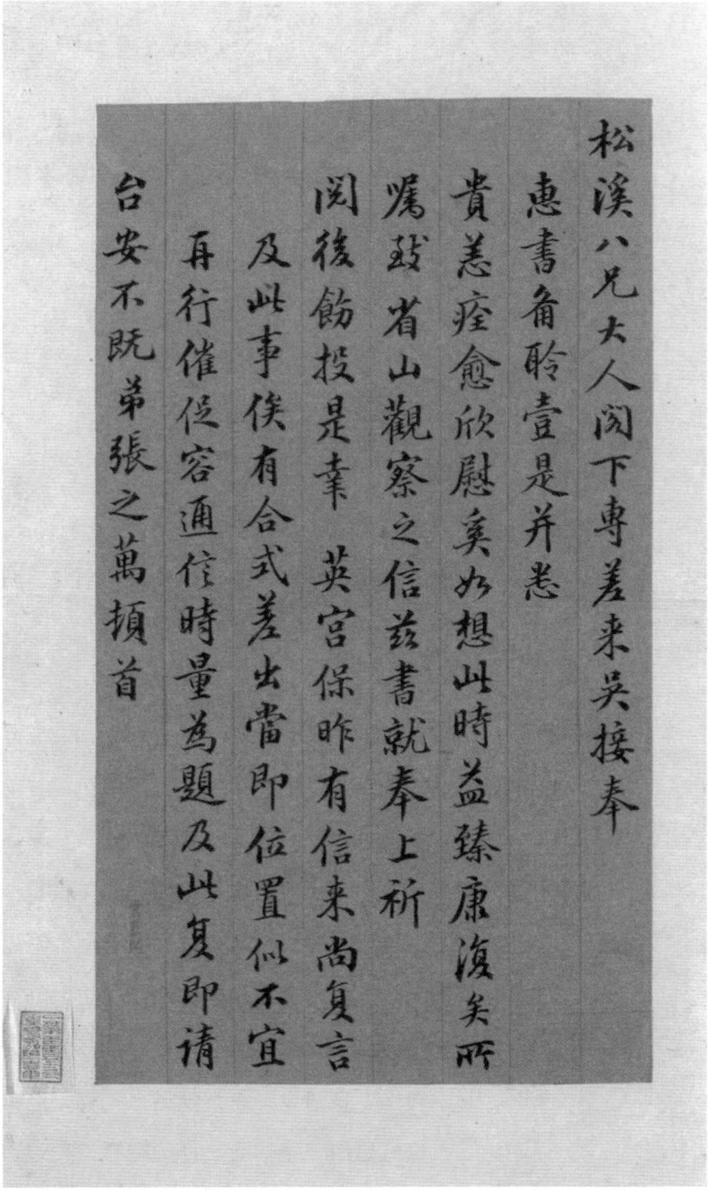

松溪八兄大人閣下專差来吳接奉
惠書备聆壹是并悉
貴恙痊愈欣慰曷如想此時益臻康復矣所
囑致省山觀察之信兹書就奉上祈
閱後飭投是幸　英宮保昨有信来尚復言
及此事俟有合式差出當即位置似不宜
再行催促容通信時量為題及此復即請
台安不既弟張之萬頓首

[清] 张之万《致松溪尺牍》
现藏台北故宫博物院

晋代人书信
中的句读

有一位兄弟院校的教师寄来一封信，说到王羲之写的《快雪时晴帖》中有一处句读难断，据说问过两位朋友，所说不一，因来函垂询。帖文如下：

> 羲之顿首，快雪时晴，佳想安善。未果为结力不次，王羲之顿首。山阴张侯。

这里除后面写信的人名和收信人张侯（侯是尊称）外，"快雪"等八个字，也很明白。只有"未果"等七个字不易点断。这正是那位朋友垂询的问题。我学书法，也曾不止一次地临写这个帖，也曾对这七个字的句读感到困惑。后来从"力不次"得到初步的解释：回忆幼年时，家中有婚、丧诸事，有亲友送来礼物，例由管账的人填写一张"谢帖"，格式是用一张信笺一样的空纸，右边印一个"领"字（如不能接受的礼物，即改"领"，写一个"璧"字，表示璧还），中间上端印一个"谢"字，下半印受礼家的主人姓名，左边空处由管账者

[晋]王羲之
《快雪时晴帖》
现藏台北故宫博物院

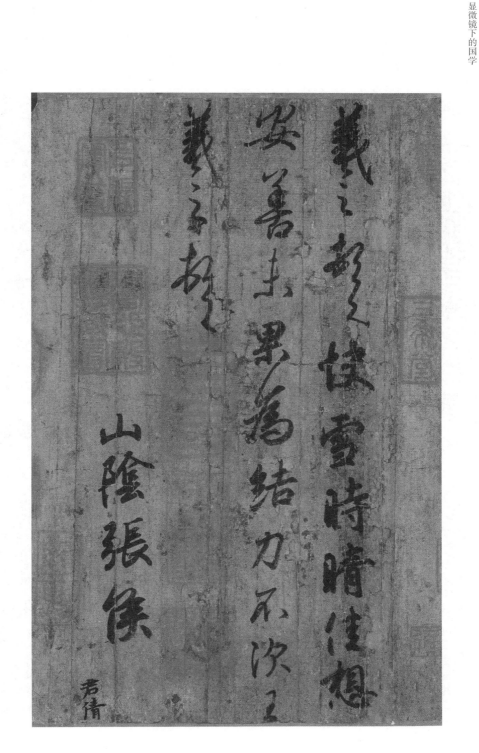

三希堂精鉴玺

清代乾隆帝的书房名"三希堂"，设于养心殿西暖阁，他将晋代王羲之《快雪时晴帖》、王献之《中秋帖》、王珣《伯远帖》三帖收藏在此。"三希"源自"士希贤，贤希圣，圣希天"的修养论，也暗含三种稀世珍宝之意。

临时写"力若干"（付给"力"的酬劳钱数）。这个"力"即指送礼人。当时世俗甚至称卖劳力的人为"苦力"，文书上即写一"力"字。联想到帖中的"力"字，应该即指送信人。又按古代旅行，走到某处停下来，称为"次"，表示旅程的段落。杜甫诗有"行次昭陵[①]"一首，意思是"行到昭陵"。那么"不次"当是不能停留，需要赶快回去，所以王羲之写这短札作答复。

再看"未果"，当然是未能达到目的，未能实践约会一类事情的用语，事未实现，自然心怀不畅，那么"结"字应是指心情郁结。这样系联[②]的解析，大致可能差不多了。只是对方究竟要约王羲之做什么？就无从猜测了。

又有传为王献之[③]写的《中秋帖》墨迹，在清代曾被列入"三希"的第二件。帖文是：

中秋不复不得相还为即甚省如何，然胜人何，庆等大军……
（勉强句读，仍不解其义。）

这段话，从来没见有人给它点出句读，更不要说读懂语义了。按：宋代米芾（fú）[④]得到晋代谢安[⑤]、王羲之、王献之的手札各一件，

---

① 昭陵：唐太宗李世民的陵墓，位于今陕西礼泉。

② 系联：指系联法，根据反切上下字探求古汉语声母和韵母的研究方法，也指研究事件间因果关系的一种方法。

③ 王献之：东晋书法家。字子敬。书法家王羲之第七子。以行书草书闻名。与其父合称"二王"。

④ 米芾：北宋书法家。初名黻，字元章，祖籍太原（今属山西），出生于襄阳（今属湖北），后谪居润州（今江苏镇江）。工书，与蔡襄、苏轼、黄庭坚合称"宋四家"。

⑤ 谢安：东晋政治家。字安石，阳夏（今河南太康）人。淝水之战的指挥者。曾隐居东山，是成语"东山再起"的主人公。

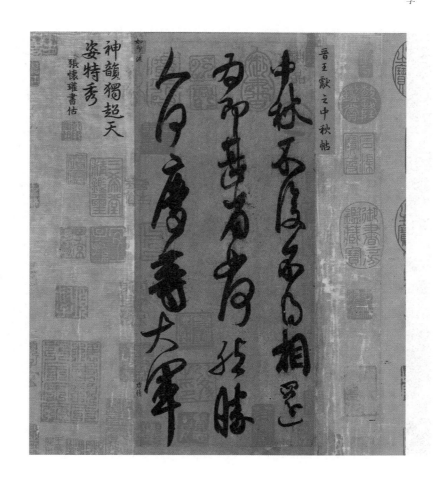

[晋] 王献之
《中秋帖》
现藏故宫博物院

是真原迹，不是向拓（用蜡纸勾摹）的，因题他的书室为"宝晋斋"，又曾把这些字迹刻石拓，号称《宝晋斋帖》。王献之一帖被称为《十二月割至帖》，原文如下：

> 十二月割至不，中秋不后（或释"复"）不得相未复还恸深
> 反即甚省如何，然胜人何，庆等大军……

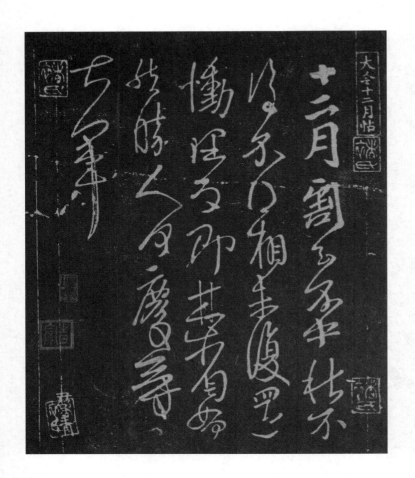

〔晋〕王献之《十二月帖》拓本

此帖墨迹曾为米芾收藏，后摹勒上石，收入南宋《宝晋斋法帖》。墨迹已失传。

这帖既经米芾鉴定不是勾摹本，也没说过帖有残损情况，但语义仍然无法解释。拿这帖的拓本和《中秋帖》相比较，非常明显，《中秋帖》实是米芾自己摘临这帖中的字。为什么摘临？大约米氏也不全懂帖文吧。

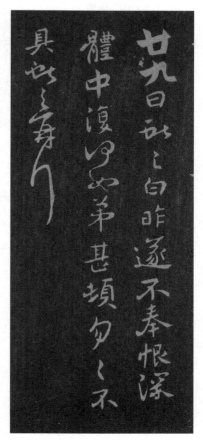

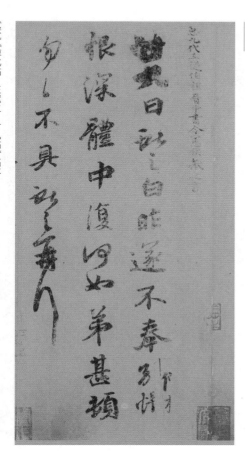

  摹刻古代法书，常只保留完整的字，删去有残缺的字。例如宋代《淳化阁帖》卷九有王献之《廿九日帖》。有一句"遂不奉恨深"，非常奇怪。按书面语词，有"奉呈""奉赠""奉祝""奉贺"一类的"敬语"，却没见过"奉打""奉骂""奉仇""奉怨"一类

反面词汇的。那么，"遂不奉恨深"究竟怎讲？后来看到《万岁通天帖》卷中有唐人摹拓这一帖，原来"奉"字下有"别怅"二字，但这二字残缺了右半，只剩下"另""忄"两个左旁半字。淳化刻帖时，便删去两个残字，把"奉"字和"恨"字接连在一处，便成了这等怪话。宋代法帖中摹刻二王的书札最多，有很多词句难懂处，其中当然有书家自己的暗语，或习用的省略俗语不易解释。此外，还有删除残字以致词句难通处，这里的"奉恨"就是一证。

又《阁帖》卷三王洽[①]《不孝帖》有一句云"备□婴荼毒"，"备"下有草书一字，字体既不一致，语气亦不连贯。（有人释为"豫"字，也并不像。）后见唐摹王羲之《丧乱帖》中有南朝姚怀珍[②]鉴定押字，"珍"字草书正与王洽帖中不可识的字相同，才得知原是帖中行间姚怀珍的押字，误被摹帖人认为句旁边添加的字，便摹入句中。这与前边删去残字的"奉恨"恰相对照。从这类例证，可知古代法帖中晋人书札多难句读的缘故之一了。

前面谈了清代尊为"三希"的《快雪时晴帖》《中秋帖》两帖，还有第三"希"的王珣[③]《伯远[④]帖》，这帖确非勾摹，也没有残损的字，而且字句连贯，只是有些词句偏于古雅，字迹有些潦草处，读起来也颇费推敲。现在也试作句读，就正于鉴赏方家。帖云：

珣顿首顿首：伯远（人名）胜业情期，群从之宝（此字潦草），自以赢患，志在优游，始获此出，意不尅（克）申。分（此字微残）

① 王洽：东晋书法家。字敬和，琅邪临沂人。尤工隶书、行书。宰相王导子，王羲之堂弟。

② 姚怀珍：南朝梁书法家。武康（今属浙江德清）人。曾为梁武帝鉴定书法、装裱图书。

③ 王珣：东晋书法家。王洽子。

④ 伯远：王穆，字伯远，王珣的堂兄弟。

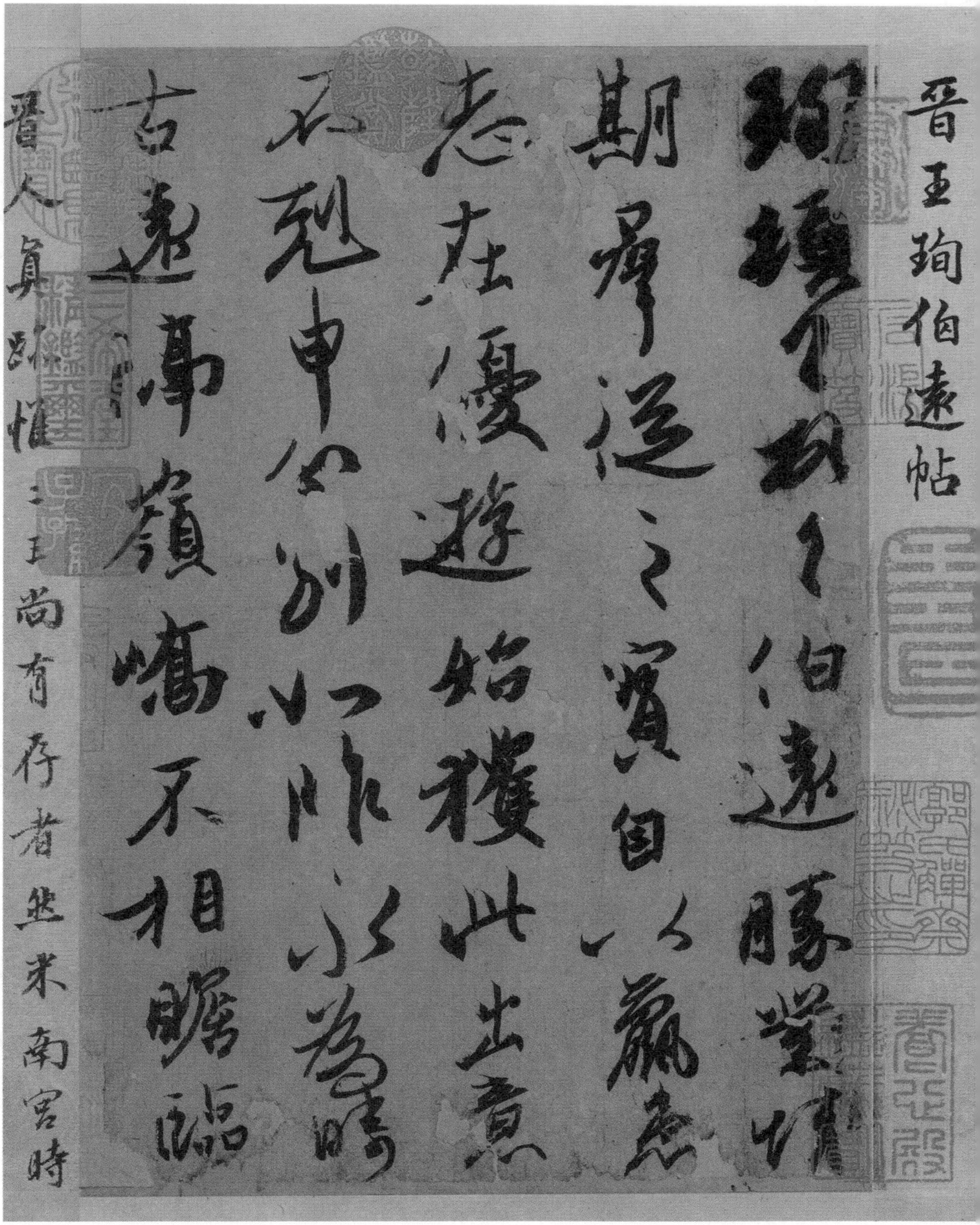

晋王珣伯远帖

珣顿首顿首伯远胜业情
期群从之宝自以羸患
志在优游始获此出意
不克申分别如昨永为畴
古远隔岭峤不相瞻临

晋人真迹惟王尚有存者然米南宫时

别如昨，永为畴（此字潦草）古。远隔岭峤，不相瞻临。（此帖
尾原已不全）

按：伯远不知是否王珣的弟兄，"群从"也可能指伯远的弟兄，
他在弟兄之间特别优秀。"此出"不知是说王珣远游，还是伯远外出。
"分别"当然是王珣与伯远分别，"畴古"，如云"古昔"，说伯
远作了古人。当时的语言环境，我们无法了解，所以只能看帖文表
面大意了。

米元章帖

　　米元章 [①] 一帖云："余始兴公故为僚宷，仆与叔晦为代雅。以文艺同好，甚相得。于其别也，故以秘玩相赠之。题以示两姓子孙异日相值者。襄阳米黻元章记。叔晦之子：道奴、德奴、庆奴。仆之子：鳌儿、洞阳、三雄。"此帖首行之前，旧经割失，其文不全。余始兴者，余靖也。靖韶州曲江人，曲江古为始兴郡，故称始兴公。"代雅"犹言"世交"也。元章之父佐，字公辅，曾官右武卫将军，见蔡天启 [②] 撰元章之墓志，或曾与靖同僚也。

　　元章之母为产媪（ǎo）事，屡见宋人笔记。《鸡肋编》云："米元章母，或云本产媪，出入禁内。"又《诚斋 [③] 诗话》云："润州大火，惟存李卫公塔 [④]、米元章庵。米题云：'神护卫公塔，天留米老庵。'

---

① 米元章，即米芾。见前注。

② 蔡天启，即蔡肇。北宋画家。字天启，丹阳（今属江苏）人。

③ 诚斋，即杨万里。南宋诗人。字廷秀，号诚斋，吉水（今属江西）人。与陆游、尤袤、范成大并称为"中兴四大诗人"。其诗作浅近明白、清新自然，称为"诚斋体"。

④ 李卫公塔，即北固山铁塔，位于今江苏镇江。此塔由唐代宰相、卫国公李德裕建造。初为石塔，北宋时改铸为九级铁塔。

[北宋] 米芾《叔晦帖》
现藏东京国立博物馆

有轻薄子于塔、庵二字上添注爷娘二字，元章见之大骂。轻薄子又于塔庵二字之下添飒、糟二字，盖元章之母尝乳哺宫内，故云。"按元章见添注娘字而大骂者，以其言"米老娘"也。塔飒，今言多索，即颤抖不稳状；庵糟，今言肮脏，即不洁也。《轩渠录》亦记此事，并云："元章母乃入内祇应老娘。"余幼时见京城人称收生婆为"姥姥"，读为"老老"，亦曰"老娘"，或"老娘婆"，可见产媪之称老娘，由来久矣。产媪亦云"乳医"，诚斋谓"乳哺宫内"，殆由乳医之称致误者。

杆儿

明冯梦龙[①]"三言"中《金玉奴棒打薄情郎》篇记乞丐头目有其集团之标志，号曰"杆儿"。当有徒众加入其集团时，必先拜此杆，始为众丐所承认。其头目，人称之曰"杆儿上的"。

金玉奴故事又演为戏剧，脍炙人口，市人习知乞丐集团号曰"杆儿上"。何以谓之"杆儿"，形状如何，乃至其物之果有与否，俱无从究诘。余幼年观此剧即曾以"杆儿"事询诸长辈，莫能得其要领。

及年长，知在当日社会中秘密集团甚多，非其集团中人，罕有能知底蕴者。况乞丐日日挣扎于生死线上，其自存之道，何等艰难？苟有结集，则其标志之物，又安能轻襮（bó）于人！无论仕宦子弟如吾辈不可得知、得见，恐即一般市人亦必莫之能详焉。

廿年前傅晋生[②]丈以拓片一纸见示，曰："此杆儿也，紫檀木质，径约寸余，长约七寸，首端向下约寸余处有横穿一孔，盖为击绳之用者。曾为尊古斋黄百川[③]所得，今已归文物局。黄氏摹拓数本，此其一也。"

---

① 冯梦龙：明代文学家、戏曲家。长洲人。辑成话本集"三言"（《喻世明言》《警世通言》《醒世恒言》）。

② 傅晋生，即傅忠谟。字晋生，四川江安人，古玉研究专家和收藏家。

③ 黄百川，即黄濬。字百川，宛平人，北京琉璃厂古玩铺尊古斋的老板。

拓本乃圆棍围纸所拓，平铺而观之，其状如下：

上端正中为篆文方形玉玺，文曰"洪武[①]元年受命之宝御笔亲临"。

其下为小楷书直行题字十二行，每行十三字，有抬头之行十四字。文曰："明太祖元年夏四月丁卯为／君之期，闲时思已往，扶持患难间。／幸亏张与李，恩情重如山。龙楼传／圣旨，宣进二老年。当初曾患难，今朝／要封官。二老忙摆手，贤弟慢降宣。／我无安邦策，无有定国贤。朝／臣寒代（待）漏，将军夜渡关。日高曾未起，／名利不如闲。封官不爱坐（做），绫罗懒代（怠）／穿。无功若受禄，我等不安然。二老／不受赠，／天子到为难。恩赐紫金梁，辈辈往／下传。行梁皆拜参。／"（标点为余所加，下端斜线处表示行末。"圣旨""天子"皆抬头起）

下有二小方印，左右并列。其右者文曰"含经味道"，唯"经"字合于篆法，其他三字无一合；其左一印第一字为"右"，第三字为"肎"（kěn），余二字乖谬不可识。

伴随此杆有一传说，谓明太祖微时，与同为乞丐之二人结为兄弟，明祖其季也。及为天子，二丐来谒，问其所需，对以但望行乞之处，无不施者。明祖即以此杖赐之，命天下凡见持此杖者，必加施予，不得拒绝。其后二人各分一半。更后，其徒众繁衍，各成宗派，每一宗门，各取一截。今此戋戋七寸短杆，已莫知其属于何宗何派矣。此黄百川得杆时所闻，以语傅晋生丈者。

民间传说，固不可加之考证；可考证者，即不成其为民间传说。如此杖，明祖赐予时，何能在木棍上钤玺印？如另纸作诏谕，钤玺印，何以此段韵语全出第三者口气，绝非敕令之语？如本出丐者所述，其

[明] 佚名《明太祖异形像》
现藏台北故宫博物院

[明] 佚名《明太祖坐像》（局部）
现藏台北故宫博物院

---

① 洪武：明太祖朱元璋的年号（1368—1398）。

伍髭须是伍子胥的谐音，杜十姨是杜拾遗的谐音。杜拾遗即唐代诗人杜甫，官左拾遗。《唐语林》载："一乡一里，必有祀庙，号为伍员庙，必五分其髭，谓'五髭须'。"《陕西通志》载："西安府白水县拾遗庙因兵毁，乡人建祠，塑十姨像，呼为十姨。"《蓼花洲闲录》载："温州有土地杜十姨，无夫，五髭须相公无妇。州人迎杜十姨以配五髭须，合为一庙。"

玺印又自何来？且苟出当时承赐之后所刻，又何以首书"明太祖元年"？明代宝玺，钤本流传尚多，既无杆首一玺之文，"亲临"二字更属不辞。至其篆文讹谬，更不足论矣。此其所以不可究诘，亦不必究诘者也。唯民间传说，常限于口头，而此竟以实物之面目出现，但视为"伍髭须""杜十姨"之塑像，又何不可？

其理既无，其事其时则未可轻易抹杀：此段五言韵语，与《凤阳皇陵碑》之四言夹杂七言韵语大有异曲同工之妙。至少造此五言韵语者，曾得知见凤阳碑之文辞。又黄氏得诸京师乞丐头目，且获亲闻其口耳相传之事。无论此杆造于何朝何人，其曾为乞丐集团秘密组织中之信物，则确凿无疑也。今观此杆韵语末句曰"行梁皆拜参"，"拜参"当即"拜杆儿"之事。顾全篇韵语，悉属偶句为韵，独此句畸零，且词义不显。或疑原杖早失，或截而分者屡加传刻，末句之上，时久残失。吾却疑"行梁"为其行邦语，或即"加入集团"之特定术语，亦未可知也。又闻之傅丈云：黄氏得此杖，曾仿制数品，以为友好传玩之资，然其拓本，则拓自原件者，今予所录者是。

札记二十二则

无题

　　余性昧宫商，拙于按拍。幼年在小学校唱歌，同学以猪嘶相谥，余并不以为忤。以其深符古诗之谊，所谓识曲听其真也。曩闻王蟥庐[①]先生精于曲律，并能谱曲。今见此稿，始信昔闻之匪诬。唯此曲文秽恶，尚劳先生一一点拍，譬如莳（shì）珍花于粪壤，虽扶疏畅茂，其奈枉抛心力何？余昔曾见先生于牛肥酒白醉饱之余引吭高歌，声如铁釜，知于此道固有深癖。宜其谱曲若不见其文辞也。

程千帆寿聂绀弩八旬联集杜句

　　忍能对面为盗贼；

---

① 王蟥庐，即王季烈，昆曲家。字君九，号蟥庐，江苏长洲（今苏州）人。清光绪进士，任京师译学馆监督、资政院钦选议员。精曲律，善碑帖鉴赏。

但觉高歌有鬼神。

边跋云："刀锯鼎镬（huò）之余，八句故在；宋雅唐风之外，《三草》挺生。酒怀容减，诗兴犹浓。杜句[1] 遥呈，周婆共赏。"

按聂有诗集三卷，各以草名，为《北荒草》《赠答草》《南山草》也。后复合刊，总标曰《三草集》。周婆者，聂夫人周颖，聂翁呼之曰周婆。

虚字句脚诗

句脚押虚字，诗中所忌，而故意作谐谑者，又成别调。

曾见陈老莲[2] 书绝句条幅云："既好游山矣，兼之贪酒焉。暂时此际悔，不觉复如前。"此玩世之句，不以诗论，或竟为醉中之笔。唯其言好酒病酒人之心，实极深至也。

无题

千文律召调阳，唐宋写本多改为律吕调阳，曾见陈兰甫[3] 先生与友人书论千文，谓唯律召句不易解。近见清人娄东王开沃[4] 子良撰千字文注云：唐人《律吕相召赋》云："将以律而召吕，明自阴而应阳。"

[明] 陈洪绶《自作岁前三日五言诗》
现藏美国普林斯顿大学美术馆

释文：既好游山矣，兼之贪酒焉。暂时此际悔，不觉复如前。

---

① 杜句，即杜甫诗句，这里指前文"忍能对面为盗贼""但觉高歌有鬼神"两句。"忍能对面为盗贼"出自《茅屋为秋风所破歌》，"但觉高歌有鬼神"出自《醉时歌》。

② 陈老莲，即陈洪绶，明末画家。字章侯，号老莲，诸暨（今属浙江）人。擅画人物，突破陈规。

③ 陈兰甫，即陈澧，清代学者、文学家。字兰甫，号东塾，番禺（今广东广州）人，创立"东塾学派"。

④ 王开沃：清代诗人。字文山，一字子良，号半庵，太仓（娄东）人。

其解始得。然此赋为唐何人所撰，仍未注明，待查。

…………

唐王起①《律吕相召赋》起首云："昔者圣人稽天地之本，达造化之方，将以律而召吕，明自阴而应阳。"

担当书禅语

顿宗②之禅，尤重机锋，一言之契，可以彻悟，此固非门外汉所能领略。然其机锋语句，则常有可喜者。禅灯诸书中，有可喜可解可以会心者，亦有不知所云无理取闹者。

诗文中用禅语，机趣得宜者，每为增色。而古德法书中，有时摘书一二语，尤多隽妙精练者，唯出处则殊难考耳。

近见担当禅师普荷③书条幅云："一下被他搔著后，半生痒处一时消。"惜前此所见尚多，未即记录，后有所遇，当续书此后。

字括

"大观④四年正月九日登仕郎新授潭州长沙县丞朱克明言：'伏

① 王起：字举之，太原（今属山西）人，唐武宗时宰相。

② 顿宗，即禅宗之南宗。禅宗分南北二宗。北宗主张渐进修养，称为渐宗。南宗主张自身顿悟，称为顿宗。

③ 普荷：明末清初画家。一作通荷，号担当，本姓唐，名泰，云南晋宁人。师事董其昌，明亡后为僧。

④ 大观：宋徽宗赵佶年号（1107—1110）。

见许氏 ① 《说文》，其间字画形声多与王文公 ② 《字说》相戾，辄于许氏《说文》部中撮其尤乖义理者，凡四百余字，名《字括》。'诏克明除书学教谕。"见《宋会要辑稿》引自大典一七四二。按:《字括》今已不传，唯括字乃唐宋公文用语，所谓检点、根括，实即查究之义。书名如易今言，则为《许氏说文批判》也。

戴明说画上大印

戴明说，字道默，号严荦（luò），沧州人。擅画，不仅长于山水，墨竹亦不减夏仲昭 ③ 。流传遗笔，绫本较多。每见其画幅上端当中处钤（qián）宽边大印一方，文多模糊不可辨。按: 其印乃清世祖所赐，文曰"米芾画禅，烟岚如滴，明说克传，图章永锡"。故画上钤此印者，皆其得意笔也。

无独有偶

《夷坚志》甲志卷六载黄子方事，略云: 黄琮，字子方，莆田人。宣和 ④ 初为福州闽清令。为人方严，不畏强御。内臣为廉访使者数干以私，皆拒不答，常切齿思报。会奏事京师，每见朝士，必以

[清] 戴明说《墨竹图》
现藏大英博物馆

---

① 许氏，即许慎。东汉经学家、文字学家。字叔重，召陵（今河南漯河召陵区）人。编撰《说文解字》。

② 王文公，即王安石。北宋政治家、文学家、思想家。字介甫，号半山，临川（今江西抚州）人。神宗时拜相，主持熙宁变法。封荆国公，谥号文。著有《字说》等。

③ 夏仲昭，即夏昶。明代画家，擅画墨竹。

④ 宣和: 宋徽宗的最后一个年号（1119—1125）。

溢恶之言诋琮。尝入侍，徽庙[1]问："汝在闽时，知属县有贤令否？"其人出不意，错愕失对，唯忆琮一人姓名，极口称赞之。即日有旨，改京官通判漳州。

乾隆时和珅[2]当国，一日在朝房，有属员趋前请安，和年老腰偻，朝珠下垂。此人趋近躬身曳足半跪，及起身肃立时，不意其头已入朝珠圈套之内。遂拉断朝珠，和几仆地。怒问其人姓名，乃默记之，唯恐遗忘。旋叫起上对，帝询某缺宜付何人，和此时唯记此人之名，脱口而出，帝遽笔之于牍，和虽欲陈其短，已不及矣。退下至朝房，此人亟趋前再致歉请罪，和顿足曰："便宜你。"此人以为只是宽恕之意，不日得旨骤膺升迁之命，方感和之大度秉公，不计前愆（qiān），久而始悉其因祸得福也。古今事有相同者如此。

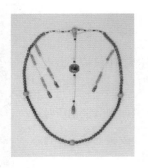

[清] 翠玉朝珠
现藏台北故宫博物院

慕陵碑

自古帝王陵墓之碑，不出喧、寂二途：铺陈帝业，歌颂神功，鬼而有知，亦当增愧。盖谀墓之文，登峰造极者，数千年来，比比皆是，一也。或竟不著一字，如唐高宗乾陵之碑，与岱顶秦碑，后先比洁。此无他，怕妇汉既死，有待于武后[3]之合葬，及后之死，权势已移。功无可书，罪堪隐讳，于是便成无字碑矣。金石史中，殆成孤例，二也。

有清宣宗道光皇帝之陵曰慕陵，在今易县。碑阳只慕陵二字，满汉文合璧。碑阴宣宗自记曰："敬瞻东北，永慕无穷，云山密迩。呜呼其慕欤，慕也！"情深语重，不独开碑铭未有之例，亦文苑中未

---

① 徽庙，即宋徽宗。

② 和珅：清乾隆时期军机大臣，满洲正红旗人。

③ 武后，即武则天，唐高宗皇后、武周皇帝。

［清］佚名
《道光帝朝服像》
现藏台北故宫博物院

唐摹《王氏宝章集》（万岁通天帖）
现藏辽宁省博物馆

有之作也。且自题墓碑，前所未闻，使谀者讳者，两无可施，事类所归，宜称曰快！

郑苏勘评近世书人

昔蒋孟苹①（汝藻）先生曾闻郑苏勘②评近世书人云："邓石如③气俗，何子贞④笔骄，赵扆叔⑤江湖游客，张廉卿⑥枪棒师，吴昌硕⑦

---

① 蒋孟苹：近代藏书家。字元采，号孟苹、乐庵，浙江吴兴人。清光绪举人，官学部总务司郎中。民国时任浙江军政府首任盐政局长、浙江省铁路公司董事长。家富藏书，建密韵楼。

② 郑苏勘，即郑孝胥。书画家、诗人。字苏戡，又字太夷，号海藏，福建闽县（今属福州）人。积极筹划复辟活动，任伪满洲国国务总理大臣。

③ 邓石如：清代书法家、篆刻家。初名琰，以字行，改字顽伯，号完白山人、笈游道人，怀宁（今安徽安庆）人。篆书自成面目，篆刻世称"邓派"。

④ 何子贞，即何绍基。晚清诗人、书法家。字子贞，号东洲，晚号蝯叟，湖南道州（今道县）人。清道光进士，官翰林院编修、四川学政。书法风格遒劲峻拔。

⑤ 赵扆叔，即赵之谦，清末书画家、篆刻家。字扆叔，会稽（今浙江绍兴）人。咸丰举人，做过知县。以书、印入画，开创金石画风，是"海上画派"代表人物，与任伯年、吴昌硕并称"清末三大画家"。

⑥ 张廉卿，即张裕钊。晚清散文家、书法家。字廉卿，号濂亭，湖北武昌（今鄂州）人。道光举人，官内阁中书。师事曾国藩，为"曾门四弟子"之一。主讲江宁、湖北各地书院。

⑦ 吴昌硕：近代篆刻家、书画家。初名俊、俊卿，字昌硕、苍石，别号苦铁，浙江省安吉人。曾任知县。工书法，善治印，为"海上画派"代表，是西泠印社首任社长。

市侩。"此余闻诸唐长(zhǎng)孺[①]教授者，唐为蒋之表侄，言必有据，但不知郑氏自评当何如也。

无题

  唐武后时，大臣王方庆是王导[②]一族的后裔。他家藏有他历代祖先的遗墨。武后向他索看，他便把那些人的手迹汇集装裱成十卷，进呈给武后，这时是武后的万岁通天[③]二年。武后看过了，又在武成殿给群臣看，"仍令中书舍人崔融[④]为《宝章集》，以叙其事"。后又把原件还给王方庆。（见唐史）

  窦泊（jì）[⑤]《述书赋》说：当复赐时，后命尽拓本留内，更加珍饰锦背，归还王氏。

---

① 唐长孺：现代历史学家。江苏吴江人，早年从事辽、金、元史的研究，后专注于魏晋南北朝隋唐史，并从事敦煌、吐鲁番出土文书的整理和研究。

② 王导：东晋大臣。出身琅邪王氏。王羲之是其堂侄，王珣是其孙。

③ 万岁通天：武则天的年号（696—697）。

④ 崔融：唐代文学家。全节（今山东济南章丘区）人，出身清河崔氏。与李峤、苏味道、杜审言并称"文章四友"。

⑤ 窦泊：指窦臮（jì），唐代书法家，扶风（今属陕西）人。

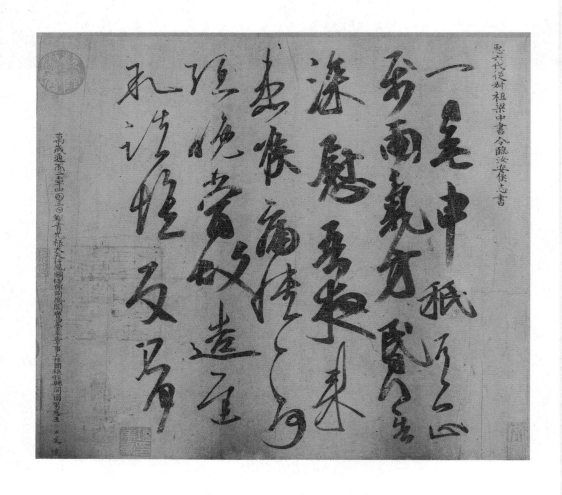

唐摹《王氏宝章集》（万岁通天帖）

[南朝·梁] 王志《喉痛帖》

释文：

臣六代从叔祖梁中书令临汝安侯志书

一日，无申只□正属雨气方昏，得告深慰。吾夜来患喉痛，愦愦，何□晚当故造迟叙。诸惟□不□。

万岁通天二年四月三日银青光禄大夫、行凤阁侍郎、同凤阁鸾台平章事、上柱国、琅邪县开国男臣

王方庆进

按：史书所说有欠分明处，大概所谓《宝章集》，未必是一本纯粹记事的文章，很可能是这种十卷真迹的摹拓本，加上序跋的一个总称。

这十卷真迹的摹拓本，在唐代是分装还合装，已不可考。看来现存这卷仅仅七人，已然这样粗了。当时即使裱背纸薄，即便有所合并也不见得二十八卷全在一卷，所以今存这一卷，可能是当时几卷之一。这种推断不是毫无依据的，因为倦翁指出所缺的，都是王方庆的直系祖先，而这一卷所存都是王方庆的几代叔祖或几代从祖。

汪容甫[①] 先生手札

《万岁通天帖》以项子京[②] 所刻为佳。此乃停云馆本，不足道也。孔宙碑[③] 须早晚间过我自携去方可，全儿恐其与他人看之，致有损失，不便付之。中爱此碑，如获头目也。恕便。（淡红格稿纸一小条，故宫博物院藏）

说旗下人[④] 之姓名

居常遇人见问曰："您贵姓？"余辄对以"姓启"。又问曰："百家姓无启姓。"余又权对以"满人之姓耳"。于是有层层疑问，纷至沓来。

又或有人知满人自有满姓，因以见叩者，对以"姓爱新觉罗"。

---

① 汪容甫，即汪中。清代文史学家。字容甫，江都（今属江苏扬州）人。能诗，工骈文。
② 项子京，即项墨林。明代收藏家。原名元汴，字子京，号墨林，浙江嘉兴人。
③ 孔宙碑：刊刻于东汉延熹七年（164年），属隶书书法作品。
④ 旗下人，即旗人，清代对被编入旗籍的人的称呼。清代"以旗统人"，故称。

于是"满人是否俱姓爱新觉罗？""称您应否连满姓？""应称启功先生，称启先生，称爱新觉罗启先生，称爱新觉罗先生……究以何者为是？"于是又有层层疑问，纷至沓来。

更有读清代史料之人，见人名繁缛，或一字名，或数字名，连续以书者，何从断逗，每有不易措手者。曾见某宿学前辈点读之《清史稿》，此老先生于经、史、小学素养深粹，著述传世，久为后学所习诵。于《清史稿》中所记史事舛讹，所文之疵款，一一批注眉端。我辈于十年前作标点时，曾多所取资。唯《忠义传》中，历叙殉难人名，甲乙丙丁，连缀而书，此老先生于旗下人名之程式有所未谙，乃于眉端批谓：此卷人名须查档案。卷中遂不加朱。我辈深服此老之治学态度严谨，绝不肯强不知以为知，抑又见旗下人取名之不同于汉习也。

打令

唐宋人酒筵间行令歌唱，称为打令，近人叶玉华曾著《打令考》一文专论之。偶读米芾《画史》（"关中小孟"条），有云："吴生画，其手多异，然本非用意，各执一物，理自不同。（武）宗元[1]乃为过海天王二十余身，各各高呈似其手，各作一样。一披之，犹一群打令鬼神，不觉大笑。"是打令亦作手势，今之"划拳"（一称"拇战"），岂古时打令之一部欤？

---

[1]　（武）宗元：北宋画家。初名宗道，白波（今河南孟津西）人。擅画佛道鬼神。

罟 罟 头

　　北京话，鸡头上有毛隆起者，称为"顾顾头儿"（"顾顾"二字，只记其音，未有定字），亦不晓其取义。后见元代有罟（gǔ）罟冠[1]，始悟"顾顾"之音即"罟罟"，此元代语词之流传今日口头者。沈德符[2]《顾曲杂言》["今乐器有四弦长项圆鼙（pí）者"条]云"罟字作平声"，盖译音不但无定字，四声亦极易混，不足异也。

---

① 罟罟冠：又称姑故冠、固姑冠等，蒙古族传统服饰，为已婚妇女之冠。

② 沈德符：明代文学家。嘉兴（今属浙江）人。撰有《万历野获编》等。

金元玉书

明人金琮，字元玉，号赤松山农，书法专宗赵松雪[1]，挺拔有力。文衡山[2]好其书，搜罗盈箧，题曰"积玉"。

曾见其于赵临《兰亭》卷尾跋云：

此卷松雪晚年笔，笔力精神，清劲飘逸，似之早年，如出二手。笔随人老，斯言也，岂欺我哉。成化十六年庚子六月大热，偶观此卷，挥汗书之。

又于末行左右缝中以淡墨加注云：

仿松雪书几三十年，未能入室。懊恼懊恼。书法必见多则进，得眼入心，乃应之于手也。

其书极似赵，然筋距时现，盖注意在笔力，必不免捉笔行笔俱用力耳。故其赵法，仍是明人之赵，非俞紫芝[3]等元人之赵也。最后拈出多见之说，实自甘苦中来者。

---

① 赵松雪，即赵孟頫。元代书画家。字子昂，号松雪道人，吴兴（今浙江省湖州市）人。工书法，尤精楷书、行书，世称"赵体"。

② 文衡山，即文征明。明代书画家、文学家。原名壁，字征明，号衡山居士。与沈周、唐寅、仇英并称"明四家"。

③ 俞紫芝，即俞和，元代书法家。字子中，号紫芝等，桐江（今浙江桐庐）人。

驴有四声

《世说》载好闻驴鸣者有二人，一为王仲宣，一为王武子，俱于死后，有吊者在灵前效驴鸣以慰其魂。二人同姓王，只名字不同，吊者姓名不同而已。余颇疑此为一事之两种传说，民间故事此类极多，固不必为之详辨。

此事之可异处在何以魏晋间人喜听驴鸣？余尝推论之，四声之发现，正当此时，有人以驴鸣具四声，遂成一好。恰如双声反语亦于此时发现，于是流行一时，处处用之。

驴之初鸣时，其声由平衍而渐趋高亢，如阴平而至阳平。渐复由高亢转沉重再升扬，遂成上声。有时一再重复阳平至上、阳平至上。及其气衰，则下降而成去。以其反复高低气溢于喉鼻，致成喷嚏，遂作嚏嚏之声，是归于入。以文字拟驴鸣，势有未能。所幸时非唐世，地异黔中，但举驴鸣，人无不喻者也。

曾以此事语王了一[①]先生，先生曰昔陆志韦[②]先生亦曾有此说。余亟叩以其说见于何书，王曰，陆先生只曾与人谈及，未著于文，与子所谈，偶相暗合耳。

有泰

自古官僚，每有不学无术之辈，而例蒙委以重任，遂常见腾笑一时之事。清季有泰，字梦琴，任驻藏大臣。当时英吉利已觊觎西藏，而达赖喇嘛又为其左右所挟持，于中朝政令，时见扞（hàn）格。有

---

① 王了一，即王力，语言学家。字了一，广西博白人。

② 陆志韦：语言学家、心理学家。别名陆保琦，吴兴人。

泰不识其事体缘由，遽入奏欲革却达赖。遂致传为笑柄。有人以其名字嵌为联语云：

> 梦死醉生，虚有其表；
>
> 琴焚鹤煮，不泰而骄。

论语云："君子泰而不骄，小人骄而不泰。"故下联用之。又有联嘲之云：

> 无法无天无二鬼，
>
> 有灵有验有三爷。

有泰行第三，人称有三爷。灵验谐铃艳，乃其二妾名。无二鬼，当时市井无赖之别称也。

元人以曲取士之说

元代戏曲之盛，或谓由于当时朝廷曾以曲取士，其说不见于典籍；臧懋循[1]《元曲选叙》中曾言之，世遂疑为臧氏杜撰者。余偶读沈德符《顾曲杂言》，"涵虚子[2]所记杂剧名家"条有云："元人未灭南宋时，以此（按：指戏曲）定士子优劣。每出一题，任人填曲，如宋宣和画学出唐诗一句，恣其渲染。"沈与臧同时相友善，或俱得自故老传闻也。

---

[1] 臧懋循：明代戏曲家、文学家。字晋叔，号顾渚山人，长兴（今属浙江）人。编有《元曲选》。

[2] 涵虚子，即朱权，明代戏曲理论家、剧作家。明太祖第十七子，封宁王。信奉道家学说。

[宋] 佚名《杂剧·卖眼药图》
现藏故宫博物院

徐桐

　　徐桐，字荫轩，汉军。翰林出身，遂登宰辅，愚昧不达世务，则衰世所趋，亦不容责一二人。曾见谭延闿 [①] 手书琐记一册，世有石印本，多记乾隆以来宫闱传闻，实得自乃翁钟麟 [②] 及其乡人王湘绮 [③]

---

① 谭延闿：湖南茶陵人，曾任南京国民政府主席、行政院院长。工颜书。

② 钟麟，即谭钟麟，谭延闿之父。官至总督。

③ 王湘绮，即王闿运，清末民初学者、文学家。字壬秋，号湘绮，湖南湘潭人。长期在书院讲学。

者居多，信否亦毋庸深考。唯记徐氏一条，出其亲历者，于徐氏之知识见地为近，疑略近真，姑录之：

> 徐荫轩相国丈，戊戌夏，余谒之东交民巷。坐定，询数语，即大骂洋鬼子。又曰世安得有许多鬼子，全是汉奸造的。今日某国，明日又某一国，不过这几个鬼子，翻来覆去，如变戏法。余忍笑不敢置对。出，于车中狂笑不已，明年遂有庚子之乱[1]。

记徐铉[2]书

徐铉（xuàn）书，真迹罕传。临《峄石颂》等，只传勾摹之本，篆书千文，未见刻本。自温仁朗墓志出土，其盖为徐所篆，笔势圆润，刻工精美，不啻墨迹。行书只见一札，石渠旧藏，用笔结字俱似李建中[3]，盖亦当时一种风气。札尾押字亦与李押者相类。札云：

> 铉今有私诚特兹拜托为。先有承人刘氏，其骨肉元在贵藩醴陵门里居住。所有刘氏先已嫁，事得衡州茶陵县大户张八郎，见在本处居住。今有信物并书，都作一角封记，全托新都监何舍人附去，转拜托吾兄郎中，候到，望差人于醴陵门里面勾唤姓刘人当面问当，却令寄信与茶陵县张八郎者，令到贵藩取领上件书信，

---

① 庚子之乱，即庚子国变。清光绪二十六年（1900年）是农历庚子年，发生了义和团运动、八国联军侵华、慈禧携光绪外逃等一系列事件，被称为庚子国变。

② 徐铉：五代宋初文字学家。字鼎臣，广陵（今江苏扬州）人。善篆书。

③ 李建中：北宋书法家。京兆（今陕西西安）人。善书札，行书尤工。

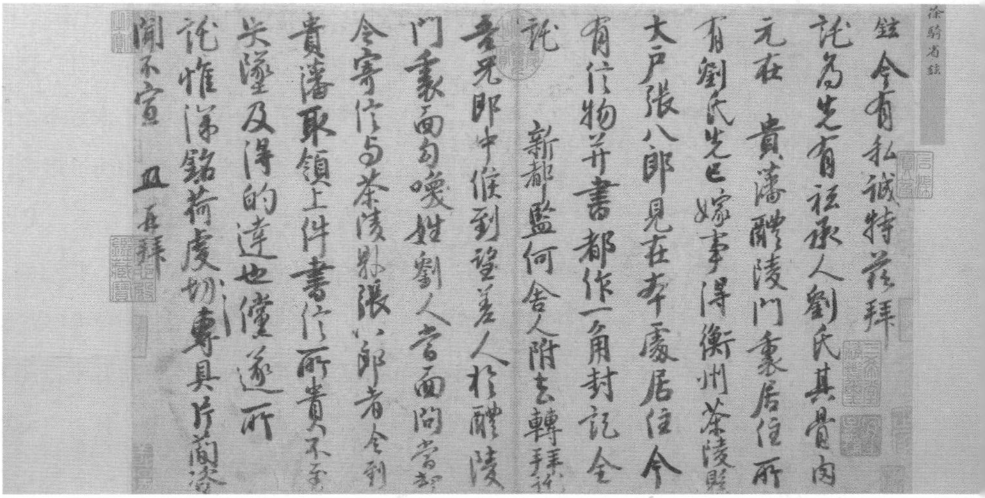

所贵不至失坠①，及得的达也。傥遂所托，惟涕铭荷。虔切②不宣。

专具片简，谘（zī）闻③不宣。（押字）再拜。

文壁④ 论于谦⑤

文征明《甫田》集有《过张秋⑥追怀武功⑦先生遗迹》诗，一联

---

① 失坠：失去、废弛。

② 虔切：诚敬而恳切。

③ 谘闻：商量、询问。

④ 文壁，即文征明，见前注。

⑤ 于谦：明代大臣。钱塘（今浙江杭州上城区）人。土木堡之变后北京保卫战的指挥者。万历（1573—1620）年间谥肃愍。

⑥ 张秋：地名，今属山东阳谷。

⑦ 武功，即徐有贞。初名珵，字玄玉（元玉），吴县（今江苏苏州）人。参与英宗复辟，封武功伯。善治河，工书法。

云:"当时物论轻文士,千载行人仰壮猷。"自注云:"武功治张秋,

猝未有功。于肃愍^①笑曰:'徐元玉^②五墨匠^③也,顾令脱土墼(jī)。'

然卒以成功。"按徐有贞夺门,于谦被祸,^④未必不由此一语之怨毒。

文壁徒以桑梓之私谊,文士之气类,党有贞而讥肃愍,吾所不取也。

五墨者,营造彩画之术语,有所谓雅五墨、大点金者。有贞或

曾鼓煽兴造,故肃愍以谐语调之。脱土墼者,指造甓(pì)建闸,盖

景泰^⑤三年河决沙湾后,有贞建堰闸于张秋镇。夫屡塞屡决,河之常态。

决而复塞,则工之所期。有贞此役,阅五百五十日而工成,亦非当机

奏效者比。肃愍此语,当在最后竣工之前,其工之反复张皇,言外正

可想见。

或谓截流造闸,多用栅木夯土,以至沉箱而不需烧砖。此语盖

为比喻:如云以木工作瓦工之事,宜其无成耳。

夫堵塞之功,纵或全归有贞,而其行险侥幸,贼害善类之恶,

远不能相抵折也。又祝允明^⑥为有贞外孙,而为文壁之好友,壁之评

论有乖大公,其由盖非一端焉。

---

① 于肃愍,即于谦,见前注。

② 徐元玉,即徐有贞,见前注。

③ 五墨匠:指绘画匠人。五墨,绘画术语,指黑、浓、湿、干、淡五种墨色。

④ 这里指夺门之变。明正统十四年(1449年)英宗在土木堡被瓦剌部掳走,兵部尚书于
谦等拥立英宗之弟代宗即位,并在北京保卫战中击退瓦剌,稳定了朝局。次年英宗被释
回京。后在部分宦官、将领、官员的支持下发动政变,夺取宫门复位,废代宗,杀于谦。

⑤ 景泰:明代宗朱祁钰年号(1450—1457)。

⑥ 祝允明:明代书法家、文学家。字希哲,号枝山,长洲(今江苏苏州)人。与唐寅、文征明、
徐祯卿并称"吴中四才子"。

少数民族与中华民族文化的关系

　　我先声明一个问题。刚才主席介绍，说我有什么什么研究，当然中央下达了这个任务，我们应该热烈地、积极地响应。说"智力支边"这四个字，在我个人是非常不够的，智也不够，力更缺乏。我个人随着九三学社到这里来，是一个学习的好机会。在座的有许多老先生、老同志，其中一定会有老前辈，今天如果讲得有不对处，请不必客气地指正。

　　我今天所谈的内容是《少数民族与中华民族文化的关系》。这个题目实际的意思是说：伟大的中国共产党领导之下的统一的中华人民共和国，是由多民族组成的，中华民族的文化已有几千年的历史，它不是一个民族或一两个民族创造的，而是各兄弟民族共同创造的，对这么大的一个中华民族的文化，各民族都有贡献。这个文化形成之后，它的光辉、灿烂，反过来又给各个兄弟民族文化以影响，从而丰富了、提高了各兄弟民族自己的文化。在这一点上，我有一个想法和论点，对不对，今天有个求教、得到印证的机会。我的意思，好比一个银行，有一笔存款，这一笔公积金是哪里来的呢？是各个兄弟姊妹去存的钱，这个钱是各人自己的，分别存在一笔公积金里，它丰富了这一笔公积金的金额和数字。但它仍然可以拿回来给每一个人去应用，它是一个相互影响、相互丰富的关系，主要的是贡献。贡献是互相的、往来的，所以我认为它是一种相互的关系。

什么是中华？即最古时所谓的中原地区，就是现在的河南、山东、陕西、山西这一带。陕西如果再往北、再往西，最古的时候也还算不到中原的地带。那个时代所说的中华范围很小很小。我们历史上说有尧、舜。尧，《孟子》上说是"西夷之人也"；舜，《孟子》上说是"东夷之人也"。中国古代历史中，尧和舜都是"夷"，那中华又在哪儿呢？那太小了，所以说，从前历史上因为人少，他所写的这个范围就指的那一块地方，叫中华。随着我们这个国家的壮大，我们整个中华民族的兴旺和壮大，历经了若干的历史时期，一直到今天，这个中华的概念就绝不是商周时候的那个概念了，特别是在中国共产党建立政权以后，这样一个统一的、伟大的中华民族的概念，包括了各个少数民族，各个兄弟民族，所以各个少数民族在今天是谁也离不开谁的。不能因为说它少、它小，作用就小，那不然，比如我两只手，十个指头，拇指大，小指小，给它砍了去，我也受不了，这是极其明显的。

我的父亲是满族人，母亲是蒙古族人，我自己学的是汉族的古典文学，我也学过一点历史和古代文物的知识，正因为这样，所以我心中酝酿了一个想法，我觉得各民族互相的关系，即体现在"中华民族"这四个字之中。中华人民共和国的人，这是一个全称，简称中国人。我小的时候在一所中学里读书，有一个教师，他的父亲是我曾祖父的学生，有一天他说他的父亲的老师叫什么什么，是个外国人。哎！我一听，是说我的曾祖父。我说，你看我是哪一国人？以前我还称他为"先生"，自此以后，我见面就称他为"外国人"。因为他称我是外国人，我也回称他是外国人。为什么？你要说我不是满人我也不怕，你说我不是蒙古人我也不怕，你就是说我是汉人也不要紧，你说我是任何一族的人，都不要紧，因为我们都是弟兄。就是说我姓张、姓李都关系不大，要说我不是中国人呢？那我非跟他生气不可，我会跟他绝交。所以我觉得我们做中国人，是非常自豪的，特别是我们做今天的中国人，更是如此。

中华民族的文化是各民族共同创造的，各少数民族在整部的中国历史里头，有着若干的思想家、政治家、军事家，但是这些我研究得不够，我只能从一些文化艺术现象上谈一谈这个问题。一提到中华文化，我们就很容易联想到汉语、汉文、汉字等。我要提的艺术创作是各族人民共同的功劳，即使用汉文、汉字、汉语等，也有各民族共同的贡献，并不等于用汉文写的就一定是汉族人写的，这一点大家也会随处遇到。我现在可以汇报一下我想讲的几个方面：一是音乐；二是雕刻；三是绘画；四是语言、语言学、文学。

以前我还有一个不成熟的想法。一提到少数民族的文学，我就联想到一定是非得用少数民族的文字、少数民族的语言写出来的，才算是少数民族的文学艺术。这个当然毫无疑问。但是，某少数民族，用兄弟民族语言写作，如甲少数民族用乙少数民族语言文字写的作品，这个作品就不完全属于乙少数民族了，而有甲少数民族的功劳了。我现在先谈音乐。

[唐]"飞泉"琴
现藏故宫博物院

一、音乐

　　音乐在中原地区、在商周时代，用的是什么乐器？是琴、瑟、笛、钟、鼓、磬。我们现在看到殷墟出土的有大的石头磬，还有石头的扁磬，鼓是用石头做的。敲打的声音即所谓"金石之乐"。铜做的叫金，石做的叫石，用金石做的乐器，敲打起来的声音不言而喻，一定比较简单。琴瑟，我看到过，也遇到过。老先生有的会弹古琴，他的手来回抒着弦，抒了半天，才弹一声，我听着十分没有兴趣，抒的声音之大，超过了他手弹的声音。古代人是否也是这个弹法？"钟鼓乐之，琴瑟友之"，这好了不起！所以我就想，古代的乐谱要是存下来，就可以知道古代的雅乐多么好听！我非常相信这个东西。一次听说日本保存着唐代流传下来的雅乐①，我高兴极了，我想我几时能听见日本保留的唐代的雅乐①，这可不是俗乐呀。哦！我一下子想起纪录片中的《兰陵王破阵曲》②，这是很有名的古曲，说古代那个兰陵王长得太秀美了，临阵对敌，敌人不怕他，于是他就戴了一个面具来威吓敌人，这是一个历史故事。有人用这个故事编成一个舞剧，穿着盔甲，吹着一个短笛，打着鼓。这种雅乐，我也会吹，它就是一个嗯嗯嗯的直声。动作完全跟那个木偶傀儡一样。看了半天，来来回回老是这个动作和声音。哎呀！原来雅乐就是这么个雅法！从此我产生怀疑。我想，过去我老觉得那个老先生弹的古琴是他的手法不高明，后来才明白古代的弹法也高明不了多少。所以到了汉、唐，用的是燕（或宴）乐，在

---

① 雅乐："俗乐"的对称。古代帝王祭祀天地、祖先及朝贺、宴会时所用的乐舞。

② 《兰陵王破阵曲》：南北朝及隋唐时的乐舞，即《兰陵王入阵曲》。兰陵王指高长恭，名肃，又名孝瓘，字长恭。北齐文襄帝高澄第四子。勇武貌美，为震慑敌人，常戴面具出战，战无不胜。北齐人模拟其出战情景而作《兰陵王入阵曲》，此乐舞后传入日本。

平常生活里头饮酒作乐，音乐才繁盛起来，丰富起来。再举一个例子，春秋战国时期有一个曾侯乙——曾本来是中原地区的一个小国——曾侯跑到楚国，楚国的国君送给他一套乐器——铜编钟，从大到小，一个架子，还有一个大棍子，有一些小锤子，打起来，声音非常好听。用那个大木头棍子撞钟，声音很浑厚，然后拿那些小锤子锤那些小钟，声音很好听，它能够打出《东方红》乐曲的声音。没想到，后来细细地考察这些音阶，正如许多历史书中记载的那样，古代有九个音阶，这个情况，是研究音乐的人意料不到的。现在有许多音乐家、乐理家、乐谱创作家、乐理研究家再分析，用它可以敲打出贝多芬的交响乐，令搞外国乐理的人大吃一惊，说为什么这个春秋战国时期的乐器，还能奏出贝多芬的乐曲来呢？其实，贝多芬又怎么样呢？他只有两只手一个耳朵，据说晚年一个耳朵聋了，听说第几交响乐中有几个地方拐不过弯来，听着很直，可见贝多芬也有缺欠。

这个编钟在随县出土，现在陈列在湖北省博物馆里，是楚国国君送给曾侯的，这套编钟无疑是楚国人做的。我们再翻开历史，中原地区的人，认为楚国是夷狄，所谓"戎狄是膺，荆舒是惩"。苏州，现在算不算腹地？可是吴人说吴的祖先是由中原地区跑到这里来的，并说等于到了蛮夷之乡，由此可知中原地区的观念是多么狭窄，眼光多么短浅！而吴楚在春秋战国时期，都不被认为是中原民族，那别的地方就更不用说了。所以相对于中原那个小地区的文化来说，楚国的编钟就是少数民族创造的了。春秋战国时期，少数民族就有那么高明的创造，恐怕是历史学家、考古学家都意料不到的。我们再说后来用的琴、瑟、笛，笛叫羌笛，非中原的琴叫胡琴，什么都是胡。在中原地区的人，把凡不是这一地区的人都叫胡，像我就是胡。小时候，我就说过一次"我是胡"，我祖父就骂我说："人家骂你是胡，

[唐] 周昉《调婴图》
现藏台北故宫博物院

画中唐代女性携琴、拨箜篌、
吹笛、调琵琶、弹奏古筝，闲
适优雅。

你自己怎么也骂自己是胡呢？"我说："我自己也不知道胡是怎么一回事。"说我们是鞑子，鞑子又怎么样呢？这个没有关系，它是民族的名称，你当贬义说，我当褒义听，这有什么不可以呢？所以我今天到这里真是"胡说"了。

至于胡琴，外来的琴都叫胡琴，后来我们唱皮黄戏、唱京戏拉的那个不是也叫胡琴吗？两个弦的叫二胡。凡外来的叫"胡"不奇怪，后来外来的都叫"洋"，什么都是洋的。琵琶也是一种胡琴。笛，诸位都读过唐诗，"羌笛何须怨杨柳，春风不度玉门关"。羌笛、羌人其实我们随处都可遇到，"羌"这个民族我不晓得现在还用不用这个名称，反正是从西南直到西藏，有许多古代羌族的后裔。笛这个乐器，可以拿到大交响乐中去吹，但竹管做的这个笛就不同了，那是中国乐器。所以汉、唐的宴乐都是非中原民族的东西。又如旧龟兹乐谱，是最讲究的一种乐谱。龟兹，是我国新疆的一个地方，那个地方的音乐好听，《大唐西域记》中就讲到龟兹地区"管弦伎乐，特善诸国"，所以唐、宋两朝组织的大乐队全是龟兹乐。到了清朝，朝会大宴的时候，音乐很多，各个民族的整套整套的乐队在正月初一的大宴飨都有，可见各族的音乐是共同演奏的。

这说明各族的音乐已渗透到乐谱、乐器、乐调和作乐的方法中了，这个影响我就分不出来了，肯定是有的。现在我们随便唱一个唱腔，我也分不出来这个唱腔来源于哪一个地区、哪一个民族了，所以我觉得音乐有这样明显的证据，说明各民族的音乐丰富了我们中国的音乐，有的地方叫国乐。不管怎样，整个中国的音乐是各民族共同创造的。

[东汉] 微山两城小祠堂画像石
《西王母》拓片
现藏微山县文物管理所

二、雕刻

　　我们看见殷墟（河南安阳一带）出土的玉雕的人、石雕的人，
也有立体雕的人。有一个石头雕的人，好像一个大青蛙，在那儿瞪
着眼睛，有头、有身子、有嘴，你看不出更多的形象来，大致是一
个人的模样。到了汉朝，在武梁祠^①、孝堂山^②的那些石刻，看起来

---

① 武梁祠：又称武氏祠，东汉武氏家族墓葬石刻。位于今山东嘉祥。汉桓帝建和元年（147
年）开始营造。现存双石阙、一对石狮、两通武氏碑和四组零散的祠堂画像石。雕刻精
美，风格浑朴雄健。

② 孝堂山：指位于今山东济南的郭氏墓石祠，又称孝子堂。建于东汉，是中国现存最早的
石筑石刻房屋建筑。题材涉及历史和神话故事，及宴饮、庖厨、杂技、狩猎等活动场面。

都是平面浮雕，就像我们现在看的皮影戏中的皮影人，是一个扁片，这个人脸是这样子的，就永远是这样子，再翻过来没有正面的脸，汉画像是这样的，偶然有一点立体的雕刻，也非常粗糙。到了北朝，我们看见了洛阳的龙门、大同的云冈、四川的大足，非常多。北方的这些雕刻群，最早的是北魏，六世纪雕的那些立体的、有血有肉的佛像，我们知道，唐宋人在庙宇中画的大批的壁画，常常把当时皇帝的像画在里头。特别是受道教的影响，像宋徽宗等人，特别信道教。宋朝信奉道教，是从唐朝继承下来的，因为"老子"姓李，所以李姓的唐朝特别重视道家，因此，道教的像特别多，其实有许多是吸取了佛教的。北魏的寇谦之^①改造的道教，加上了许多佛教的东西。唐宋的许多壁画中的大神仙，据记载好多是某某皇帝的面容。由此可知，北魏所造的那些佛像，都有真人的模特，真人的标本，是毫无疑问的。这些模特也许是当时的高级人物，或某个大师、某个和尚、某个学者等。这很难说。

那么，北魏的像呢？你看见的都是些有血有肉的人。那早期的佛像是垂着腿，后来叫结跏（jiā）趺（fū）坐，两条腿这么交叉着，再就是盘起一个来，再就是两腿全盘起来了，佛像也逐渐地在演变。有这样一种说法："吴带当风，曹衣出水。"唐朝的吴道子^②画的人的衣服飘带好像能飘扬起来。至于"曹衣出水"，曹是谁？有争议，我们且不管，据说他画的人都像刚从水里头出来，衣服沾了水，全贴在身上，露出肉来。但是从鼓的地方还可看出来他身上穿着一件纱衣，这个就难表现了。在画里头，你把肉的颜色可以画得黄一点，

吴带当风，曹衣出水：又称吴带曹衣，古代人物画中两种表现衣褶的程式。吴带指唐朝吴道子（见下注）的人物画，笔势圆转，衣袂飘举；曹衣指北齐曹仲达的人物画，笔法稠叠，衣服紧窄。一说吴指南朝宋的吴暕，曹指三国吴的曹不兴。

---

① 寇谦之：北魏道士。字辅真，上谷郡昌平县（今北京市昌平区）人。创立新天师道，太武帝封其为国师。

② 吴道子：唐代画家。又名道玄，阳翟（今河南禹州）人。擅画佛道人物。用状如兰叶或者莼菜条的笔法来表现衣褶，有飘举之势，世称"吴带当风"。画史尊称画圣。

纱染得白一些。石刻你怎么表现呢？我们看北魏以来的那些佛像的雕刻，极薄的纱，他能用极硬的石头表现出来，北魏的雕刻已经能达到这个水平。越到后来水平越高，不管宗教家怎么说，这些佛像所要表现的是伟大的英雄。可又说佛是大慈大悲的，又英雄、又慈悲，这个矛盾怎么统一呢？我们看那些雕刻，它能统一。你看他也很威严，可又不是瞪着眼睛，并不是鲁迅所说的"金刚怒目式"。力士有金刚怒目的，可是那个主要的佛，并不是金刚怒目式的，可是他的威严、他的慈悲，都在这里头表现出来。这种雕刻更不用说与殷墟雕刻比，就拿汉朝雕刻比，它们远没有这种水平。这是什么人创造的？我们知道北魏是拓跋氏，拓跋氏是鲜卑族，他们在洛阳那个地方雕刻，其中定有少数民族的工匠，从人物的脸面风格来看，肯定地说，是鲜卑人居多，鲜卑的劳动人民在里边起了主要作用，他们同其他

[唐] 阎立本《步辇图》
现藏故宫博物院

几个民族的劳动人民共同创造了这些雕刻。

雕塑，拿一把泥，捏一个小小的人，还要用刀雕来雕去，也不容易刻好。几丈高的像，上去敲一下，雕一刀，下来再看看，就这样上上下下，要费多大的力气！我们现在上三层楼还喘，要我去雕刻，连一个耳朵都雕不出来。到了唐朝，唐人雕刻的脸就丰满了，我们一看这个石刻，就可知道是北魏的、北朝的，或者是隋唐的。到了隋唐，脸就圆了，隋唐的人以圆脸为美，而胡子呢，以卷起来的为美。杜甫在《八哀》诗中说，汝阳王琎（jìn）虬髯似唐太宗。我们现在看到

的唐太宗李世民的画像是传为阎立本 ① 的底稿，叫《步辇图》。步辇
不是套着车、套着马，而是几个人抬着一个平的座位，他坐在上头。
辇就是车辇。这个李世民的像，胡子也是弯的。据记载，说李世民
的胡子弯得可以挂一张弓！哎呀，这得是多硬的胡子呢？我认为，
不管自称是凉武昭王李暠（hào）后代的李世民是否为其后代，凉武
昭王属于西北少数民族，这是毫无疑问的。他到了中原地区，说他
姓李，是老子的后代，就是李耳老聃（dān）的后代。不管你说什么，

① 阎立本：唐代画家、宰相。万年（今陕西西安）人。擅画人物、车马、台阁，工书法。

你爱是谁的后代也不要紧，反正他的胡子是弯的。这样我们就可知道唐朝的文化毫无疑问是多种民族文化的合成体，他是"来者不拒"。我们知道唐朝的文化是最盛的，在封建文化里唐朝是个高峰。唐朝的高峰是怎么来的呢？他是"兼收并蓄""来者不拒"。他为什么敢于大量吸收呢？因为他没有那个框框，没有说"我是只限于这么个小地区，这里才是我的家"。他不是这个想法，所以唐朝有那么丰盛的文化，有那么灿烂的成就，不是偶然的。他要是有那么一个小框框，就不可能有那么大的成就。

我们现在再看一看汉朝人，很讲究！汉成帝 ① 的妃子叫赵飞燕，据说赵飞燕腰非常细，能作掌上舞。而到唐朝呢，不管那一套了，非常健康，脸要圆，身腰要粗，所以体质就健康起来了。我们说，今天我们中华民族非常强盛，摆脱了"东亚病夫"的称号，这是我们伟大的共产党的功劳。同时，我们中华民族虽然历经帝国主义种种摧残，仍然能够以各种斗争方式保存下来，没有被帝国主义者压倒，我们的民族精神是最大的支柱。民族精神与民族体力的健康不能说毫无关系吧！我们是唯物论者，我们说这人只有精神，没有体力，不把体力考虑到里边，恐怕不行。要是按照汉朝的标准，腰越来越细，我们这个民族就真正危险了。我觉得在唐朝以后，中华民族产生了一个很大的变化，在人的体魄上、体质上也有很大的波动，中间经过元朝，经过辽、金、清朝，这是一件很重要的事情，有很大的促进作用。举一个例子：战国时的赵武灵王，曾经穿上少数民族的胡服，学骑射，这是个了不起的改革，要强健国家的力量，结果被他的儿子关起来饿死了，从中我们可以知道惰性的力量有多大。赵武灵王想穿胡服学骑射，就被顽

---

① 汉成帝，即刘骜。字太孙，汉元帝子。在位期间沉湎于玩乐，导致外戚当权。

固派整垮了。而到了唐朝呢，干脆大家都穿胡服学骑射了。我说的
是有根据的，赵武灵王的失败，可以反衬唐朝的胜利，也反衬出唐
朝的伟大了。

三、绘画

我们翻开讲绘画史的书，可以看见许多少数民族的姓名，姓尉
迟的、姓曹的，很多很多。如尉迟乙僧就是于阗（今新疆和田）贵族，
这无疑是少数民族。敦煌壁画中，有少数民族文字记载的画工的名字，
其实也不用他写上名字，只要看看整个成果就很清楚了。敦煌壁画
是北魏时开始画的，在河西地区，毫无疑问，没有少数民族参加是
不可能的。在绢素上作的卷轴画也流传下来很多。比如有一幅有名
的天王像是尉迟乙僧画的，画的底子用些重的颜色填上去的，这是
少数民族的绘画法。有一个现象很值得我们注意，佛教是从印度来的，
毫无疑问，佛是印度人，印度的佛教画，现在还保存一个洞窟，叫
阿旃（zhān）陀。这个洞窟里画的画，是佛在说法，他的弟子迦叶
拿着一枝花，拈花微笑。我们看了这幅画，怎么也不相信它是佛教画，
就像油画似的，人的形象也不是我们熟悉的佛的形象。那是印度人
六世纪画的，和我们北魏敦煌壁画的时间相同。但是，我们拿阿旃
陀壁画和敦煌壁画一比，截然不同。佛教的美术，从佛故事的形象、
佛的理论、佛的整个宗教，全遵印度，到了中国，立刻就变成中国
的佛教，佛教的美术就变成中国佛教的美术。我们新疆这里有许多
洞窟，里面画着佛像，和敦煌虽然略有区别，但基本的画法仍是中
国画，这种画一直往南到西藏。

西藏的藏密的画，与中原地区和北方地区的画稍有不同，但是

与印度的画截然不同。东传到日本，东方的密教所传的画像，和中国的画法完全一样，而与印度阿旃陀的画法完全不一样，这说明我们伟大的中华民族有多么大的消化能力！这种融合的能力、建设的能力多么大啊！它到了我们这里就成为我们的营养，成了我们兄弟民族共同的风格，这种风格在国内各民族都适用，而和它的来源，佛教的老家艺术反倒不一样了，这一点很值得我们细细想一想，真足以自豪！我们兄弟姊妹有多少人，不管语言文字有什么不同，创造出来的是一个有统一风格的艺术品。我每次知道某地出现一个新洞窟，总愿赶快看看，看不到原东西也要看看照片，一看是中国风格，中国风格就包括各民族的风格，而与印度等来源风格不一样，这个真值得我们自豪啊！

再说文人画。宋朝的文人画有很多区别，别人都是那样画山，那样画水。出来一个人叫米芾，字元章，画喜欢用点子点，《芥子园画传》甚至称大点为大米（元章），小点为小米（友仁①）。米芾是哪里人呢？他自己说襄阳米芾。大概祖先在襄阳住下了。他有几个特点，一天洗几次澡，洗很多回手，看看书，看看画就洗手，吃饭的时候和人不同席。拿个砚台给人看，说："你看我的砚台好不好？"有人蘸点口水研墨，他就不要了，说："你拿去用吧！"因此，大家说米元章有洁癖，请问这是洁癖吗？不言而喻。他是哪族人？是西北的米姓，是昭武九姓②之一。唐朝在西北有九个姓是少数民族的姓。

到了元朝，有个高克恭，专画米元章这一派的山水，也是点。他是哪里人？他是高昌人，汉姓也就姓高了，这个人历史上只说他是

① 友仁，即米友仁。南宋书画家。一名尹仁，字元晖，小名寅哥、鳌儿、虎儿，米芾长子。

② 昭武九姓：隋唐时期对今中亚阿姆河、锡尔河流域诸国政权的泛称。《北史》载，旧居祁连山北昭武城（今甘肃临泽东北）的康国，迁徙葱岭以西后，支庶分王各地，构成康、安、曹、石、米、何、火寻、戊地、史，称"昭武九姓"。"九姓"并非确指，而是泛称。《隋书》记载姓"昭武"者有十四国。

[清] 佚名《莲师集会树唐卡图》
现藏台北故宫博物院

[元] 张雨《题倪瓒像》卷
现藏台北故宫博物院

西域人，也不言而喻，他一定是维吾尔族人。而他不学别人，只学米，他的画在历史上很有名，故宫博物院藏的画就有他的，很了不起。他画的山的形势是往里头伸的画法，这种画风改革了唐宋以来的画风。说文人画，要讲宋元文人画，你不能不提到米和高。

元朝还有一个叫倪瓒，这个倪也是昭武九姓之一，也是西北少数民族。可是，倪瓒说他是无锡人，住在无锡。这个人一天洗几回澡，不与别人同席，不跟别人一块吃饭，老说人家脏。大家认为他有独癖，不跟随大家一同生活。试问这个人是什么民族呢？而他的画法，在元朝属于第一流。他画得非常简单。别人画很多的树才成一片林子，他就画两棵三棵就是一片树林子，随随便便勾几笔就是远山，概括、简练。他的个人行为很高尚，不同流合污，不人云亦云，有很强的个性，而又好干净，不和别人一同吃饭，我们可以判断出他是什么民族。而

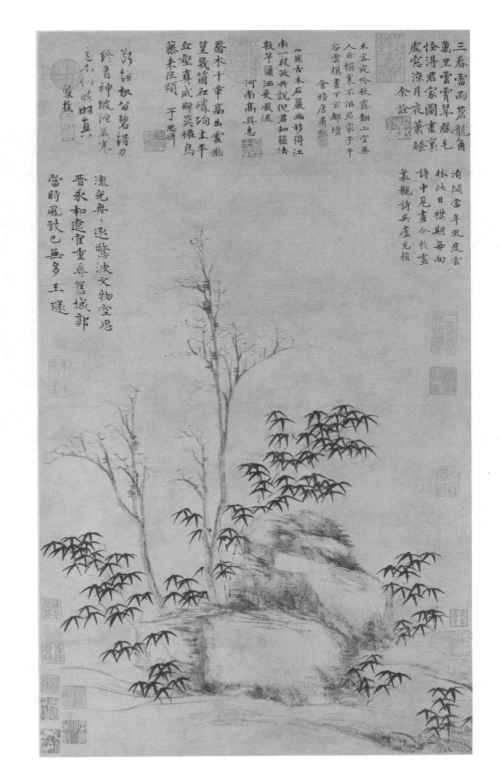

三春雷雨蒼龍角
萬里雲霄翠鳳毛
怪得君家圖畫裏
虛窗涼月夜蕭騷
余詮

清閟當年風度雲
林此日悵期每向
詩中見畫今於畫
裏觀詩吳盧充賴

會稽唐庚

木客宵吟秋露稀
人石榴寒不記君家子千
谷雲棋畫下玄都壇

河南高巽志

尺然古木石巖幽珍得江
南一段狀共說倪君如籀法
數竿蒲灑更風派
喬木千章高出雲幽
莖發簡石礫絢生平
缸壅真成醉兴棲烏
藤末往頻

于思搏

紛紛机甸碧錯刀
終宵神波陀藏寒
之不何妹的真

奉揽

流光冉冉逐鶩波文物空思
晉永和遼霍重罪鴍城郭
當時風致巳無多王璲

［元］倪瓚
《古木竹石圖》
现藏北京故宫博物院

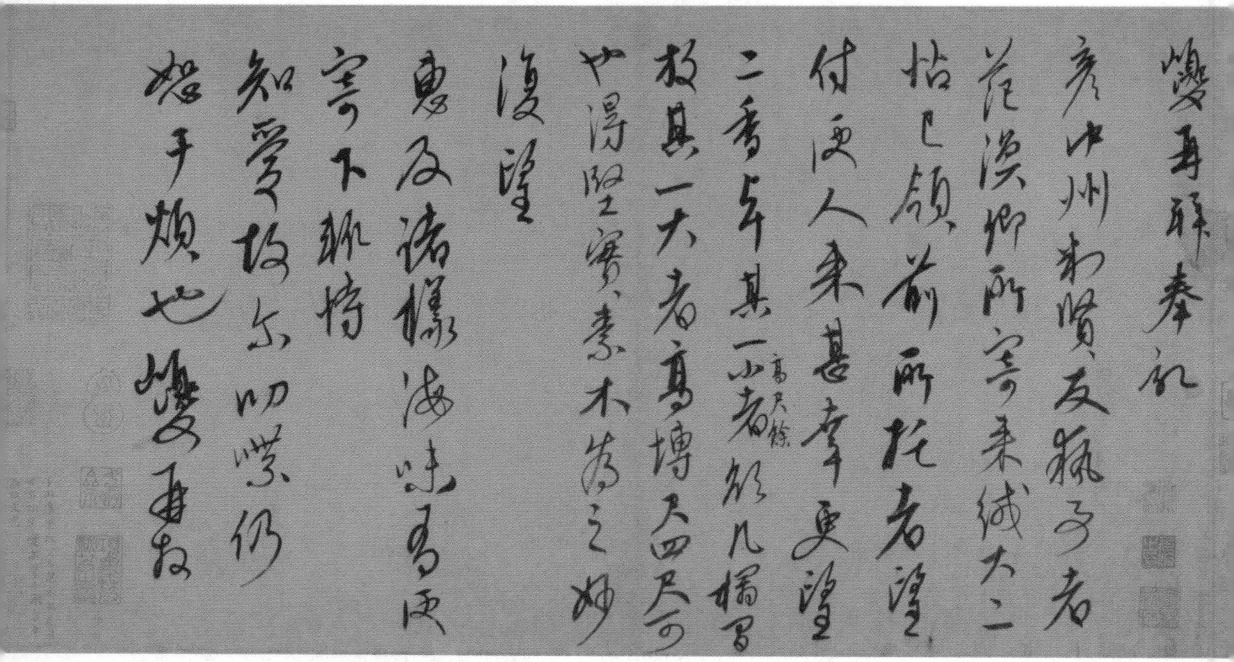

[元] 康里巎巎《行草书奉记帖页》
现藏故宫博物院

从画风上讲，有人说是江南派。后来人们以家中有没有倪瓒的画说明
自己的高明与不高明，谁家要有一幅倪瓒的画，说明他很高明，因为
他有倪高人画的画。倪瓒，人称高师，这并不是姓高，而是清高的高，
大家多方面佩服他，称他为高师。在画派里有那么高的地位，被人这
么尊敬，这是很不容易的。他并不是无锡土著，他的姓是源自西北的，
是西北少数民族。

在唐朝以后，元朝这个民族的兼收并蓄气魄更大了，一直到中亚、

西亚地方的人都可以来到元朝这个区域做事情。那时把西域各族人都称为色目人。而所谓的汉人是包括辽、金人在内，南人就是江南的人。它全都兼收并蓄，这是在唐以后各民族的一次大聚会。

上面我们说了元朝的画，还可说说字——书法。倪瓒也是一个书法家，还有一个书法家，他姓康里，康里部落的人，名字叫巎（náo）巎，是音译，字子山，他的草书写得非常好。大家知道有个赵孟頫，是元朝大书法家。有人问赵孟頫一天能写多少。赵孟頫说他一天能写一万字。有人去问康里子山一天能写多少字，他说他一天能写三万字。他写草书快极了，维吾尔族原用竹笔，蒙古人也用，写起来很快，他写字这么快，与他本民族的习惯有没有关系，现在没有正面论据。我推论，必然是有关系的。

康里在哪里呢？在前苏联境内的一个部落。这些人，不但在艺术、雕刻、绘画、音乐上有贡献，而且在写汉字、作汉文、作诗、填词上也很有贡献。我们翻开元朝人的文章、诗词，写得很多很多，而他们同时能用本民族语言文字写东西，如萨都剌、乃贤等。萨都剌是个大诗人，他的名字据说是阿拉伯文，翻译出来就是"真主恩赐"的意思。我不懂阿拉伯文，在座的同志一定有知道的。他的字是天锡，"天锡崇古"，天所赐，跟名字的意思一样，他用汉文作的诗非常好。乃贤是什么地方人呢？葛逻禄，快读是和鲁，是葛逻禄部落的乃贤，作的诗是唐人的味道，唐人的音节。现在我们选元朝人的诗、讲元朝的汉文学史，你能把萨都剌、乃贤抹去吗？讲宋、元的绘画史，你能把米芾、高克恭、倪瓒抹去吗？讲书法史，你能把康里抹去吗？不能，他们不但不能抹去，而且还是起大作用、占重要位置的人。

原文为苏联。
历史上的康里部游牧于今乌拉尔河以东至咸海东北地区，这一地区大致在今哈萨克斯坦共和国境内。

四、语言

在汉语学上，有位有绝大贡献的人是陆法言[①]。他生在北朝末期，到了隋朝，他创造了一个方法，编了一本书，是专记汉语的。他是鲜卑族人，他肯定会说鲜卑语。我为什么知道？颜之推[②]在《颜氏家训》里说：现在的人能够弹琵琶，会说鲜卑语就算是很不错了，在社会上就一定容易交朋友，一定受人重视。这就好比今天有许多人说："我会外国语，不但能说第二外语，还会说几国外语。"大家就说他本事大。当时在中原地区的颜之推是汉族人，他就知道许多人会弹琵琶，会鲜卑语，这是当时流行的东西，那么当时的鲜卑人能够不说鲜卑语吗？

陆法言编的一本书叫《切韵》，大家都知道这个"切"，即"反切"。什么叫作"切"呢？就是用两个字拼一个字的音，比如东方的"东"，用"德红"切。怎么叫"切"呢？就是把上一个字的声母、下一个字的韵母拼起来，拼出这个音，然后分部，分四声：平、上、去、入。这是一个了不起的新方法。在以前只能用同音字来注音，如茶碗的"碗"，读作"晚"，早晚的"晚"。这就有一个问题，你若不认识早晚的那个"晚"，你也就不认识这个茶碗的"碗"。他发明这个切韵的方法就是拼音的方法，这个方法从隋朝起到今天，大家翻翻《康熙字典》，一直到新编的许多字典，如《辞源》《辞海》里还有什么什么切，这个方法到今天还在用着，而它的进步性在哪里呢？汉语的

---

① 陆法言：隋代音韵学家。名词，临漳（今属河北）人。参与编撰《切韵》，唐宋人韵书多以其为蓝本。

② 颜之推：北齐文学家。字介，琅邪临沂人。初仕南朝，后奔北齐，齐亡入周、隋，任太守、学士。颜之推曾与刘臻等讨论音韵，后由陆法言编为《切韵》，其《颜氏家训》开后世"家训"之先河。

调子有四声，如"东董冻笃"，现在要用普通话，以北方话为基础，以北方音为标准的普通话，都也有调号四声，比如"湾纨碗腕"是阴阳上去；"东董冻笃"是平上去入，这很清楚的。

可是现在呢？说是用拉丁拼音，这当然应该比陆法言高明，至少晚一千三百年，我们应该比陆法言进步了，可现在拼出来呢？一大串，没有隔开，也没有调号，比如说这个"茶碗"，可能读成"叉弯"，我有一个刀叉，这个叉弯了。没有调号，这个词语的意思就不明确，而现在的汉语拼音，把调号一律都取消了，读起来就不行，如"你上哪里去？""我回北京"，可能读成"悲京""背景"。我就问人，为什么你们不加调号？他说那不就穿靴戴帽了吗。啊！我说你穿靴戴帽不？看你冻的时候穿靴不穿、戴帽不戴。人都穿靴戴帽，为什么字母不许穿靴戴帽呢？这是为什么？总觉得因为是外国人没有的，我们不能添上。其实呢？你拼的是汉语语言，不添也不行啊！我为什么说这个？就是说我们一千三百年之后的人，运用拼音的注音方法还不及一千三百年前我们兄弟民族鲜卑人遗留的办法优越。鲜卑族的陆法言遗留的这个办法，是古代没有的，后代不接受的，后代把它抛弃的，而现在古字典注古音还用这个。我们现在想推行普通话而不接受陆法言的这一点经验，这一点办法，我看推广普通话只用汉语拼音是很难的。你们看（指讲台上的扩音器）这个上就有浙江温州无线电十二厂，等一会儿大家看看，这上面一大串字母，拼不出来，我不知道从哪里断。毛主席说："有比较才有鉴别。"经过比较，我觉得陆法言在一千三百年前是我们的前辈，是少数民族研究汉语的老前辈，这个方法到现在还不能随便一笔抹掉。

五、文学

最后我谈谈文学。少数民族用本民族语言文字所写的文学是了不起的宝贵财富。我前天去新疆社会科学院拜访，见到许多同志给我介绍现在正在翻译的《福乐智慧》，维吾尔语写的古代遗留下来的长诗，也是史诗，这是宝贵的财富。我听了听介绍，觉得它与许多用汉文写的诗歌词曲，在音节上有很多联系，我是喜欢搞音节这个东西的。我写过一本小册子，讲诗词的声律问题，我就想吸取一点（音节）。西洋离我们远，因为它是印欧语系①，我想阿尔泰语系②对于我们汉语古典文学一定有影响。我现在很盼望将来能读到汉语本的《福乐智慧》。现在我要找懂维吾尔语的同志好好学一学。用少数民族自己的语言文字写的，或用汉语写的，像萨都刺、元好（hào）问③，大家都知道他们是鲜卑人。元姓是拓跋氏后裔，唐朝与白居易一起的元稹④，就是拓跋氏。用汉文写作，也受到若干少数民族的音律、语言、手法等多方面的影响，我们讲汉朝的挽歌、铙歌里头有许多字，只起到帮腔的作用，这些有音无义的字是什么？我很怀疑是少数民族的语言，比如铙歌里的"匪乎欷""噫无鲁支呀"，是什么意思？不知道。"匪乎欷"，这分明是一个意思，是一个音，有人讲"匪"就写皇妃的"妃"，

---

① 印欧语系：依语言的谱系分类法分出的语系之一。包括印度－伊朗语族、日耳曼语族、罗曼语族、凯尔特语族、斯拉夫语族、希腊语族、波罗的语族、阿尔巴尼亚语族、亚美尼亚语族等。是当代世界上分布区域最广的一个语系。

② 阿尔泰语系：依语言的谱系分类法分出的语系之一。包括突厥语族、蒙古语族、满－通古斯语族。主要分布于中亚及其邻近地区。亦译作阿勒泰语系。

③ 元好问：金末元初文学家。字裕之，号遗山，太原秀容（今山西忻州）人。金宣宗兴定进士，金亡隐居，是当时的文坛盟主。

④ 元稹：唐代诗人。字微之，洛阳（今属河南）人。与白居易友善，同倡新乐府运动，世称"元白"。

"乎"就写呼叫的"呼"，"欷"就写"豕"字旁加一个希少的"希"（"豨"），怎么会有一个王妃在那里喊猪？没有这个道理。"噫无鲁支呀"，这也是糊涂，注《铙歌》的人胆子真大，胡注，我觉得可能是古代哪一个少数民族语言随着乐谱过来的。我们再看《汉书·西南夷传》，西南少数民族的诗，整套地翻，翻出来给它用四个字注出来，对得很不准确，但是《后汉书》里头整篇整篇地把这些诗记录下来，很不简单，我们更不用说佛经了，佛经整个全是翻译的。北齐有一个人叫斛律金，这个人不会写字。要他签名时，他瞪眼说，我不会写汉字。别人说，你看见过蒙古包的帐篷了没有？你的名字就按帐篷顶画一个就行了。他光在底下画了一个横道，算是帐篷。但中间的柱子呢？即金字中间那一道，于是他拿笔倒着往上画，算是把柱子画上了。你可以知道这人的汉文有多高水平了。这不是他的耻辱啊。他作的诗虽只传下来一首，但凡是研究文学史的谁也抹不了它，就是《敕勒歌》："敕勒川，阴山下，天似穹庐，笼盖四野。天苍苍，野茫茫，风吹草低见牛羊。""野"念作"雅"，这首诗在当时古声里是押韵的，"敕勒川，阴山下，天似穹庐，笼盖四野"。"天似"二句等于把七言句加了一个字，"天苍苍，野茫茫，风吹草低见牛羊"。整个调子是：三三七、三三七。这个节奏咱们今天数快板都用。大家都会数快板，究竟数快板是北方人学敕勒部落的人，还是学少数民族的语言，还是少数民族用汉语来写的呢？到今天还纠缠不清。对这首诗有两派意见，有说这是用鲜卑语翻译的，有说是斛律金自己写，自己唱的。到底他会唱不会唱，是谁写的？成了无头案，永远没有答案，因为他死了，历史过去了，你没法证明了。可是我可以肯定的是，在我们灿烂的中国文学史里头，有这么一位作家，伟大的作家，没作别的，就这一首诗，便流传千古。

［明］唐寅《临李伯时饮中八仙图》（局部）
现藏辽宁省博物馆

　　再说李白，他是中国的诗仙。他是哪族人？他和李世民是一家，昭武九姓之一，西北地方人，先辈流寓到四川做商人。历史上没有详细写他是哪一族和具体的族名，但是我们可以肯定，他是伟大的诗人，这个伟大的诗人是少数民族。其实我对少数民族有这样一个理解，我觉得咱们都应该辩证地看问题。比如甲地区某族的人到乙地区来，乙地区其他民族的人多，甲就是少数民族；乙地区某族人到甲地区，那里另外民族的人特别多，乙就是少数民族，多和少还要看具体环境来决定。李白肯定是少数民族，而他成了全民族的伟大诗人，这没有什么奇怪的。

　　到了清朝，有个纳兰容若，即纳兰成德，词作很有名，他是呼伦四部①的人，即旧满洲地区的人，属叶赫部落。他的词很有名，为

---

① 呼伦四部，即扈伦四部，明代海西女真乌拉、哈达、辉发、叶赫四部的合称。海西，松花江大曲折处（中游）在元代称为海西。

[清] 禹之鼎《纳兰容若像》轴
现藏故宫博物院

什么？他受古典的束缚很少而创造出新颖的风格。再看曹雪芹，他无疑是原来从关内流寓到关外的，他的祖父给康熙帝上奏折，康熙帝的批语有满文，这个奏折是不许别人看的，只能皇帝和写奏折的人看。康熙帝用满文批，曹雪芹的祖父肯定是懂满文的。而曹雪芹呢？接受了满文化，用汉文写出来的《红楼梦》，成为古今很有名的著作。《三国演义》《水浒传》《西游记》等都是了不起的古小说，自从《红楼梦》出来，它的手法，它的成果、艺术水平是古代少见的。所以《红楼梦》在中国文学史上的地位特别突出。为什么曹雪芹没有受到那个框框的限制？因为他有自己独特的发明创造。《红楼梦》这个伟大的作品是多数民族创作的还是少数民族创作的？我在内蒙古见过蒙文的翻译本，大家对这很有兴趣。那么这个财富是哪一个民族独有的财富呢？肯定是共有的财富。

上述是在文学史上，我们在历算天文上就不说了，那更多。元代有一个撰写了《万年历》的札马鲁丁，就是回族人。元朝以后，明、清两朝有钦天监，钦天监里算历法有西洋科的。用西洋算法的是南怀仁①啊！还有回族科，用算回历的办法算历法。明、清的钦天监就是用各种算天文历算的办法来求得日月运行的准确性，那么在历法上就有我们少数民族的贡献，这是大家都知道的。

最后我举个例子，大家都知道北京城，许多人都问北京城是谁修的。大家都传说是刘伯温修建了北京城，到底刘伯温修了北京城没有？我也不知道。可是我知道，北京城这个城圈现在是这样，而在元代也是这个样，北边向北推了五里，现在北京北边有个"土城"，

---

① 南怀仁：天主教耶稣会传教士。字敦伯，比利时人。清初时来中国传教，后去北京参与汤若望修订历法工作。掌钦天监，官至太常寺卿。为近代西方科学知识在中国的传播做出了贡献。

那是元代的旧城。元朝的城南到长安街，北到土城，明朝往南展了一里多，到宣武门、崇文门，北边缩了三里到安定门和德胜门。元朝管建筑的，设一个叫查的尔局，查的尔是蒙古语，管查的尔局的人，叫乙黑的尔丁，又写作叶黑的尔丁。这个人是回族人，不但他管查的尔局，而且他子孙四代都管查的尔局，元朝北京城的规划建造全出自叶黑的尔丁四代。大家只知道北京城是刘伯温造的，大约却不知道出自叶黑的尔丁。这个城明朝基本上用了它，就是给墙皮加了砖。我们一提城墙，都觉得是用砖砌的。在古代城墙没有砖皮，只有到了城楼那儿，才有砖，剩下全是巷口，有人说土城是把砖除去了，不对，就是那样子，因为它厚，没有风化，没有经人损伤，于是保留下来。

我有这些想法，今天有机会在这里向诸位请教，这是我的一个好机会，希望得到批评指教。

唐以前的诗是长出来的；
唐人诗是嚷出来的；
宋人诗是想出来的；
宋以后的诗是仿出来的。

古代文学六讲

辑二

中国文学源流

大纲

中国自文字成熟以来，已有三千多年的记载可以凭信。自商代开始，已有完整的文字，在周代^①有了编辑成书的诗歌集子，那就是《诗经》^②。《诗经》中最可贵的是一些民谣，被称为"风"，"风"是"风俗"之风，也就是民间风行的小唱俗曲^③。

到战国^④时期，楚国有"楚辞"出现，为首的称为《离骚》，传说是大诗人屈原所作，"离"是遭受的意思，"骚"是忧愁情绪，这篇长诗是诗人抒发忧愁的作品。但因用了大量楚国方言（许多按

---

① 周代：公元前 11 世纪中期到公元前 256 年。——作者自注

② 《诗经》：是收集古代诗歌的一部"总集"，大致分三个部分：一是民间歌谣，叫作"风"；二是入乐的曲调，叫作"雅"；三是可带表演乐章，叫作"颂"（颂即古容字，是有"舞容"的，也就如今天所说的"表演唱"）。后来这集子被列为"经"，叫作《诗经》。——作者自注

③ 例如"风"中第一篇："关关雎（音居）鸠，在河之洲。窈窕淑女，君子好逑。"呱呱叫着的雎鸠鸟，在河边的沙滩上。它们好比那俏丽的淑女，是君子的好伴侣（逑，同俦）。这是多么原始型的民间小唱啊！

④ 战国：公元前 475 年—公元前 221 年。——作者自注

[宋]佚名仿李公麟《九歌图卷》（局部）
现藏故宫博物院

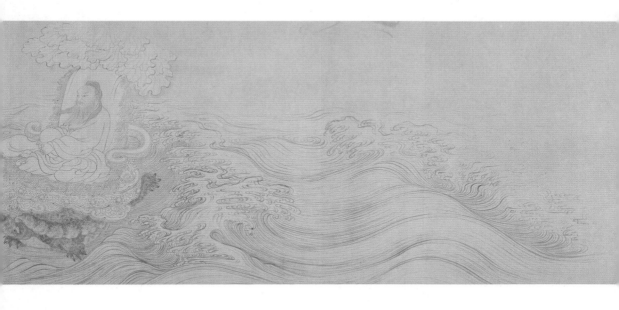

方音写的字词），所以不太易懂。还有些祭神的小曲，像《九歌》^①，就有趣味多了。

这个诗歌的传统，也是文学形式的这一系统，是中国历代文学的最主要的脊骨。汉代^②虽然也有许多诗作，但多沿着楚辞的铺叙手法，不太轻松伶俐。三国时曹操^③以大英雄的手段，在政治上平灭了群雄，在文学上独创了一派。用诗经的形式作四言诗^④，浅显易懂，使人了然他那样的英雄气概。从这时起，诗歌又趋向音调上的动听，语言上的易懂了。^⑤

到了唐代，成了诗歌的最繁荣、最成熟、最多彩的时代。唐代的大诗人也几乎数不过来，诗作也流传下来多少万首。最有名的，要算被人称为"诗仙""诗圣"的李白和杜甫^⑥。其次如韩愈^⑦、白居

韩愈像

白居易像

---

① 《九歌》：本是楚国民间祭神的歌曲，汉代编入《楚辞》这个集子里，便称它为屈原所作了。——作者自注

② 汉代：公元前202年—公元220年。——作者自注

③ 曹操：汉末的军阀之一，把持了东汉的政权；他儿子曹丕便公然取代了汉政权，自称魏朝，追尊他父亲曹操为太祖武皇帝。后人称他为"魏武帝"。——作者自注

④ 曹操的著名诗歌如："对酒当歌，人生几何。譬如朝露，去日苦多（流逝的时期苦于太多）。慨当以慷（慷慨一词分着用），忧思难忘。何以解忧，唯有杜康（造酒人名，被借称酒）。"（还有许多，不多抄了）——作者自注

⑤ 如看曹操全部作品，或看他的主要作品，和其他汉代古奥的诗歌相比，就明白了。（现在人喜讲比较文学，是拿中外的作品来比较，如果拿古今作品比较或拿古人甲和古人乙比较，也会有很大的发现）——作者自注

⑥ 李白和杜甫：都是唐代唐明皇开元、天宝时期的诗人。他们的生活经过太平繁荣的时期，也遭受过离乱的时期（安史之乱），他们的诗歌突破了以前六朝（晋宋齐梁陈隋）时代的僵化了的形式和内容，写出广阔的内容、复杂的情感、多样的形式、灵活的语言。——作者自注

⑦ 韩愈：稍后于李、杜，是古文家，是儒家学派的一个思想家。他的诗，是继承发展李、杜的创作路子，又调整了李、杜的风格，和他在文章的主张一样，是以复古的面貌来创新的流派。——作者自注

易①，也在大诗人的地位。他们的创作，几乎反映了当时各个角度的社会生活面，表现了当时文人的许多思想抱负和正义理想。

唐代诗歌本来是能够伴随音乐来唱的，后来大概不满足于简单的唱法，加入了一些外族的音乐调子②，诗句也出现了长短随调的现象，就成了"曲子词"（后来简称为"词"）③。

"词"的性质，仍是诗歌，由于有调有谱，留在纸上的，只剩下唱词，所以通称为"词"，便成了某一种特定的文学形式的专名。

词有小令、中调、长调之不同④。大概说来，小令只少数几乎等于歌谣的情形，念着顺口，意思浅显，读者容易懂，作者的情感与读者的情感接触、融合，互相感动是极其容易的，所以这类小词中，

---

① 白居易：比韩愈又稍晚些，他有许多"讽喻诗"，歌咏许多社会上不平的事，人民的疾苦。他用平常通俗易懂的语言，有人比喻他的作风说是"要求老妪都会懂"。细读、通读他的作品，可以发现，他的诗虽然语言浅显，但表达的感情却是深刻的，用词汇、选比喻虽然浅易，但都非常恰当，好比小钥匙开大锁头，那么灵便准确。他的长诗《长恨歌》写唐明皇、杨贵妃的故事，《琵琶行》写老妓晚年沦落的心情，来衬托他被贬谪的心情，都是名作。——作者自注

② 许多词牌子（即词调名的另一称法）如《菩萨蛮》、《八声甘州》（甘州即指今甘肃，是古代西域许多小部落所在地）。"乐调"指纯粹音乐调子的名称，如"龟兹乐"，即古代龟兹国（部落）的乐调。——作者自注

③ 敦煌出土许多曲调的抄本，它们原题常写"曲子词"，容易明白，连伴奏的音乐带唱、统名可称曲子，单记下它的唱词，自然可称"曲子的词"了。即如今天一个京剧剧本整体，必包括角色、服装、动作、唱词、唱词的旁注乐码工尺。如果只抄出所唱的词句，那就只能专称"戏词"了，宋代人单用一个"词"字来称流行歌曲的曲词，大概由文人自己存留自己所作的曲词，他们以为伴奏和歌唱都由唱歌人负责，他们不管，所以只在自己的词集上题写"词"字。——作者自注

④ 小令，最少的有十六字，一般如《望江南》《菩萨蛮》《忆秦娥》等都算小令，再长些的叫作中调，更长的如《兰陵王》《桂枝香》等都属长调。——作者自注

[南宋] 佚名《歌乐图》
现藏上海博物馆

常见非常精彩的作品①。

中调、长调，文人的作品居多，为了拉长句数，不得不用了许多典故，也就是用了许多不能使人直接懂得的语言，民间流行就少得多了②。

词在唐末发生，可说是最初阶段，到了两宋③，完全掌握在文人手中，成了高层社会中流行的艺术品，这时民间便产生一种带表演的小戏剧④。当然有歌唱、有音乐伴奏，更重要的是有故事情节，还有演员来表演故事中的人物。在宋人的戏剧，虽然有少数剧本保留，但演唱方法以及曲调音节已完全失传。到了元代，戏曲的剧本才大量流传下来。⑤

---

① 小词的精彩作品（唐人作的）抄几首如下：
《望江南》（温庭筠）：
梳洗罢，独倚望江楼。过尽千帆皆不是，斜晖脉脉水悠悠。肠断白蘋洲。
（写一个女子在水边楼上盼望她的情人回来。）
《忆秦娥》（李白）：
箫声咽。秦娥梦断秦楼月。秦楼月。年年柳色，灞陵伤别。乐游原上清秋节。咸阳古道音尘绝。音尘绝。西风残照，汉家陵阙。
（有怀古、吊古、感离、伤别的种种情绪，都堆在一起。是一大堆眼前的形象，和一捆复杂的情感，拧在一起，是一个词的疙瘩，又是一个心情疙瘩。）
有一调《十六字令》，是词调中字最少的。
《题墨笔画牡丹图》（西林春）：
侬。淡扫花枝待好风。瑶台种，不作可怜红。
（西林春，字太清，是我们远远房的一位老祖奶奶，有诗集和词集。这首十六字令可算是这个牌子的作品中最好的一首，不算我为"当家子"吹吧！）——作者自注

② 宋代许多长调的词，如不查谱子上的句式，就连句子也读不断，更谈不到懂得它的意思了。其中周邦彦就是一个代表，我有《论词绝句》论他说"叔世（末世、乱世）人文品亦殊。行踪尘杂语含糊。美成（周邦彦字美成）一字三吞吐，不是填词是反刍"。周反刍形容那些"练字""练句"的作品，恐并不冤枉他们。——作者自注

③ 两宋：指建都在汴梁的北宋和流亡到江南、建都在杭州的南宋。这都是"词"在文人创作中的繁盛时代。北宋：公元960年—1127年；南宋：公元1127年—1279年。——作者自注

④ 从北宋起，就有一种有伴奏有演唱，还有简单的化装的"小戏"。唱词传下来的不多，有滑稽讽刺内容的对话，因为有趣，被人记录下来的不少。大约到了元代有比较完整的舞台戏剧才算成功。——作者自注

⑤ 元代剧本，现在留存下来的估计有千余本。元：公元1271年—1368年。——作者自注

元代流行的剧本，普遍被称为"元曲"，它由几个要素组成：（一）故事情节，从头到尾，总是一个完整的故事；（二）一个剧常分几"折"①，也就类似现在我们说的"场"；（三）每折中由许多"曲牌子"所组成；（四）每个"曲牌子"有各自的句数、唱调，各句的长短（字数多少），有它们自己的形式。许多是来源于"词牌子"，更多的是元曲新创的"曲牌子"。与词牌同名的，也比宋词缩短得多②。（这些元曲的问题，是我告诉你的"常识"，不必写入考试卷子）

（说到这里，我太高兴了，你可以借此机会向那里的老师们宣传些中国文学的知识，得到什么反应，可以在那方面特别写些介绍文章，如果登在报上，再有什么反应，便可去翻译一些有趣的作品。他们接受一分，你就成功一分，我随后给你寄去这方面的材料、书籍，你看看不仅可以丰富自己，还可以唬他们！）

元剧剧本故事，有水浒故事的、包公故事的，也有神仙、三国故事的。才子佳人的，以《西厢记》最为有名，到现在还有各种剧种、曲艺来唱它，《西厢记》也最长，折数很多。（因为少了故事唱不全）③

中国文学的另一大类（前谈诗词曲也可算一大类，都是有韵的，也可算是诗歌大范围的作品）是无韵的说故事。（其实古代许多历史书，被文人们尊称为"经"的《尚书》和被称为"正史"的"二十四

---

① 折，是一个剧本的小单位，元代剧每剧经常只有四折，每折只有一个角色唱。它的谱子已失传，伴奏的乐器也不清楚，总之"好听不了"，大约逐渐复杂，到了明代才打破这类局面，"折"被称为"齣"（"齣"音"出"，现在也就写"一出戏"了），一个剧本也不限齣数，每齣中唱者也不限一个角色了。零齣（现在称"一出戏"）也就是指一个剧本，与明代的齣的概念又不同了。今天常演的某一戏，常是一个大剧本的某一二出，被人称为"折子戏"，这个"折"字，还留有元曲的痕迹。——作者自注

② 例如宋词牌中《八声甘州》一调有许多句，元曲中同一牌子名，就只有几句了，可见元曲是收缩了宋词牌，删繁就简。——作者自注

③ 《西厢记》：大家都熟知，它的故事被用在各种艺术作品中。一厚本剧本，有若干出，（我随寄一本有注的去），它的情节大家已经非常熟悉，它的唱词，既文雅又通俗。——作者自注

[明]仇英（传）《西厢记册页》
现藏美国弗利尔美术馆

史"，其实都是在说故事。表面看来，好像经、史中所说的故事都是
千真万确，没有虚构的，如果细看，或追问，记录者怎么写出两个古
人在那说"密谋"的话，就露了编造的马脚）

（以上括号中是我告诉你的话，不必写在卷上）

另一大类的说故事是小说。"小说"二字原是指小故事，小记录、
小篇幅的作品，说小段的故事，到了宋元时期，说书人（当时称为"说
话人"）为了拖长时间，满足听客的愿望，就扯长故事，可说若干次。

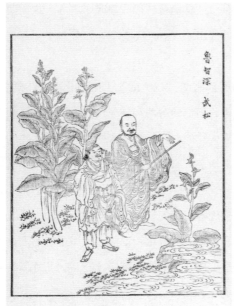

[明] 杜堇《水浒全图》
清光绪广东臧修堂刻本

这种说故事的底本，叫作"平话、话本"。到了明代 ① 出现了许多短篇小说集，如同"三言、二拍"②（五种书），每种集子里，收了许多短篇故事。这时还不太流行长篇小说。稍后出现了《三国演义》《水浒传》，都是长篇连续性的故事，这时这种长篇故事在形式上有一种创造，即分为"章、回"。把长达若干历史时间、若干人、

---

① 明代：公元 1368 年—1644 年。——作者自注

② "三言、二拍"：共五种短篇小说集。《警世通言》《醒世恒言》《喻世明言》名称都有言字，故称"三言"；《一刻拍案惊奇》（一刻即指第一次出版的）、《二刻拍案惊奇》（即指第二次出版的，也就是续集）共称"二拍"；都是短篇的小说。——作者自注

若干次的事件，分别叙述，给每一段故事起个名称，或用两句类似诗句的话把故事总括地标出来①。这就是"章"或"回"②，是题目（也就是内容的提要）。

到了清朝，曹雪芹写的《石头记》（后来改称《红楼梦》），也是章回体的长篇故事，但他的写法突破了前代任何长篇、短篇的小说手法。他细腻地写出人物的心情，也就深刻地表现出人物的性格，全书几个人物，有的事情多，有的只出场几次，但不管人物出场多少，他们的性格、特点，都是鲜明的，某甲的话，不能移到某乙身上。（从前《水浒传》传说是施耐庵写的，又说是罗贯中写的，《三国演义》传说是罗贯中写的，但都无法确定和证明，大概是说书人在演述的过程中陆续丰富、完善、修理而成的，到了《石头记》才算是成于一个作家之手的第一部小说）到今天著名的作家多得不得了，名作也数不过来，无论有意沿用曹雪芹的手法还是有意另创新手法，也都有新的成就，但千百年来（可以从西汉③司马迁④的《史记》到今天）在小说发展的长河中，《石头记》的作者和他所创作的这部小说，总应算是开创一个新纪元。

---

① 每回前有两句的对联式的句子，叫作"回目"。——作者自注

② 这类分成第一回、第二回的标题，也有称第一章、第二章的。——作者自注

③ 西汉：公元前 202 年—公元 8 年。——作者自注

④ 《史记》：西汉司马迁撰，通记自上古至西汉武帝时的历代历史，有专记皇帝的"本纪"，记诸侯的"世家"，记名臣的"列传"，记专门专题的"书"（如天官书、律书等）——后世史书中这方面的记载称为"志"。——作者自注

南北朝文学概况

一、今日不是讲文学史

（一）史从古为官修，私史是违禁的。文学的史亦需论带（或代），观点稍不正确，必会发生大错。

（二）我既不懂史，也不懂文学发展的什么规律，现在讲些作品，只是翻译一些古汉语，是一种技术性的东西。

（三）同志叫我讲讲南北朝的文学情况，我手边没有文学史课本，也不知讲得错不错，撞车与否。如果有不同点，以课本为准。

（四）我所讲的部分，都是参考品，不在里边出题。

二、谈南北朝文学，必须先回顾两汉

（一）大家读过两汉部分，由于时代早、语言"古"（古是今人的感觉，当时愈说当时的话，后人愈不易懂），篇幅大，似大硬块。

（二）《史记》最富有文学味（性），它是故事，先具备一个优越条件，作者有意刻画人物，语言较易懂（易懂有两个原因：一是多用共同标准语；二是后代人常读它，成为后人熟悉的语言）。（《陈涉世家》，即不全懂）

（三）至于汉赋，汉人拿手戏，但今读不亲切。这就像故宫太和殿不如养心殿，养心殿又不如招待所，招待所不如自己家。

（四）建安文学[①]是稀释了的汉文学。

曹操的《短歌行》，信手拈来，杂引诗经句，满不在乎。

曹植的《洛神赋》，只是"美人赞"。与汉赋相比，即见其流畅轻松。

王粲《七哀》，咏叹中有余不尽之致。有言外之意，即有诗外之诗。

（五）建安文学之所以重要，是它有承前启后的作用。

三、这才能说到南北朝

（一）南北朝的时间：自西晋东晋到隋。

西晋统一，但极短暂，即此短时，南北文人聚于洛下，此从其有别到融合。如从另一面讲，人俱人，文俱文，所读之书俱书，表现于作品文风，又必有其同处。

（二）此时期背景：西晋统一不久，即有五胡之乱[②]，以汉族为中心的中原地区，胡人来，必定影响政治经济、汉族地位，不平等待遇、

①　建安文学：东汉末年建安时期的文学。建安是汉献帝年号（196—220）。文学史上的建安时期指建安至魏初。代表作家有曹氏父子（曹操、曹丕、曹植）；建安七子（孔融、陈琳、王粲、徐干、阮瑀、应玚、刘桢）；女诗人蔡琰等。他们的作品风格情调慷慨、语言刚健，称为建安风骨（又称汉魏风骨）。

②　五胡之乱：又称五胡乱华。五胡指北方游牧民族匈奴、鲜卑、羯、羌、氐。自西晋末年始，北方游牧民族陆续建立政权，并灭亡西晋，到439年北魏统一北方，其间具有代表性的政权被称为十六国。

种族歧视、种族压迫，阶级矛盾随之加深……

从文学上讲，发展受限制，是合乎逻辑的，是必然的。

但历史证明，凡非汉族人掌握中原地区政权的，无不汉化，也有汉化不深的，但不深不透的必然短暂即亡。汉化了的，又不成为胡了；既然汉化，就与汉文学没有阻碍了。

"民族矛盾（问题）就是阶级矛盾（问题）"这一论点，经过证明，见于中央明文，见于杨静仁同志的报告，如甲族信佛教，乙族信伊斯兰教，丙族信基督教等，乃至生活习惯、地理环境，所用语言，必有不同，也极易有矛盾，这些矛盾，并非全属阶级的，更不全属斗争的，归到阶级，即归到阶级斗争，就得对立对抗，那么我们多民族的统一的祖国中，各族人民就只有天天互相斗争了。

历史上少数民族掌握中原政权，与帝国主义侵略不同。帝国主义侵略，敲骨吸髓，奴役中国人，残杀无辜人民，消灭对方语言，不准读本国历史。

少数民族政权，是用中原制度、文化、衣服、语言，结果融合在大家庭中。反之，汉族的阶级敌人，残暴的统治阶级，难道就不杀无辜的人，不禁止读历史了吗？"知识越多越反动"的口号，是外族人提出的吗？

归根结底，南北朝有地区差别，生活风俗有某些差异，文风有某些特点，但绝非中美、中日、中德、中非之类的不同。

四、南朝文学 ①

（一）南朝文风，重华丽，有文笔之说，既叫"文"，必须装饰，

---

① 此处标题为编者所加。

[五代] 李赞华《番骑图》
现藏美国波士顿艺术博物馆

所以《文选》中只收文，很少笔。不仅不收《兰亭序》，也不收陶渊明的《五柳先生传》等，并非南朝无好散文。

（二）就诗赋说：

南朝小赋早有创造性（像已读过的）。

诗也有特点：举"二谢[①]"、陶[②]、沈[③]为例。

大谢多写山水，对偶造句多僵硬，小谢轻松灵活，陶直说己话，鲍[④]写胸襟抑郁，沈开格律之先。

总之，这些诗，都是"幼虫"，到唐代才是"成虫"。

五、北朝文学

（一）北朝诗少，不是没有，是流传下来的少。

庾信[⑤]自南到北，大部时间在北，有许多诗。北朝碑志的韵语铭文，也是诗，民族传得较多，并不比南朝差。南朝多写爱情，北朝也写爱情；南朝在水乡谈爱，北朝在马上谈爱。

（二）北朝有四部著名作品：《水经注》《洛阳伽蓝记》《颜氏家训》《魏书》。

北朝碑志也有大量好文章，却很少有人注意。

[北魏]《林虑哀王元文墓志》铭文释文（节选）

黄轩之裔，本枝百世。自辽徂嵩，圣镜日跻。
……

----

① 二谢：指南朝宋谢灵运与南朝齐谢朓（tiǎo）。谢灵运，名公义，字灵运，世称"大谢"，开"山水诗"一派。谢朓，字玄晖，世称"小谢"，"永明体"代表诗人之一。亦称谢灵运与其堂弟谢惠连为二谢。

② 陶：指东晋诗人陶渊明。

③ 沈：指南朝梁文学家沈约。

④ 鲍：指南朝宋文学家鲍照。

⑤ 庾信：南北朝文学家。字子山，新野（今属河南）人。宫体文学的代表作家之一。

怎样研究唐代文学

怎样研究唐代文学？谈谈自己不成熟的想法。

一是文学史为照顾全面，考虑不同程度的人阅读，故颇受局限。我认为文学史不可不读，亦不可太读。全面地阅读和研究作家的作品，是非常必要的。如《唐诗三百首》，所选李白诗都是精华。但如读《李太白全集》，却发现有许多糟糕的诗。所以，了解一个作家、一个流派、一个时代，除文学史外，其余大有可为。

二是要居高临下，不能被作品吓住，更不能被当代人的议论吓住。要看一个作家与前者有何关系，在当时有何作用，对后世有何影响。"有比较才有鉴别。"研究唐诗，不研究六朝诗、宋元诗，则无法比较。如"初唐四杰"①，有人认为不如盛唐②，但对比六朝，则可知何以

---

① 初唐四杰：又称"王杨卢骆"，是唐代诗人王勃、杨炯、卢照邻、骆宾王的合称。初唐，一般指唐初至玄宗开元时期。

② 盛唐：一般指玄宗开元至代宗大历时期。

在当时有如此大的影响。

三是背景与文学艺术成就关联极大，但关系究竟怎样？有些背景是当时生效，有些是经酝酿以后生效的，应该予以注意。现今有些文学史将作品和背景的关系处理得不好。背景对文学，有直接和间接的作用。

四是背景与题材。题材是当时的，它借助于一定的艺术手法表现自己。但题材的酝酿非一夕而成。杜甫写"安史之乱"的诗，可称作"诗史"，但他所以能如此，亦非一夕之功。这当中不仅有他自己的努力，也得之于汉魏六朝、初唐、盛唐文学之力。正如长期施肥，一朝沐浴阳光雨露，新芽便可破土。故杜甫的成就，除"安史之乱"的背景，还有另一方面的条件。

五是一个时期有一个时期的风格、面目，但其间不能一刀切断。如唐分四期，明、清便有人议论，问一个作家历经两个时期，该如何分？唐分初、盛、中、晚，指的是统治阶级的盛衰没落，虽然与文学有关，但并不绝对。如盛唐文学则并非唐文学的高峰。

所以，关系是错综复杂的。一个动乱的社会，作品易于及时反映现实，升平时期则不一样，故有"诗穷而后工"之说。"蜀道难"好写，"大平原"则不好写。李杜写"安史之乱"，以已有的写作才能，如鱼得水，故有成就。初唐人的文化教养是隋统一的功劳。唐建国以后，这些人的创作才能已经成熟。其实隋文学已较成熟，初唐是隋酝酿而来的。中唐 ① 韩愈、白居易等，颇得盛唐之力。白居易的诗如糖水经过沉淀，毫无渣滓。韩愈的诗并不在李杜之下。人一说韩愈，似乎只有古文运动。其实在"安史之乱"后，他的诗极有价值，如《石

---

① 中唐：一说代宗大历到文宗大和时期，一说代宗大历到宪宗元和末。

[日本·平安时期] 藤原茂明（抄）
《古抄残卷白氏文集》（局部）
现藏日本东京国立博物院

鼓歌》。可以说，韩诗中某些篇章长于他的文。此是个人看法。

韩愈气魄大，飞扬跋扈；白居易则婆婆妈妈。白作诗并未征求过老妪的意见，这是后人的误解。元白诗相比，元诗是一锅粥，白诗如过滤沉淀后的糖水。北方曲艺行话有"皮儿厚皮儿薄"之说。"皮儿薄"者，一听就懂；反之则"皮儿厚"。元白诗正有"皮儿厚皮儿薄"之分。

繁荣昌盛的局面短期难以反映入文艺作品。杜诗中表达快乐的欢愉之辞仅有《闻官军收河南河北》，余皆愁苦之辞。故唐的分期，文学与政治难以平衡。

传统的文学批评卑视唐代中期、晚期，我认为不妥。晚唐诗风

细腻，如赵嘏（gǔ）①、许浑②、司空图③，诗的精密度很高，这正是"安史之乱"再度统一后施肥浇水开出的花。正如二茬茶较第一茬长势弱一点儿，但其味并不弱于前者。

我曾有笔记一条："唐以前的诗是长出来的；唐人诗是嚷出来的；宋人诗是想出来的；宋以后的诗是仿出来的。"唐人"嚷"诗，出于无心，实大声宏，肆无忌惮。宋人诗多抽象说理，经过了深思熟虑，富于启发力。当然，以上几句不可理解得太绝对。

唐代四期，诗风也有以上四句话的特点。

赵嘏诗："残星几点雁横塞，长笛一声人倚楼。"两句最后三字平仄为：

| — |　　　　— | —

唐人擅长律句。到了晚唐，诗人腻于此道，故赵嘏于诗中常熟练地运用拗句。

许浑诗："溪云初起日沉阁，山雨欲来风满楼。"后三字平仄为：

| — |　　　　— | —

他们的律诗里几乎都有这种拗句，这说明晚唐诗人作诗都经过一番深思熟虑。从中也可看出他们作诗，是何等细腻。

司空图的《诗品》虽曰文艺批评，其实是借此创作二十四首四言诗。

说宋人逻辑思维多，其实晚唐已有萌芽。

宋以后诗以模拟为主，闹了不少笑话。汉乐府有《鼓吹铙歌》，

---

① 赵嘏：唐代诗人。字承佑，山阳（今江苏淮安）人。杜牧赞赏其"残星几点雁横塞，长笛一声人倚楼"句，称其为"赵倚楼"。

② 许浑：唐代诗人。字用晦，丹阳（今属江苏）人。其诗自成一体，称为"丁卯体"。

③ 司空图：唐代诗人、诗论家。字表圣，号知非子，河中（今山西永济）人。论诗强调"近而不浮，远而不尽"，须有"韵外之致""味外之旨"。

钱谦益像

其中"衣乌鲁支邪",本是衬字。但明人"前后七子"^①模拟《铙歌》，连这几个字也要模仿，难怪要被钱谦益^②臭骂一通。

关于唐代文学，讲四个问题。

其一，骈体文在汉魏六朝即很盛行，但不定型。

汉赋如汪洋大海，语言规格（指格调）仍过分堆砌、大块。后来的抒情小调更澄澈灵巧。唐人的骈体文更成熟，从场面声势到阐发道理，都运用自如。四六体及律赋都定型成熟。《文苑英华》收有大量的唐赋，主题、题材及手法都很丰富。

皇帝为什么喜欢《文苑英华》？他们不一定都能读懂。骈体文何以在唐代很盛行，穷工竭力，争妍斗胜？这个问题值得研究。

六朝以来，散体文曰"笔"，骈体文曰"文"。文者，图案也。推衍之，文当有规整，有装饰。实用品加装饰，是人类文化发展的结果。文章亦如此。实用之外，应有装饰。但"踵事增华"，最后越堆砌越多，便走向极端。骈体文何以发展成四六文？今人有标点，古人则无。汉人之句读用"乚"。汉墓文书无句读，极少用"乚"。骈体文令人一读，可自然找出停顿。骈体文抒情、写景、咏物有其优越性，除表达意思外，还极具美感，也便于阅读。所以骈体文皇帝也喜欢。

宋代官僚用品字笺（亦称"品字封"），十分累赘。见陆游《老学庵笔记》卷三："宣和间，虽风俗已尚诩谀，然尤趣简便。久之，乃有以骈俪笺启与手书俱行者，主于笺启，故谓手书为小简，然犹

---

① 前后七子：指明代文学流派前七子与后七子。前七子以李梦阳、何景明为首，包括徐祯卿、边贡、康海、王九思、王廷相，形成于弘治（1488—1505）、正德（1506—1521）年间，标举复古，"倡言文必秦汉，诗必盛唐"。后七子以李攀龙、王世贞为首，包括谢榛、宗臣、梁有誉、徐中行、吴国伦，形成于嘉靖（1522—1566）、隆庆（1567—1572）年间，持论与前七子基本一致。

② 钱谦益：明末清初文学家、文坛领袖。字受之，号牧斋，常熟（今属江苏）人。官至礼部侍郎，明亡降清，寻告病归乡，秘密参加抗清。文重学养、主性情，诗名尤盛。

各为一缄。已而，或厄于书吏不能俱达，于是骈缄之，谓之双书。绍兴①初，赵相元镇②贵重，时方多故，人恐其不暇尽观双书，乃以爵里，或更作一单纸，直叙所请而并上之，谓之品字封。"即宋代上呈文时，以骈俪体为正文，另附手书小简，称为双书，后又附单纸直述所请内容，三者合成一封，称为"品字封"。

"笔"，散体文；"文"，骈体文。"文"堆砌愈多，生气愈少。韩愈"文起八代之衰"，是以"笔"救"文"，故"笔"兴盛起来。"五四"以来，一般人用"笔"写文章，用"语体"写书简。"语体"打磨得很光洁，足见当时人们所爱。

"笔"的兴起，发展为韩柳的古文运动。最初的"笔"有些艰涩，经韩柳的努力，方才规整起来。明代茅坤③选"唐宋八大家"，即以韩柳为骨干。清代的桐城派④和《文选》，被称为"桐城谬种，选学妖孽"，此是"笔"发展到一定程度，历经数代，又逐渐僵化。

唐代还有一类文章，文学史不大谈，我认为对后世也有影响，值得一谈。刘知几⑤《史通》是骈散之折中体，有骈文之规整，而无骈文之堆砌。孙过庭⑥《书谱》讲书法，文体与《史通》一样，有上句必有下句，但又不同于四六文。语言透彻，富于概括力，技巧纯熟。

---

① 绍兴：南宋高宗赵构年号（1131—1162）。

② 赵相元镇，即赵鼎。南宋大臣。字元镇，闻喜（今属山西）人。两度拜相，曾举荐岳飞，后被秦桧倾轧，贬谪至死。

③ 茅坤：明代文学家。字顺甫，号鹿门，归安（今浙江湖州）人。工诗，倡导唐宋古文，曾编选《唐宋八大家文钞》，影响很大。

④ 桐城派：清代散文流派。形成于康熙年间，兴盛于乾嘉时期。代表人物戴名世、方苞、刘大櫆、姚鼐均为桐城人。内容上要求"文以载道"，语言上要求"雅洁"。

⑤ 刘知几：唐代史学家。字子玄，彭城（今江苏徐州）人。其著作《史通》是中国第一部史学评论专书。

⑥ 孙过庭：唐代书法家、书法理论家。名虔礼，字过庭（一作名过庭，字虔礼）。擅书法，尤工草书。其在垂拱三年（687年）撰写的《书谱》是书文并茂的书法理论著作。

此类文体不纯粹同于骈体，然又有对偶句。唐后期陆贽 ① 有《陆宣公奏议》，全为政治论文，文体同《史通》，但句法更灵活、更浅易，亦有上下句的对称。这类文章，应承认它的作用，在明清有影响。明代的八股文就很受它的影响。

此是骈散之间的一种文体，不仅是文学形式的问题。过去一谈形式，便是形式主义，应摆脱这种现象。一种形式的产生，必定有它的道理。

其二，古文运动与前后均有关系。

唐前期陈子昂 ②、元结 ③ 等为文已带有复古的意图。他们为何要复古？有人说是以复古来革新。我认为他们当中有些人固然是有意识地以复古来革新，有的却出于不自觉。他们读《尚书》《左传》，觉得比骈体文好，便事模拟。又北朝苏绰 ④ 奉旨拟《尚书》作《大诰》，读之令人不解。唐人樊宗师 ⑤ 被韩愈吹捧为"惟古于词必己出"，其实语言是交流思想的工具，樊宗师文章的弊病正在于此。他的文章一百卷，于今仅存两篇半。有《樊绍述集》，后人作注，也读不懂。近来出土有其本家樊沇（yǎn）的墓志铭，其文并不艰涩，可以理解。也许这类文章为他所不屑，所以未收入集中。

故复古有真复古者，如苏绰、樊宗师即真复古。韩柳不过是摹古，客观上否定了骈体文。韩愈推崇樊宗师，说明他未尝不作此想。

① 陆贽：唐代大臣、政论家。字敬舆，嘉兴（今属浙江）人。德宗时拜相，谥号宣。

② 陈子昂：唐代文学家。字伯玉，射洪（今属四川）人。初唐诗歌革新人物之一。

③ 元结：唐代文学家。字次山，号漫郎、猗玗子，河南（治今河南洛阳）人。官至容管经略使。其诗注重现实，主张诗歌为政治教化服务。

④ 苏绰：西魏名臣。字令绰，京兆武功（今陕西扶风东南）人。辅宇文泰，任大行台度支尚书兼司农卿。

⑤ 樊宗师：唐代散文家。字绍述，南阳（今属河南）人，一作河中（府治今山西永济西）人。为文力主诙奇险奥，流于艰涩怪僻，时号"涩体"。

[北宋] 赵昌《南唐文会图》
现藏故宫博物院

不同的是樊宗师是安心不给人看，韩愈却想让人看。有人称他为"谀墓精"（韩愈好作墓志铭），为收稿费，故不敢真复古。这说明韩愈写文章还考虑到读者，所以能读懂。

苏绰、樊宗师等想复古，然而又驾驭不了古文，故失败了。韩愈亦未必自觉地想要"文起八代之衰"，故韩愈可以说是想复古而胜利了的樊宗师。这正是他的幸运处，否则，没有一篇文章会流传下来。

其三，传奇。

近人陈寅恪先生在中华人民共和国成立前有文章谈唐传奇。鲁迅先生有《唐宋传奇集》。陈先生说唐传奇所以很盛，是因为进士需"温卷"，即考试前将自己的文章请宗师看。第一次谓之"行卷"，第二次再送同样一篇，谓之"温卷"。如再未看，便用传奇送上去。一般都不用自己最好的文章。但我认为这并非唐传奇兴盛的根本原因，仅仅是其中的一个方面。

唐传奇何以这样流行？

我认为：唐人的正规文章，是碑、传、墓志等，即官样的文章。而真正反映生活，无论是写自己，还是写旁人，总之要能表达思想感情，上述文章就无法胜任了，传奇因此而产生。如《莺莺传》《李娃传》等，虽然叫"传"，却不是上述所说的传，无须对谁负责。"传奇"内容丰富，表现力强，无碑、传之约束，故大家愿写传奇。

传奇故事来自民间。陈先生还认为传奇有诗、有文，说说唱唱，这更说明了它是来自民间的。仅看到古文运动和"温卷"的影响，是不全面的。

传奇文章的继承性。文人"温卷"，宗师要看其有无史才、史笔，可见其重史。明清很多有功名的文人被分派去修史，为什么？因为

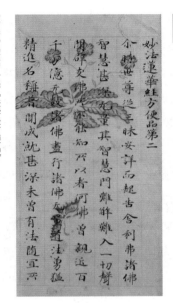

作史是为了粉饰统治者，需要文章夸张修饰。陈先生"温卷"说，我认为片面。至于是否有"史才""史笔"之说，当然有。唐人修南北朝史书，都是官样文章。其中的精华部分，后来为《资治通鉴》抽去使用（我认为《资治通鉴》可称"故事汇编"），这正是故事性强、文艺性强的部分。中国古代小说的精华在史书之中。《资治通鉴》所写李泌（bì）①，故事便在《邺侯家传》。《史记》中也有小说的成分。故可以断言，传奇与史书有联系。上溯至《左传》《史记》《汉书》，其间都塑造了许多人物，此便是小说之滥觞。《聊斋》便是有意模仿《史记》。

鲁迅《唐宋传奇集》之外，还可以收集到一些属于这类文体的

---

① 李泌：唐代大臣。字长源，京兆（今陕西西安）人，出身辽东李氏。官历玄宗、肃宗、代宗、德宗四朝，权逾宰相，封邺侯。多谋略，好道术。其子撰《邺侯家传》述其功业，然语多浮夸。

作品。

其四，外来文化的影响。

"五四"以来，有人认为中国文化的精华都是舶来品，此是自卑感太强。他们还有一个论据，即中国的文学、音乐、美术均受印度佛学、文学、音乐、美术的影响。敦煌发掘的变文（相对经文而言）是俗文学的一种，为人所重视。有些人便把发掘出的其他俗文学统统归入变文，由此跟经文攀上亲戚，以证明印度文学对中国文学的影响很大。俗文学中有《韩朋赋》《燕子赋》等，显然与佛经无关，是土产。就以变文言之，虽然说的是佛教故事，但形式却是土产的。有人把它们称作翻译文学，但却忽视了正是用中国的语言和文学形式翻译佛经，才使它们大放光彩。姚秦①的蕃僧鸠摩罗什②曾翻译过若干经，后玄奘又重译过，文字便美得多。原因是唐代宫廷设有润经使，专门润饰经文的译文，故可看作再创作，非直接的翻译。唐太宗《圣教序》碑文后面还刻有润经使的名字，有些润经使，如来济③是当时出名的酷吏。玄奘译《心经》，最后有咒曰："揭谛揭谛，波罗揭谛，波罗僧揭谛，菩提娑婆诃。"当时不意译，认为要保持咒语的神秘性，只能音译，故成是状。但后来有人意译作："究竟究竟，到彼究竟，到彼齐究竟，菩萨之毕竟。"于是神秘性全无。佛经有偈语，即所谓"我欲重宣此义而说偈语"。其实就音译看，"揭谛揭谛……"等与梵文音并不合辙。

---

① 姚秦，即后秦，十六国之一。羌族贵族姚苌建立的政权，享国三十四年（384—417）。

② 鸠摩罗什：略称罗什，意译童寿。后秦佛教学者。原籍印度，出生于西域龟兹国（今新疆库车一带）。与真谛、玄奘并称为中国佛教三大翻译家。

③ 来济：唐代大臣。南阳新野（今属河南）人。武德进士，高宗时拜中书令，数年后被贬庭州刺史，西突厥入寇时力战阵亡。参与撰《晋书》。

唐代民间文学

今天讲唐代的民间文学。

过去把民间文学称作俗文学，我以为不妥。俗之对称义曰"雅"，雅义"宜"。《尔雅》：尔、迩、昵，皆靠近、符合，即合乎道理，合乎逻辑、语法的意思。

俗，本指风俗、习惯，俗文学即民间文学。雅文学本是从民间文学发展来的。统治者自称其合乎正统，故曰雅，是数典忘祖。如搔痒竹称"如意"，原意为无所不至。《世说新语》有以如意击唾壶者，可见当时十分普遍，并不神秘，无非是魏晋名士不喜洗澡，需要搔痒罢了。但到了明清，如意便神圣了起来，以玉为之，号称"吉祥如意"，还互相馈赠。可见雅也是俗发展起来的。如刘禹锡①的《竹枝词》，便是吸收了民间文学的养料创作出来的。

① 刘禹锡：唐代文学家、哲学家。字梦得，洛阳（今属河南）人。有"诗豪"之称。

郑振铎 [1] 的《中国俗文学史》何以不用民间文学这个概念？我想可能是因为民间文学需包括说唱文学。

敦煌的民间文学。11 世纪，当地佛教徒以敦煌石窟为图书文物的储藏室。后被流沙遮住。清代帝国主义者深入该地，偷去不少。清政府知道后，派人去清理，得八千卷。这些人在返回途中，到了长辛店，居然偷偷地将珍本瓜分了，故损失颇大。

敦煌文学并非指当地产生的文学作品，是指其保护、储藏的文学作品。敦煌民间文学内容很多，有些是讲故事的，但不如《水浒传》《三国演义》长，有些故事有头无尾。《唐太宗入冥记》书名系后人所加，《西游记》中的"唐太宗游地府"故事，即本于此。《韩朋赋》是梁祝故事的前身。"秋胡戏妻"的故事对后来文学、戏曲的影响很大（此故事最早大约见于《庄子》）。《晏子赋》写晏子使楚的故事。《燕子赋》是童话故事。另有《伍子胥变文》《孟姜女变文》，顾颉刚 [2] 先生有长文研究孟姜女，不知引用此材料没有。《捉季布传文》如七言鼓词，长达三百二十韵，四千四百多字。

但敦煌更多的是有关佛教的讲经文，即变文。此外还有曲词，包括民间的曲词。故事、变文、曲词，这就是敦煌民间文学的三大类。

以上三类题材丰富，形式是说与唱相结合，也有说而不唱的，如《唐太宗入冥记》；也有唱而不说的，类似今之大鼓书。

为什么有些故事有一个"赋"字？是因为其体裁类似赋，文中有四六句，其实就是赋的体裁。为什么民间文学有赋体？这正说明在汉代冠冕堂皇的赋体，原本就是民间的说唱文学。无伴奏，可朗诵，

秋胡戏妻：全名《鲁大夫秋胡戏妻》。杂剧剧本。元石君宝作。讲述春秋时秋胡出外十年，回家时同妻子罗梅英已互不相识，在桑园中调笑其妻而遭妻痛责。故事最早见于汉刘向《列女传》，唐代有《秋胡变文》。近代京剧等剧种有《桑园会》剧目，又称《秋胡戏妻》，仅演戏妻一节。

---

① 郑振铎：现代作家、文学史家。笔名西谛、郭源新，福建长乐人。参与组织文学研究会，主编《小说月报》，任第一、第二届全国政协委员，文化部副部长等职。

② 顾颉刚：历史学家。原名诵坤，字铭坚，号颉刚，江苏苏州人。古史辨学派创始人。

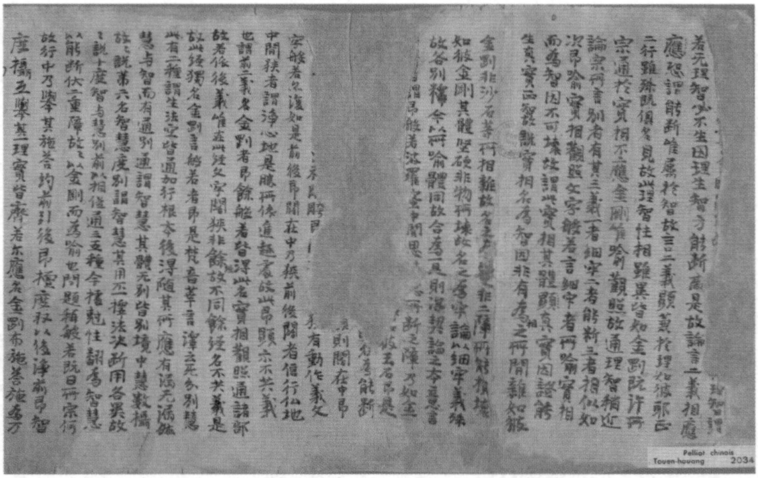

[唐]昙旷《金刚般若经旨赞卷上》
（局部）（敦煌遗书）
现藏法国国家图书馆

大概是其流传的一种方式。汉武帝看了司马相如的《大人赋》，飘飘有凌云之意。司马相如是其同乡狗监杨得意推荐的，可见汉武帝是先有听赋的欲望，得意才推荐于后，正如今天说想听大鼓书一样。我认为赋一列入《史记》《汉书》《文选》，便堂而皇之。《文心雕龙》称"赋者，铺也"，是从手法上讲的。其实当时的赋也是一种说唱文学。所以《韩朋赋》等并非民间艺人用赋的形式创作的，而是文人借用民间说唱赋体来进行创作的。司马相如的赋即汉代的可供说唱、朗诵的文学。唐人赋当然更多，今所传甚少，是因为失传了。

屈原"行吟泽畔"，何谓"行吟"？有人说是一边走，一边唱。就历史来看，"行吟"谓"乞行"，即乞丐以唱乞讨。《离骚赋》也是利用了民间的说唱文学形式。后来被称作《离骚经》，是把它神圣化了。

［近现代］傅抱石
《屈子行吟图》
现藏南京博物院

　　敦煌文学中最有趣味的是《燕子赋》。它是一篇童话故事，反映了当时社会的矛盾、官府的黑暗、人民的无告。"官不容针，私通车马"，是指当时开后门的严重；"人急烧香，狗急蓦墙"，都是活生生的民间语言。

　　中华人民共和国成立前有沿街卖"唱本看书"者，其中便有《孔子项橐（tuó）相问书》。我曾把它和敦煌相关的本子一一比勘过，无一字之差，可见它一直从唐代流传到现在。

　　《捉季布传文》极像弹词。又有《李陵变文》。何以这类故事流传很广？这与唐边将首鼠两端的情况有关。《捉季布传文》的文字有极难懂处，如"恍如大石陌心珍"。"陌"是"蓦"的借字，"蓦"

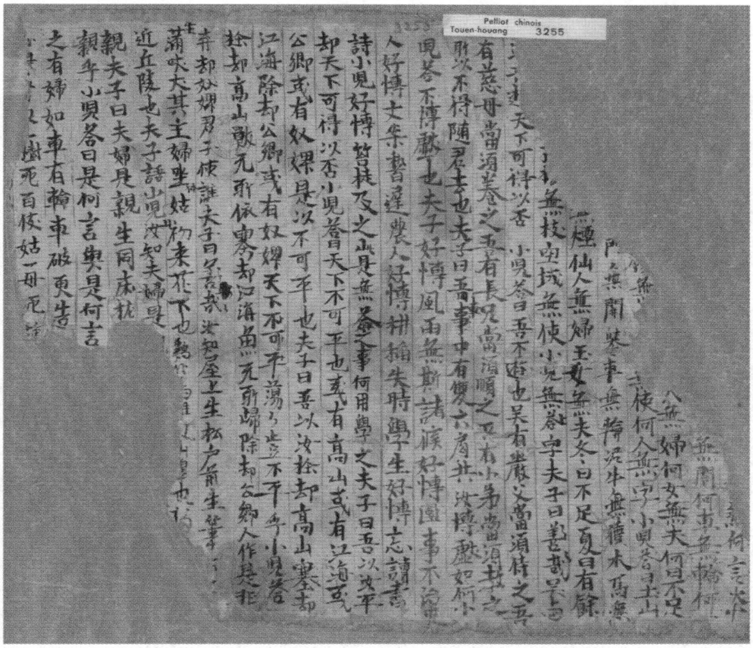

[年代不详] 佚名
《孔子项橐相问书》（拟题）（残页手稿）
现藏法国国家博物馆

又是"猫"的假借字；"珍"是"镇"的借字。同声假借的现象，在古代十分普遍。又如"潘帝嗔"，冯沅君① 先生认为"潘"是"拚"（pàn）的借字，此说非常正确。

以上说的是民间故事，现在说第二类：变文。

变文是相对"经"而言的。经是正规的、正常的；变是其变体、变态。有经才有变。变写成文为变文，画成画为变相。变相即用画的形式表现经的故事，如《楞伽变相》。

还有讲经文，是全讲经，并非只抽出一个故事来讲。《佛本生行经》

---

① 冯沅君：现代女作家、古典文学研究家。原名冯恭兰，改名淑兰，字德馥，河南唐河人，冯友兰妹。曾任山东大学副校长。

[南宋] 佚名《燃灯佛授记释迦文图》
现藏辽宁省博物馆

燃灯佛，佛名，因出生时身边一切光明如灯而得名。据《瑞起本应经》载，释
迦牟尼前世为菩萨时，燃灯佛曾为之授记，预言他将来必能成佛。该图所绘即
此场景。

（《佛本生经》《佛本行经》）是讲太子生前事，不是讲整个经，而是讲其中的一些故事。《目连变》纯属从经文中提出的故事。而将《燕子赋》《孟姜女》的故事列入变文是不妥当的。

何谓变文？和尚用佛教因果报应的故事来宣讲教义，以吸引听众，向听众宣传。此外，和尚每讲唱一次，可得布施，实则是卖唱，此事敦煌文献中有记载。

佛教又叫像教，它在宣传方面很有办法，能把佛教的神秘感、威严感和神圣感渲染得淋漓尽致。它用文、色、香、钟、建筑、音乐、绘画、仪式等，从人的听觉、视觉、嗅觉、触觉等各个方面来加强其影响，其手法之周密与高明，是无与伦比的。韦应物的"鸣钟生道心，暮磬空云烟"，就是宗教仪式的作用。苏轼诗"山水照人迷向背，只寻孤塔认西东"，塔也是佛教徒为增加宗教神圣气氛的一种手段，原是和尚的坟，后来越修越大，越修越富于装饰，这就增加了佛教的魅力和神秘感。

[唐]佚名《敦煌 17 窟绘画》
现藏大英博物馆

变文的《地狱变》是讲小乘因果报应的，老百姓听得懂，便达到了目的。变文的宣传效果当然比佛经高明得多。

变文铺陈、渲染的手法和想象力是值得借鉴的。《西游记》便受了变文的影响。

从现在和尚放焰口（即"瑜伽焰口施食"）唱经的音调旋律和日本人吟唱中国诗歌的风味，大致可以窥见唐代变文演出的风格。

我们研究变文，主要是研究它的文学手法和文学价值。我反对这种说法，即变文的文学手法是从外国来的。

中华人民共和国成立前崇洋思想严重，甚至有人说连人种都是从外国来的，岂不荒谬！向达称敦煌绘画有明暗、浓淡、高光（high，light），是外国来的"凹凸法"，这样的说法也是不正确的。

应该承认，佛经是从印度传来的。但中华民族值得骄傲的是，她有巨大的融合性。岂止变文，连后期的佛经和前期的佛经相比，都有很大的不同。严复《天演论》虽是译作，其间也有不少他自己的东西。而中国也有自己的经文，如《六祖坛经》。

经在印度，原是口耳相传。日积月累，才著于竹帛。《百喻经》《譬喻经》有许多的小故事，是从印度传来的，可称作印度的变文。至于怎样讲唱，则不可知。

经文较好的是《维摩诘经》。变文有《八相变》《破魔变》，后者是从《维摩诘经》中抽出来的，可以一看。《欢喜国王缘》一卷，很好，是说一个王妃怎样升天为仙，和民间的说唱很相似。《梅花梦》极长，可谓不见首尾，内容却不怎么样。

下面讲敦煌曲子词。

唐有曲子，即当时的流行小曲。它的词写在纸上，无曲谱，只有词，这就叫曲子词。曲子词并不十分固定，它可以有衬字，甚至多衬几个也无妨，较为灵活。

很早就有唐人唱五言、七言绝句的记载。有一个叫作"旗亭画壁"的故事（挂旗作为标志的驿站叫"旗亭"），说的是高适、王之涣、王昌龄三人在旗亭饮酒，听别人唱流行曲子，看谁的诗被歌女唱得多（事见孟棨《本事诗》[①]、薛用弱《集异记》[②]）。说明当时就流行唱曲子词，文人作的五言、七言绝句也能入曲为词。由于绝句的句法呆板，又因此出现了叠句，如"劝君更尽一杯酒"（《阳关三叠》），便是迭唱。后来文人有意为曲配词，温庭筠便是此中的行家。

① 孟棨《本事诗》：晚唐孟棨撰有《本事诗》一卷，介绍唐诗写作背景、诗人逸事、佚诗。

② 《集异记》：传奇小说集，一名《古异记》，唐代薛用弱撰。体制上沿袭六朝志怪笔记体，记载隋唐时期的奇闻逸事和社会现实。

[北宋]李公麟（传）《维摩演教图》卷（局部）
现藏故宫博物院

此图取材于《维摩诘
经》，描绘的是装病
在家的维摩诘向奉佛
祖释迦牟尼之命前来
探病的文殊菩萨宣讲
大乘教义的场面。画
中天女故意往大弟子
舍利弗身上撒沾衣不
坠的花瓣，舍利弗连
忙振衣抖拂，维摩诘
见此当即指出佛教应
该视万物皆空的教义。

[近现代] 傅抱石《琵琶行》
现藏南京博物院

[明] 郭诩《琵琶行图》
现藏故宫博物院

这也是词产生的一个原因。

曲子词吸收了甘州^①、凉州^②一带的地方音乐特色，这是不可否认的。至于甘、凉二州具体吸取了哪些北方民族的音乐风格，这里姑不论及。

《曲子词集》和《花间集》相比较，前者虽然粗糙，但较有活力。后者属文人创作，虽然较为精致，但终究有些死气。到了宋朝，文人随曲吟词，信口而作，还较顺当，往后就不免板着面孔作词了。

《敦煌变文集》可参看。孙楷第^③先生也有论及的文章。他的《沧州集》似乎没有这类论文。周绍良^④先生有《变文叙录》可参看。最好是与正统文学比较着看。

补充：《光明日报》（1979 年 5 月 15 日）有谈韩愈"以文为诗"的文章。我认为韩愈既以文为诗，同时也以诗为文。文讲逻辑，说理居多。诗赋抒情、写景、咏物，形象居多。韩愈将文章的手法用于诗，不免导致堆砌字面。韩愈破骈体而成散体，也不免出现这种现象。

韩愈还在诗中说理。其实诗歌说理，主要用的是说理的逻辑性。白居易又何尝不以文入诗？他的《琵琶行》《长恨歌》便是说唱文学，其叙述情节，也有"文"气。苏轼专把难说之理写入诗词，如"杨花词"，以杨花的遭遇比喻人的一生，其写过程，有逻辑，有形象，也有议论，

---

① 甘州：古代行政区划名。西魏废帝三年（554 年）改西凉州为甘州，治永平（隋改名张掖，今属甘肃）。

② 凉州：古代行政区划名。西汉武帝时置凉州刺史部，东汉时治陇县（今甘肃张家川）。建安十八年（213 年）并入雍州。三国魏文帝时复置，治姑臧（今甘肃武威）。

③ 孙楷第：敦煌学家。河北沧县（今沧州市）人。

④ 周绍良：红学家、敦煌学家。安徽建德（今池州市东至县）人，出生于天津。实业家周学熙孙。从事敦煌俗文学及小说文学研究，富藏书、碑帖拓片。

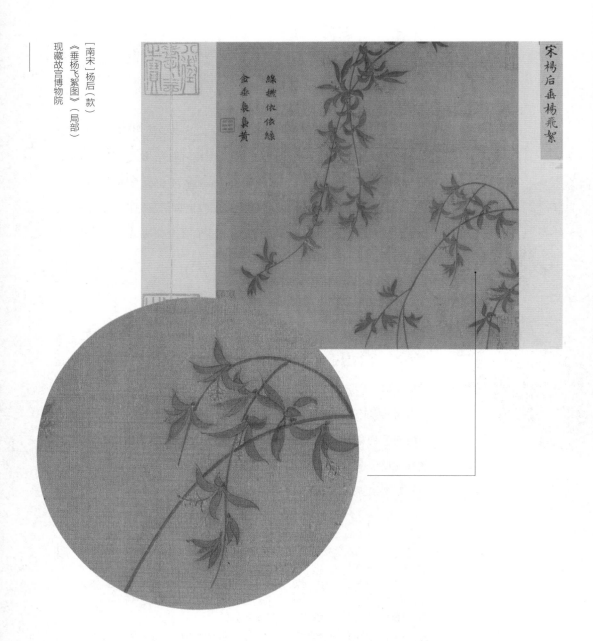

綠撫依依綠
金垂裊裊黄

宋楊后垂楊飛絮

是典型的以文为词。如云："不恨此花飞尽，恨西园，落红难缀。晓来雨过，遗踪何在，一池萍碎。春色三分，二分尘土，一分流水。细看来，不是杨花，点点是离人泪。"其叙述和议论的成分不是十分明显的吗？南宋的姜夔，以文为词更为厉害。"自胡马窥江去后，废池乔木，犹厌言兵"，难道不是议论？

宋人说苏轼的词"不够调"，是指不够婉约派的"调"。事实上自苏辛后，以文、以论入词，正是赋予了诗词以更强的生命力。文和诗词的交融，也是一种"边缘文学"，无可厚非。

韩愈以诗为文，也是他的特点之一。无论其碑铭墓志，都是如此。按常规，墓铭碑传是用四六文开流水账。韩愈则不同。他的墓志铭对死者的生平写得很简略，重点是抓住几件大事来写，文情并茂。观韩愈的碑铭墓志，有评论，有咏叹，有抒情，难道用的不是诗的手法？就连《平淮西碑》写这么重大的事件，韩愈也是不写经过，只写重点，韩愈还因此得罪了李愬的后人。可见韩愈所用的，不是汉魏以来碑铭墓志的正统手法。韩愈的以诗为文，其实是对传统的一种突破。

柳宗元的"永州八记"写了作者心情的冷落，难道用的不是诗的手法？欧阳修的《醉翁亭记》并不细说亭的结构、位置、特点，而是大谈自己的感受、自己和亭的亲密关系，这难道不是诗的手法？所以，单看"以文为诗"是不够的，还应该看到"以诗为文"，这才更为全面。

欧阳修像

明清散文①

吕思勉②的《章句论》、杨树达③的《古书句读释例》对于古书的标点多有裨益，可找来一读。俞樾④的《古书疑义举例》亦应读。《经传释词》更是必备之书。

读古书，标点是第一重要的。没有读懂书，其他都谈不上。如"民可使由之，不可使知之"，竟有四种标点法，另三种为：一是"民，可使由之，不可使知之"。二是"民可使，由之；不可使，知之"。三是"民可，使由之；不可，使知之"。另外稀奇古怪的，还可以点出一些。显然，它们的内容都走了样。《大学》中的有些句子，点不好，也会闹笑话。

章为文章的分段，句即句子的句读。此外，古人用句读，也有

---

① 此处标题原为《明清诗文》，为编者所改。

② 吕思勉：历史学家。武进（今江苏常州）人。

③ 杨树达：语言文字学家。湖南长沙人。

④ 俞樾：清代学者。字荫甫，号曲园，浙江德清人。道光进士，授翰林编修，任河南学政，后罢官治学，治经、子、小学。章太炎、吴昌硕皆出其门下。

用来点语义的，也有用来点语气的。古书断句最容易出错的在于虚字。杨伯峻[①]的《文言虚字》《文言语法》，杨树达的《词诠》，这类书的内容都不离《经传释词》。古书中的人名、地名、职官名，可查工具书。

这里选的几篇文章是作例子，并非范文。目的是说明古文的发展，有它自己的线索，到了明清，已是强弩之末。虽然有人想改良，但毕竟搞不出大的名堂。直至五四时期，文章才得到真正的解放。当然，文章在获得解放以后，又会遇到新的问题。

散文，又称古文，宋人也称"平文"。经书有今、古文，字体有今、古文，文章又有今、古文，故很容易把人搞糊涂。王国维认为春秋战国各国有各国的古文，汉魏六朝各地有各地的古文，这便是通常所说的"原本"。经书的古文就是原本；文章的古文就是散体；字体的古文就是旧体。

今天我们要读的几篇，就是文章中的古文。《梦溪笔谈》称宋人作古文曰"平文"。何谓"平文"？即不加韵律，不配音乐者，故又可称作"平话"。柳敬亭[②]说书用鼓板，可见既要唱，又有音乐伴奏，因此不是平话。说评书即白说，无伴奏。

不讲声律对偶，便是平文。六朝人称骈体曰"文"。散文如《与山巨源绝交书》，可见凡称"书""笔"者，都是散文，又总称"笔"。说话有抑扬顿挫，两两相对，这是自然形成的。骈文的形成有其必然性。散文也并非完全不讲究音韵、对偶。《颜氏家训》说，有博士买驴署券，磬数纸，无一驴字。可见搞文字花头、骈四俪六，已失去了

---

① 杨伯峻：语言学家。原名杨德崇，湖南长沙人。

② 柳敬亭：明末说书艺人。本姓曹，泰州（今属江苏）人，一说通州（今江苏南通）人，人称"柳麻子"。活动于江南，与复社中人往来，为左良玉幕客，晚年流落江湖。

谨案齐故西阳内史刘寅妻范诣
台诉，列称：出适刘氏二十许
年，刘氏丧亡，抚养孤弱。叔
郎整常欲伤害，侵夺分前奴教
子、当伯，并已入众。又以钱
婢姊妹弟温仍留奴自使。伯又
夺寅息逡婢绿草，私货得钱，
并不分逡。寅第二庶息师利，
去岁十月往整田上，经十二日，
整便责范米六斗哺食。米未展
送，忽至户前，隔箔攘拳大骂，
突进房中，屏风上取车帷准米
去。二月九日夜，婢采音偷车
栏、夹杖、龙牵，范问失物之
意，便打息逡。整及母并奴婢
等六人来至范屋中，高声大骂，
奴采音举手查范臂。求摄检，
如诉状。
——任昉《奏弹刘整》节选

生命力。

宋人论《文苑英华》所选文章千篇一律，可见文章之衰。韩愈"文起八代之衰"，其背景和意义正在于此。古文运动是主张用先秦散文和《史记》语言的表达风格写文章，朴素清新，无典故辞藻的堆砌，并非主张用唐朝的口语作文章。

《汉书·外戚传》中一段与赵飞燕有关的文字，是当时的口语。六朝人任昉《弹刘整文》[1] 所引用的刘家奴婢口供，是一段精彩的六朝口语。《北周书》有一篇宇文护[2] 予母亲的一封信，也是口语写成。唐代的口语可见敦煌出土的文书。唐传奇则用的是加工过的口语写成。

元、明、清的散文继承了上述的传统继续向下走，逐渐至于途穷。韩愈曾经提倡过"文以载道"，有人就质疑宋代理学家讲"道统"为什么不提韩愈。宋人苏洵也讲文道关系，但宋代的理学家依然不提他。这里的原因在于，韩愈等人意在改革文体，不谈载道，事实上是"以道撑文"。所以，韩愈所说的"道"和宋代理学家所说的"道"不是一回事。正因如此，《宋元学案》中很少提到韩愈、苏洵等人。

明代的诗文皆继承自元，故需了解元人的文章。明初许多文人都是元人。他们当中，有的是遗民，有的是贰臣。"人还在，文风未死。"

下面请看揭傒（xī）斯[3] 的《龚先生碑》。

---

① 任昉：南朝梁文学家。字彦升，乐安郡博昌（今山东寿光）人。以散文著称，与沈约合称"任笔沈诗"。"竟陵八友"之一。《弹刘整文》即《奏弹刘整》，是任昉创作的弹事文。

② 宇文护：北周权臣、将领。字萨保，代郡武川（今属内蒙古）人，鲜卑族。宇文泰之侄，封中山王，先后拥立宇文觉、宇文毓、宇文邕为帝，建立北周，并巴蜀、灭北齐，擅权废立，后被武帝宇文邕所杀。

③ 揭傒斯：元代文学家。字曼硕，号贞文，龙兴富州（今江西丰城）人。为"元诗四大家""儒林四杰"之一。任侍讲学士知制诰，参与修辽、金、宋三史，任总裁官。追封豫章郡公，谥文安。

苏洵像

元代的文章家都是道学家。朱熹在清朝被利用得十分到家。考科举需用朱注四书。朱熹的学说被利用，始于元朝。元、明、清都利用了朱熹，元、明、清的文章也就脱离不了朱熹的套路。

揭傒斯是元人，其文可见明代文章的演变。

明代的文章到了归有光 ① 开始有了味道。桐城派方苞、姚鼐等人与其说是学唐宋八大家（明茅坤首先提出这个概念），毋宁说是学归有光。为什么归有光的文章会出名？他的思想虽属正统，但文章有文学性，一唱三叹，不板着面孔说大道理。此人官不大，名气不大，所以明清人写文章暗地里学他，表面上却说学的是"唐宋八大家"。

明代"前后七子"的改良是复古。按他们的观点，把文章真的做成了三代 ② 两汉的样子，那还成什么话！此路不通，这才有了公安派 ③、竟陵派 ④。他们改良的办法是：内容上不排除表达个人的思想感情，语言上吸取日常生活的口语。但这样的改良最终还是失败了，根本的原因在于他们不敢突破文言文的套子。

20 世纪 30 年代，以周作人为首，提倡明人小品，提倡读和写

---

① 归有光：明代文学家。字熙甫，号震川，昆山人。官至南京太仆寺丞。推尊唐宋元诸名家，反对七子派"追章琢句，模拟剽窃"。

② 三代：指夏代、商代、周代。

③ 公安派：明代文学流派之一。形成于万历年间。代表人物有袁宗道、袁宏道、袁中道兄弟，及江盈科、陶望龄、黄辉等。因主将袁宏道是公安（今属湖北）人而得名。主张"世道既变，文亦因之"，提出"性灵说"，要求作品"独抒性灵，不拘格套"。创作的文体称为"公安体"。

④ 竟陵派：明代文学流派之一。形成于万历、天启（1621—1627）间。因为主将钟惺（见后注）、谭元春都是竟陵（今湖北天门）人而得名。受公安派影响却又认为其浅俗，反对拟古，"另立深幽孤峭之宗"。创作的文体称为"竟陵体"。

"三袁①"、徐渭②的文章。然而在当时，学习"三袁"和徐渭，仍是一条死路。明代的"台阁体③"辞藻华丽，用语重典，内容陈腐；"三袁"和徐渭的价值是在和"台阁体"的比较中得以确认的。晚明的小品固然轻松，却派不上大的用场，因此被正统派大骂了一通。顾炎武的《日知录》有专写李贽④和钟惺⑤的段落，认为李贽是妖孽，这是因为李贽的思想要解放得多。尽管如此，李贽仍不能担负起文学革命的责任。

桐城派好讲道理，阳湖派⑥好讲经济，他们的文章都差不多。桐城派对后来的文章影响很大，原因在于桐城文人写文章，用的是古人文章通常使用的词汇和句法，其思想内容又不违背统治者的意图。他们虽不专说周、程、张、朱⑦，但也符合统治者的口味，而文章又有文学性。这样的文章既可用于冠冕堂皇的说教，又可用于抒情写意，所以能绵延二百多年，直至五四运动，才受到毁灭性的打击。

---

① 三袁，即袁宗道、袁宏道、袁中道。见前注。

② 徐渭：明代文学家、书画家。字文长，号青藤道士、天池山人、田水月，山阴（今浙江绍兴）人。诸生出身，曾任浙闽总督胡宗宪的幕僚，于抗倭军事多所筹划。后一度发狂，因杀妻入狱七年，晚年卖字画度日。于诗文、书法、绘画、戏剧等领域多有创造，自认为书第一，诗第二，文第三，画第四。与解缙、杨慎并称"明代三才子"，与陈道复并称"青藤白阳"。

③ 台阁体：明初馆阁文臣赋诗作文时所形成的一种文风。代表人物有同任内阁大学士的杨士奇、杨荣、杨溥。文风雍容典雅、平正纡徐，内容多为歌功颂德、敷扬政教、官场应酬等，遭到"前七子"的强烈反对。

④ 李贽：明代思想家、文学家。原姓林，名载贽，号卓吾、温陵居士等。泉州晋江（今福建泉州）人。官至知府，弃官讲学，允许女性、农民听讲。受王守仁和禅学影响，否定儒家的正统地位，以"异端"自居，提出"童心"说。文学上反对复古，重视小说戏曲在文学上的地位。后被加以"敢倡乱道，惑世诬民"罪名下狱，自杀。

⑤ 钟惺：明代文学家。字伯敬，号退谷，竟陵（今湖北天门）人。与谭元春开创"竟陵派"，主张抒写性灵，标举幽深孤峭，所作号"钟谭体"，但流于生僻冷涩，时有"诗妖"之讥。

⑥ 阳湖派：清代文学流派之一。形成于乾隆、嘉庆年间，以阳湖（今江苏常州）人恽敬、张惠言、李兆洛为代表。受桐城派影响，但对其有所批评和修正，主张博采诸子百家，兼取骈、散之长。

⑦ 周、程、张、朱：宋代理学家周敦颐、程颐、程颢、张载、朱熹。

　　研究明清的文章，必须注意文章从元代到清代的发展规律。清代后期的龚自珍写文章貌似古涩，据说其初稿原本通俗。但一成定稿，就晦涩古奥起来。魏源亦与此相类。龚自珍有自己的政治见解，与当道多不合，故文章不能不古涩。魏源托古改制，什么都作"古微"，如《诗古微》，也是寄托自己的见解于"经学发微"。

　　当前文章有两个问题值得注意：一是有人完全主张口语化，这样的见解不妥当。倘若用吴侬软语写文章，怎样普及？就是用北京土语作文章，外地人也很难读懂。二是有人主张要用完全规范的书面语言写作。我认为文章如果全用书面语，恐怕会死气沉沉，没人愿意读。我主张写文章最好用以现代口语为基础的书面语言。

八
股
文
是
怎
么
回
事

今天讲八股文，诸君不必谈虎色变。八股固然"有毒"，然而其"毒"何在，也是应该知道的。且八股也属常识性的东西，故不可不讲。据传毛主席视察山西，曾向当地索取《制艺丛话》。此书专讲八股作法，可知主席并非不通此道。以上算是开场白。

一、八股文的名称

八股文又称"制艺"，制者，帝命也，也就是把统治阶级的意图、命令写成文章，予以阐发。这便是八股文反动性之所在。

对古文而言，八股文又称"时文"。时文者，当代之文也。其实到了清代桐城派文人手中，古文也有八股笔法。

八股可溯源到宋代的"经义"，即将经中的某句加以阐发，系讲经之文。然而八股与经义的作法不完全一样。经义无固定的程式，只是解经释义与八股相同，写法却不一样。八股特定的形式，成形于明初，其时尚不十分严格，也不太死。明中叶后，八股定型，至清代乃成为一种固定的文体。

二、八股文的内涵

八股文章是一个概念，本身包含着许多现象。正如论人，都是一个完整的、有血有肉的形象，不可以"好"或"坏"二字简单论列之。但需强调一点，八股是为统治阶级选拔人才服务的，故可作为反面的教材看。

文章的形式和内容有一定的关系。内容影响形式，使之成为一个僵死的套子，到最后走向自己的反面。我认为说"内容决定形式"，绝非由内容来改造形式，而是指按内容来选用形式。何种内容选用什么形式，关键在于人怎样去选择。

有的文人故意用八股文来表现其他的内容，且有拂逆统治阶级之意。如尤侗①以《西厢记》"怎当他临去秋波那一转"为题写成八股文，便成了讽刺之作。八股文的形式死板、僵硬、公式化，这是它形式本身的坏处，然而更坏的并不止于此，它尤其坏在反动的内容。偶然有人以此为文开玩笑，如尤侗之所为，便不能视为反动。

> "怎当他临去秋波那一转"：取题《西厢记》"惊艳"一折张生邂逅莺莺的唱词："饿眼望将穿，馋口涎空咽，空着我透骨髓相思病染，怎当他临去秋波那一转。休道是小生，便是铁石人也意惹情牵。"尤侗遵循八股程式，为张生代言。

三、八股文的三个方面

（一）形式的公式化，使八股成了套子、框子，这是不可取的。

（二）内容为统治阶级服务，将孔孟的思想作为教条注入人的

---

① 尤侗：清代诗人、戏曲家。字展成，苏州长洲人。康熙时举博学鸿儒，授翰林院检讨，参与修《明史》。才情敏捷，在诗、文、词、曲等领域均有建树。受顺治帝、康熙帝赏识。

头脑，束缚、奴役知识分子。以"若曰"的形式代圣人立言，实则是代统治者立言，八股文因此成为知识分子的精神枷锁。

（三）有若干的束缚。如写上段便不能涉及下段，否则就叫"犯下"；如写"学而时习之"可以，涉及"不亦乐乎"便不行。反之则曰"犯上"。总之，必须是在被卡断的文句中作文章。又如"截搭题"，即截取不同句中之某几字搭成一题，如截取句子的头尾，或前一句的尾搭上后一句的头，或截前一章的尾搭后一章的头，更有隔篇截搭的。

俞平伯的曾祖父俞樾[①]在河南出题，用的是《孟子》的文句："王速出令，反其旄（máo）倪，止其重器，谋于燕众，置君而后去之。"他截"王速出令，反"为题，结果被革职，永不录用。俞樾还曾出题，把《中庸》中的"鱼鳖生焉"的"鱼"字省去，而以"鳖生焉"为题，有人乃作文嘲之曰："以鳖考生，则生不可测矣。"这个破题有多种含义："以鳖考生"是暗中骂考官是"鳖"；"生不可测矣"，既可以理解为考生对此深不可测的问题不了解，又可以理解为这样乱出题小心发生不测事件。有的还出一字之题，如"妻"。有出"洋洋乎"至于四次者（经文中出现过五次）。人问曰："何以少一次？"答曰："少则洋洋焉。"（语见《孟子》）其末路流弊，一至于斯！

四、八股文通行流布的原因

八股是敲门砖，故有人颇甘于被奴役，甚而成瘾。此外，八股本身所具有的特点也能吸引一些人。如：

---

① 俞樾：清代学者。字荫甫，号曲园，浙江德清人。道光进士，官翰林院编修、河南学政。被罢官后讲学苏州、杭州，治经、子、小学。有《春在堂全书》。弟子有章太炎、吴昌硕等。

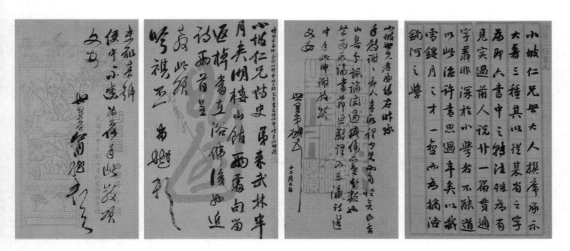

[清] 俞樾《手札二十四通》（局部）
藏处不详

（一）八股文的逻辑性较强，行文紧凑而严密。文章至少得五百字，不得多于七百字。有如此限制，还要人说得面面俱到，更逼人要把道理说得透彻，这就很有挑战性。

（二）八股文有骈体，有散体，讲究对偶、骈俪，音调铿锵，整体和局部协调，读起来朗朗上口。

（三）文章代圣人立言，有声、有色、有感情、有气派。故有人认为类似于戏剧，具有一定的艺术性。

（四）八股文的义理、辞章、考据皆备。桐城派主张写文章要讲义理、辞章、考据，这种学问方面的要求，便来自八股。

在八股文内容的评判方面，朱熹的《四书集注》被看作是对经典的标准解释，如不按此解释便不及格。朱熹在政治上该怎样去评价，且不管它，但他对"四书"的注释却简单明了，能达到这样的程度

[清] 禹之鼎《王士禎放鹇图》
现藏故宫博物院

很不容易。明、清科举考试均以朱注为标准。

八股是廉价的漏斗，逻辑清楚，注释简明，易于灌输。

康熙皇帝曾学习过天文历算，主张废除八股、禁止妇女缠足。但王士禛[①]（渔洋）代表了汉族大地主阶级知识分子的利益，上书反对，称八股"千万不可废"。康熙帝欲学西洋的科学文明，曾叫几个儿子去加入天主教。经过一番拾掇与折腾，又转而去拜孔庙。他用黄纸亲书"至圣先师"四个字，命人把它覆盖在碑上（因碑上有"文宣王"三字），然后再拜，所谓"拜师不拜王"。

八股之盛衰，有如水锅里的蒸汽，聚集起来既快且猛，但散得也快。以孔孟思想为教条与提倡科学精神的消长适得其反。所以，

康熙帝便装写字像（局部）
现藏故宫博物院

① 王士禛：清代文学家。字子真、贻上，号阮亭、渔洋山人，世称王渔洋，新城（今山东桓台）人。顺治进士，官至刑部尚书。论诗创神韵说，主盟康熙文坛数十年。

我们不仅要反对八股文，还要反对党八股，反对帮八股。

五、八股文的基本结构

如以《孟子》"鸡鸣狗吠相闻而达乎四境"之句出题，这是说齐国的景象，八股截题为《狗吠》。

（一）破题：用两句。

（二）承题：用三句；继续破题，不得超过四句。

（三）起讲。下分八股。八股又称八比，实则四联、八条。本文中的八条为散文，条与条相比，则又为对偶。

（四）结尾。写八股文的本领尽在于此，其庸俗性亦在于此。如此为文，无异戴着镣铐跳舞。八股有"四比""八对"，名称各说不一。比，两条为一比。八股的优点在于逻辑细致。由于当前各种八股太多，所以，最好不要强调八股文的优点。

八股文之所以有这样的优点，在于汉语本身所具有的特点。八股不过是将其绝对化罢了。

六、关于试帖诗

科举考试的科目中，八股文外，还有试帖诗。如赋"黄河之水天上来"，得"黄"字，即以"黄"字为韵。五言八韵，第一句不可入韵，以凑八韵，两句一韵，共十六句，每句五言。前两句是破题，中间反复吟咏，最后两句"颂圣"，不管写什么，均须以此作结尾。《红楼梦》中的"雪诗"联句，就是拉长的试帖诗。这种试帖诗的影响是广泛的，即以这首以嘲讽为能事的《剃头诗》来看，走的也是试帖诗的路子，它规定所用之韵为"头"字韵："闻道头堪剃，何人不剃头。有头皆须剃，无剃不成头。剃自由他剃，头还是我头。请看剃头者，人亦剃其头。"虽然只有八句，但始终围绕"剃头"二字反复吟咏，这正是八股和试帖诗的基本特征。

《古文观止》一书，康熙年间编选，均为短篇，须熟读后方能为八股。当时编选此书，就是为作八股文打基础。《古文辞类纂》编选者的头脑中，亦隐隐有八股文在作祟。《钦定四书文》系方苞所选，朱鹭①（白民）是其后台（朱是明末遗民）。所以说桐城之文，便是八股之文。不了解八股文，也就不了解桐城派。

文人刻诗文集，较少收八股文和试帖诗。周镐②（犊山）有《犊山文稿》，其间收有他的八股文，然其文集却无此类文字。

我生在民国元年，未赶上学写八股文。这些知识还是向陈垣③先生学习的。陈先生是晚清的秀才。

① 朱鹭：明代画家。初名家栋，字白民，吴县人。擅画竹石，兼工书法。

② 周镐：字怀西，号犊山，金匮（今江苏无锡）人。官至知府。有《犊山文稿》，亦作《周犊山时文》。

③ 陈垣：历史学家。字援庵，又字圆庵，新会（今属广东江门）人。在宗教史、元史、年代学、校勘等方面都有开创性贡献。

我们知道，
每个故事都是愈传愈热闹。
枝叶由少而多，已是普遍规律。

文学经典漫谈

读《论语》献疑

一、前言

启功第六岁入家塾，开始读《论语》，只是随着老师的声音，一句一句地念，能背诵了，明天再念几句。这样念了几年。中间曾由祖父抽暇讲了些古文，也略知些《论语》《孟子》的句义，虽没全懂，但至今还能大致背诵。祖父去世后，我上了高小、初中，略遇到些社会人情。有时按背过的"格言"来比较所遇的人事，才觉得圣人的话如何可贵！

这时，我买到一本排印的《近思录》①，把"格言"堆在一起，愈看愈感觉迂阔，曾在书皮上写了几句话。大意是说，书上一气写

---

① 《近思录》：北宋哲学家周敦颐、程颢、程颐、张载的格言集，由南宋学者朱熹、吕祖谦合编，从《太极通书》《二程文集》《程氏易传》《正蒙》等十四种著作中选辑622条，分为14门，意在为"穷乡晚进有志于学而无明师良友以先后之者"提供理学读本。

了那么多的格言，即使我想学，又该从何学起呢？一位比我大许多的老友，在我桌上看见这几行字，哈哈大笑。此后愈来愈觉得程、朱这一套，与《论语》书中孔子所说的话，非常不同。

十五六岁时受业于戴绥之①先生，先生出题命作文，题是"孔子言道未言理说"，给我详阐题旨，得知把"理"字附会到孔子，是程、朱的说法。后来随着乱看各种有关文、史范围的书籍，易看、易懂的是当时"近人"的论著，才知古书并非铁板一块，也是容许探讨的。

后来由于听讲佛经而读些有关佛教历史的书，得知释迦牟尼先讲的是《阿含》部分，后来很久才有大学者马鸣②、龙树③等人结集成几种大乘经典，于是分出小乘、大乘。又分出"教"与"宗"（禅宗），愈往后看，只见门派纷争，使我怀疑佛在什么时候教人分派和纷争呢？回看宋明诸儒，什么程、朱、陆、王④，什么理、气、性、命，在《论语》中，一句也找不到。秦始皇赵政的坑儒是因为他们乱说"五行"。"偶语《诗》《书》者弃市"，而《诗》《书》并不是孔子所著。千余年后有"打倒孔家店"的事，那时的"孔家店"早已换了东家，实是"程朱店"了。因此我留意并想试作探讨，究竟哪些话是孔子曾说的，哪些话是别人所说的。看多了，发现不仅《论语》之外有许多不是孔子的话，即在《论语》书内正文中，也有不符孔子所说的，

---

① 戴绥之，即戴姜福，字向五，号绥之，别号山枝。江苏吴县木渎镇（今属苏州人）。启功曾祖溥良任江苏学政时被选为拔贡，光绪壬寅年（1902年）中举，任夔州通判，曾在北洋政府评政院任职，后教馆授徒。启功16岁时在其教馆的礼士胡同曹家附学，随其学习文史辞章。

② 马鸣：古印度佛教理论家、诗人。约活动于公元1世纪。博通三藏，以诗歌、戏剧等形式弘扬佛教。

③ 龙树：古印度佛教哲学家，大乘佛教中观学派理论体系的建立者之一。约活跃于公元2世纪中叶到3世纪中叶。亦译作龙胜、龙猛。

④ 程、朱、陆、王，即程颢、程颐、朱熹、陆九渊、王阳明。

更不要说自汉至宋一些名家作的注解了。"独学无友，则孤陋寡闻。"
因敢把所疑写出，向尊敬的学者求教，祛我孤陋，是所感盼的！

二、《论语》的史实价值

孔子生于距今两千五百年前，生平的言行受到弟子们的尊重，
说："夫子圣者欤，何其多能也。"（《子罕》）又说他："固天纵之将圣，
又多能也。"（《子罕》）随着历史的发展，后世人从古书上获知孔
子的言行，愈增敬仰之心，孔子便成了今天中华民族共同尊重的圣人。
华夏民族从来没有过一个神的宗教，却有过一个人的先师——孔子。
孔子的言行，许多古书上有所记载，但当时孔子与弟子们直接谈论
的语言，在当时被记录下来的，历代公认是《论语》一书。它和其
他辗转传闻记录的有直接、间接的不同。今天当然不能完全抹杀或
轻视其他的记录文字，但那些究竟不能与《论语》的可靠程度相提
并论。

就像《孟子》书中所记孟轲的言论，都是彻底地拥护孔子学说的，
但《孟子》书中就有发展了孔子思想的地方。例如《论语》中说："子
谓《韶》尽美矣，又尽善也，谓《武》尽美矣，未尽善也。"（《八
佾〔yì〕》）《韶》是虞舜的乐，《武》是周武王的乐，"未尽善也"
是对周武王的微辞。而孟子则说武王伐纣是"以至仁伐至不仁"（《孟
子·尽心下》），如果是"至仁"的行为，怎能还有"未尽善"之处呢？
孟子自称"仲尼之徒"，由于当时、当地的政治需要，孟子要贯彻
儒家思想，就不能不有所强调，这时的强调，是可以理解的，但为
研究孔子自己的言论，就要分别看待了。

今天我们要研究春秋时期孔子自己的言行，就不能不以《论语》

孔子年三十五季氏將立僭形象龜茲
岱岳鄉鄰年十二月將三家共攻昭
公昭公敗奔於齊孔子遂適齊為高昭子家
臣欲以達乎景公孔子與齊太師論樂聞韶
音之三月不知肉味齊人稱之

賢四
一　雖違風俗　吾是改兢
不圖此舞　乃開非託
學人所遺　神會然源
紀述尚兹　何況出予

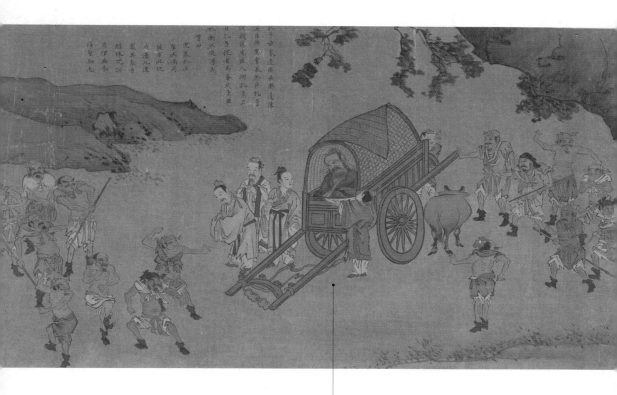

［明］佚名
《孔子圣迹图》（局部）
现藏孔子博物馆

为中心，看当时孔子说了什么，没说什么，特别是旁人所说与孔子所说有矛盾的地方，就不容我们不加区别了。

汉代史官（太史公）所掌握的许多史料，到司马迁编写成的《太史公书》（《史记》），里边当然有大部分古代相传下来的记录，但也不能要求当时史官毫不收录一些间接来的传说。即如唐代史学家刘知几所作的《史通》，就有《疑古》《惑经》的怀疑议论。但在今天的人，研究两千多年前的历史，比较完整的文字记录，就不得不依靠《史记》的材料。《史记·孔子世家》中所记，即使仍有些部分起人疑窦，但逢重要事迹地方，所引多是《论语》原文。可见《论语》一书所记孔子的言行是汉代太史所不得不依据的。其史实的价值比较其他记录，应是最堪重视的。

此外，古籍中所记孔子言行，无论是传闻的远近，还是内容的虚实，俱与本题无关，这里可以存而不论。

三、有若言论与师说的矛盾

《论语》第一篇《学而》开始记孔子所说的三句话，极像今天的"开学讲话"，用的是启发口气，十足表现"夫子循循然善诱人"（《子罕》）的风度。紧接着是有若讲话：

> 有子曰：其为人也孝弟（悌），而好犯上者鲜矣。不好犯上而好作乱者，未之有也。

接着又说：

[南宋] 佚名《孔子弟子像·有若》
现藏故宫博物院

162

[南宋] 佚名《孔子弟子像·曾参》
现藏故宫博物院

[南宋] 佚名《孔子弟子像·子路》
现藏故宫博物院

君子务本，本立而道生，孝弟（悌）也者，其为仁之本欤！

《论语》是谁记录的，前代有许多的推测。北宋程颐认为：《论语》中记孔子门人多称名、称字，只有对有若、曾参称"子"，可见应是这二人的弟子所记录编次的（其实未必，《子路》篇"冉子退朝"，何尝不称"子"）。所以有若在开篇即讲仁之本是孝悌，孝悌的效果是不犯上、不作乱。这就使当时的诸侯、大夫、掌政权者所乐闻，后世帝王皆尊儒术，也未必与有若这番言论无关。

在《论语》中未曾见过孔子对"仁"作过什么"定义""界说"。"林放①问礼之本，子曰：大哉问。礼与其奢也宁俭，丧与其易也宁戚。"（《八佾》）孔子不说礼之本是俭、戚，或说俭、戚是礼之本。在孔子言论中，"礼"的重要性是次于"仁"的，对礼尚且未曾简单指出它的"本"是什么，何况对"仁"。但孔子并非不重视孝悌，不仅曾多次讲孝，还说过"入则孝，出则弟"（《学而》），"出则事公卿，入则事父兄"（《子罕》），虽曾父兄并提，那是指回到家中的事，并非说是"仁之本"。因"仁"所包含的范围比孝悌更广、更大，可见有若这段话，未免略失于不够周全。

至于说只要能行孝悌即不会犯上、作乱，又与孔子的言行有矛盾："子路问事君，子曰：勿欺也，而犯之。"（《宪问》）不管"犯"的行动、言辞、态度等如何，总归是犯；君，当然是上。以有子的逻辑来说，孔子和子路都一定孝悌不足了。"公山不狃（niǔ）②以费

① 林放：春秋时鲁国学者。约与孔子同时代，以知礼著称。
② 公山不狃：春秋时期费邑（今山东费县）宰，鲁国当政者季桓子的家臣。又称公山弗扰、公山不扰。

畔（叛），召，子欲往。"（《阳货》）"佛肸（bì xī）①以中牟畔，召，子欲往。"（《阳货》）孔子虽都未往，也不论他们的叛是什么目的，孔子的欲往是为了平息叛者，还是为纠正叛者，叛者的行动为"犯上作乱"，自是毫无疑义的。孔子被"召"则"欲往"，至少在思想上是曾想到叛者那里去的，岂非孔子又一次表现孝悌不足了吗？

不止于此，《为政》篇"《书》云：孝乎惟孝"，何晏②《集解》包氏注③说"美大孝之辞"，是在"惟孝"处断句的。而朱熹《集注》则在"乎"字断句，成了"《书》云孝乎，惟孝友于兄弟"。因为他在注里说："《书》云孝乎者，言《书》之言孝如此也。"他却忘了对父母讲孝，对兄弟讲友。这里称"惟孝友于兄弟"，为什么？不难了解，是照顾前边有子的"孝弟"连称，而且"为仁之本"，以至于忘了文义，误改句读，也足见有若这段言论的影响之大了。

清代毛奇龄④的《四书改错》对朱注这里的断句加以批驳，列举包咸⑤以及班固、袁宏⑥、潘岳⑦、夏侯湛⑧、陶渊明，宋人张

---

① 佛肸：春秋末年中牟（今河南鹤壁西）宰，晋卿赵简子（鞅）的家臣。

② 何晏：三国魏玄学家。字平叔，宛县（今河南南阳）人，曹操养子兼女婿。好老庄言。"美姿仪，面至白"，人称"傅粉何郎"。

③ 《集解》，即《论语集解》，三国魏何晏主编。由该书序文可知，编撰者除了何晏，另有孙邕、郑冲、曹羲、荀顗等。博采汉魏时期孔安国、马融、包咸（见后注）、周氏、郑玄（见后注）、陈群、王肃、周生烈等各家之注，以及何晏自己的解说。唐代定为《论语》的标准注解，收入《十三经注疏》。

④ 毛奇龄：明末清初学者、文学家。萧山（今浙江杭州萧山区）人，郡望西河，人称西河先生。长于经学、音韵学。

⑤ 包咸：东汉经学家。字子良，曲阿（今江苏丹阳）人。官至大鸿胪。

⑥ 袁宏：东晋文学家、史学家。字彦伯，阳夏（今河南太康）人。曾任谢尚的参军、桓温的记室。

⑦ 潘岳：西晋文学家。字安仁，小名檀郎，中牟（今属河南）人，后世又称"潘安"。美姿仪，长于诗赋，与陆机并称"潘江陆海"。

⑧ 夏侯湛：西晋文学家。字孝若，谯县（今安徽亳州）人。名将夏侯渊曾孙，与潘岳友善，善构新词。

耒（lěi）[1]、张齐贤[2]，以至《太平御览》引《论语》，都在"孝乎惟孝"断句。只有朱熹在"孝乎"断句，成了"惟孝友于兄弟"，是"少见多怪，见橐驼谓马肿背"，使此句成了"肿背马"了。

四、"礼后乎"的问题

《八佾》篇：

> 子夏问曰："巧笑倩兮，美目盼兮，素以为绚兮，何谓也？"子曰："绘事后素。"（子夏）曰："礼后乎？"子曰："启予者商也，始可与言诗已矣。"

"绘事后素"四字，曾有过一些奇怪的解释。《考工记·画缋（huì）》："凡画缋之事后素功。"郑（玄）[3]注说："素，白采也，后布之；为其易渍污。……郑司农（众）说以（《论语》）曰：'缋事后素。'"这是郑玄引郑众的解释，何晏《论语集解》"绘事后素"句下引郑（玄）曰："绘，画文也。凡绘画，先布众色，然后以素分布其间，以成其文，喻美女虽有倩盼美质，须礼以成之。""礼后乎"句下注引孔（安国）[4]曰："孔子言绘事后素，子夏闻而解知以素喻礼，故曰礼后乎。"

今按"素"字，《说文》说："素，白致缯也。"其字从"糸"，

[南宋] 佚名《孔子弟子像·子夏》
现藏故宫博物院

---

① 张耒：北宋诗人。字文潜，号柯山，世称宛丘先生。淮阴（今江苏淮安）人。"苏门四学士"之一。

② 张齐贤：北宋名臣。字师亮，曹州冤句（今山东菏泽）人，徙居洛阳（今属河南）。官至宰相。

③ 郑玄：东汉经学家。字康成，世称"后郑"，以别于"先郑"东汉经学家郑兴、郑众父子。北海郡高密（今属山东）人。汉代经学的集大成者。

④ 孔安国：西汉经学家。字子国，孔子后裔。传说他得到孔子住宅壁中所藏《古文尚书》，开创古文尚书学派，但被后人怀疑。

当然是指丝织品，素字亦有指白色的一义，但绘画的技术，并没见过满涂众色，然后以白粉勾出轮廓的。春秋时期的绘画，今天还未发现过，但战国时期的帛书（蔡季襄[①]旧藏）中有人物形状，也是墨钩轮廓，中填彩色。还有小幅画幡，也是墨钩仙人和凤鸟、龙船（没有彩色）。西汉初年轪（dài）侯[②]夫人和另一墓中彩画帛幡共两幅，虽然众彩纷呈，也是墨钩轮廓。后世绘画术语有"粉本"一词，乃指画稿。在画稿背面用粉钩在轮廓笔画上，轧在所要画的纸、绢或墙壁上，再去勾画，使位置不错。这与郑氏说恰恰相反。而汉儒一再说上述所举那些不合常情的画法，究竟出于什么意图？推想不出两方面原因：一是死看"后素"二字。后既指绘画的程序，"素"在"绘"之后，必然要先布众色，然后以素分成其轮廓，只好硬把丝织的"素"说成是白颜料了。二是汉代诸儒，一见提到美女，便动心忍性，急忙抬出"礼"字以加约束。这样美先礼后，又使子夏免于好色，岂不两全其美！

轪侯之印

　　今按：孔子与子夏这次问答的话题是逐步推进的。子夏引《诗》句的第三句（郑注"一句逸也"），而且这三句已讲明白了，说女子的美，在其天生的素质，不在脂粉装饰。子夏问其是非，孔子乃以绘事证明素质的重要，说绘画要先有空白缯帛，然后才能往上作画。子夏又联想到"礼"是人所规定的，礼的出现，应是后于人们的天然本质，孔子于是加以肯定。问答到这里，已和美女不相干了。并且这段话中的两个"素"字已经含义不同："素以为绚"的"素"，是指天生素质，"后素"的"素"，是指白净的缯帛，都与美女无关，

① 蔡季襄：文物收藏家。湖南长沙人。

② 轪侯：古代封爵名。西汉惠帝二年（前193年），封长沙相黎利苍为轪侯，置侯国，故城在今河南光山县西北。

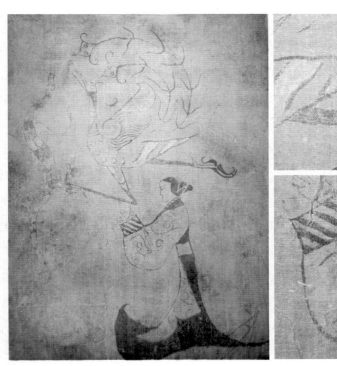
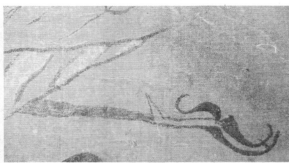

[战国·楚]佚名《夔凤美女图》
现藏湖南博物院

而且所谈的"礼"字又与美女更无关了。再用今语简单串讲，即：（一）《诗》句说女子天生的倩盼美容，不待脂粉的装饰。（二）孔子说这好比先有白净的缯帛，然后才能画上图画。（三）子夏联想到人们都先有生来的天性，"礼"是后来所设的规范。

从这种先后的次序看，"后素"实应是"后于素"之义。省略了表关系的"连词"，古今的汉语都非常习见。所以后世朱注就说"后素，后于素也"，是很明白的。郑玄既熟视无睹，又歪讲绘画技术的通常法则，似有一定的缘故。

今按：礼后的思想亦见于《老子》第38章："失道而后德，失德而后仁，失仁而后义，失义而后礼，夫（《韩非子·解老篇》、宋刊《河上公本老子》俱作"夫"，清人多改为"失"）礼者，忠信之薄而乱之首。"按作"夫礼者"是否定礼，作"失礼者"是肯定礼。但在孔子、子夏这段言论中，只是论礼之先后，故与礼之是非无关。《老子》第18章又说："大道废，有仁义；慧智出，有大伪；六亲不和有孝慈，国家昏乱有忠臣。"这些说法更使儒家学者受不了啦。所以从汉儒起，就设法把孔、老二家的思想理论拉开距离。近代还有孔、老二人先后的争论，更与此处的问题无关。其实古代先哲的言论，相近、相似，甚至相同的，本属常事，未必都是谁抄谁、谁影响谁。即以"礼法"思想来说，孔子也有过明确的表现：宰予[①]要缩短三年丧服，来问孔子，孔子回答他："子生三年，然后免于父母之怀，夫三年之丧，天下之通丧也。"（《阳货》）父母抱持子女常经三年，是人的本性、本能，在先；"三年之丧"是"礼"，在后。难道这也是抄袭、引用、雷同于老子的思想吗？

更可笑的是方说女子貌美，急以礼去约束她。难道三年丧服是要约束父母不要抱子二年或四年吗？

按儒家在这里的曲解，究竟有什么缘故？试作推测：大约尊儒的学者们看到孔子的言论与老子有相近的地方，恐怕有损孔子的尊严，故把二者拉开。还有一种可能：郑氏生活在汉末黄巾活动最盛的时期，黄巾又打着老子的旗号，郑氏的规避老子，也是可以想见的。到了

[西汉] 辛追墓"非衣"帛画
现藏湖南博物院

---

① 宰予：春秋末期鲁国人，孔子弟子。姬姓，宰氏，名予，字子我，曾任齐国临淄大夫。名列"孔门十哲""孔门十三贤"，随孔子周游列国。以言语著称，善于思考。曾质疑"三年之丧"的旧制，认为应代之以"一年之丧"的新制。

朱熹是宋代人，"宋儒"本是用道家的探讨什么宇宙、心性等无可捉摸的说法来解释儒家学说的。简言之，他们是内道而外儒的，所以朱注不躲避"后素"，承认"先素后绘"（即绘后于素），但朱注还稍有保留，仍把素说成是白粉质地，而不说是白绢，这分明是一半遵从客观事物的实际，一半迁就郑注而已。

五、孔子学《易》的年龄问题

《述而》篇"加（假）我数年"一章中，有一些问题，自郑玄作注以来，直到近代，不断有人提出不同的解释，甚至形成争论。今据末学浅见，试作探讨，就正有道。

按：《述而》此章曰：

> 子曰：加我数年，五十以学《易》，可以无大过矣。

汉《太史公书》（《史记》）《孔子世家》首先节引此章以述孔子事迹说：

> 孔子晚而喜《易》，……读《易》，韦编三绝。曰：假我数年，若是，我于《易》则彬彬矣。

《论语》是"记言"，《史记》是摘用前人所记孔子之言，来叙孔子的事，虽属片段，也可资印证。这里极有关系的是有"若是"二字，使上下语句得以连贯。

较后的是东汉末的郑玄所作的《论语》注，近年吐鲁番出土残纸中有郑注此段，注是说孔子"年过五十以学《易》"。这是把"五十"解作"年过五十"。此后何晏《论语集解》说："《易》，穷理尽性，以至于命，年五十而知天命，以知命之年，读至命之书，故可以无大过矣。"这里认为孔子是到五十岁时，发出此项言论的。南朝皇侃①《论语义疏》说："当孔子尔时，年四十五六，故云加我数年，五十以学《易》也。所以必五十而学《易》者，人年五十是知命之年也。"北宋邢昺（bǐng）②《注疏》云："加我数年，方至五十，谓四十七时也。"南宋朱熹《集注》改"加"为"假"，改"五十"为"卒"，我们幼时塾师都用朱笔改过，才令我们来读。《注》又说："是时孔子年已几七十矣，五十字误，无疑矣。"以上是在《论语》原文上所作的各种解释。

还有唐陆德明③《经典释文》"易"字下说"鲁读为亦"，这便是读成"亦可以无大过矣"，这是"鲁论"的本子，其本久已失传，其异文只可略备一说罢了。

今按一般人的情感，未到老年或有重病时，不易发出生命不长了的感叹，如在四五十岁的中年时代，一般的健康人说多活几年的希望，似是不太可能的。孔子发出"加我数年"的希望，绝不会在四五十岁之际。孔子说："吾十有五，而志于学。三十而立，四十而不惑，五十而知天命……"（《学而》）这一章的主语是"吾"，各阶段年龄的智力，都是孔子自己的事，并非人类普遍的情况。孔子五十而知天命，原因是学了《易》。"五十以学《易》"，是老年追述学《易》

---

① 皇侃：南朝梁经学家，一作皇偘，吴郡（治所在今江苏苏州）人。以老庄玄学解经。

② 邢昺：北宋经学家。字叔明，曹州济阴（今山东曹县西北）人。官至礼部尚书。撰有《论语注疏》，讨论心性命理。

③ 陆德明：唐代学者。名元朗，字德明，苏州吴县人。"秦王府十八学士"之一。

的年龄，正因五十学了《易》，才得知天命，并非任何人凡到五十便知天命的。又古"以"字与"已"是同一字，至今《汉书》中"以"字都写作"吕"，也就同于"已"字。《述而》篇中此句是追述开始学《易》的年龄。由于表示希望"加我数年"的原因是为了学《易》。这中间《史记》加了"若是"二字，极为重要。全章思想的顺序是：希望多活几年，从五十已学了《易》，如果真能多活，得以更全面地学《易》，这一生中，可无大过了。如用今天的话来串讲，可成以下的句式：

〔为学《易》〕希望多活几年，〔我从〕五十岁已学《易》，若是〔能多活〕，可以无大过矣。

稍添虚词以作"今译"，不算犯"增字解经"的戒条吧！

《论语》是记录口语的书，口语中是常有跳跃或插补的地方，例如《公冶长》篇第一章说：

子谓公冶长可妻也，虽在缧绁（léi xiè）之中，非其罪也。以其子妻之。

[南宋] 佚名《孔子弟子像·公冶长》
现藏故宫博物院

试问公冶长身在缧绁之中，怎能与孔子之女结婚呢？这里分明跳过了"出狱之后"一句，或者"妻"字作"许配"讲。但古注都作"结婚"讲的。也有补加插入的例子："曾子有疾，召门弟子曰：启予足，启予手。《诗》云：战战兢兢，如临深渊，如履薄冰。而今而后，吾知免夫，小子。"（《泰伯》）在门弟子看了他的手足之后，就可接着得出今后免夫的结论，这"《诗》云……"十几个字分明是追述平生谨慎的话，也就是在整段话中插入追述的话。从这类语言习惯看，"加我数年"一章的问题应是不难解释的。

六、曾子启手足的问题

《泰伯》篇："曾子有疾，召门弟子曰：启予足，启予手。《诗》云：战战兢兢，如临深渊，如履薄冰。而今而后，吾知免夫，小子。"

这一章有几个问题：（一）放手足，为什么联系上"临深履薄"？（二）如果说是证明"身体发肤"未有毁伤，何以只看手足，不看全身？（三）身体毁伤并非常人常事，有时受伤由于天灾，也不全由自己，何以无伤便觉得足称幸免？

今按：何晏《集解》在"启予手"下引郑注说："启，开也，曾子为受身体于父母，不敢毁伤，故使弟子开衾而视之也。"又于"如履薄冰"下引孔注："此言《诗》者，喻己常戒慎，恐有所毁伤。""免夫"下引周曰："乃今日后，我自知免于患难。小子，弟子也，呼之者，欲使听识其言。"

至于朱注此章，撮取古注，归于"身体发肤，受之父母，不敢毁伤"（《孝经》的话）之义，不备引。

今试申末学所疑：启固然训开，而所启何以只在手足，却很少有人论及。唯《集解》引周氏注有"免于患难"一语，极可注意。清人刘宝楠[①]《论语正义》引申周注："患难谓刑辱颠陨之事。"理解到这里，则前边的问题，就迎刃而解了。

"子谓南容[②]：邦有道不废，邦无道免于刑戮，以其兄之子妻之。"

---

① 刘宝楠：清代学者。字楚桢，号念楼，江苏宝应人。扬州学派代表人物之一。

② 南容，即南宫括（或适）。孔子的弟子。

（《公冶长》）按：刑系囚犯，首先是桎梏手足，到后世，手铐脚镣仍是刑系囚犯的主要刑具。曾子令门人验证自己没有受过刑系，所以只看手足，不看腹背，平生谨遵"临深履薄"的古训，是操行的谨慎的比照，不是指常讲营养卫生和只怕受伤的问题。任何常人一生身上没有过伤痕，并非全都由于操守谨慎，也不是曾子一人如此。而曾子这时郑重其事地自叹"免夫"，岂非"小题大做"！那么这里的"免"正和南容的"免"是同一含义。一生免于刑戮或刑辱，才是真可庆幸的。众所周知，刑一般由于犯法，法之犯与不犯，正常时间，可由自己的操行来决定。但在"邦无道"的时候，尽管自己操守谨慎，而遇到"欲加之罪，何患无辞"时，则是完全不能自主的。所以孔子又说"君子怀刑"（《里仁》），即指"横逆之来"。所以曾子临终才有特殊自慰的话。

《孝经》的文风和《小戴礼记》相近，大约也是出于七十子①之徒所记载（清代学者早有此看法）。在汉代被抬出令天下人诵读，极似宋代抬出《大学》《中庸》压在《论语》之上。今看《泰伯》中此章，自郑注至朱注，都用《孝经》之义来作此章的注解。但我却怀疑《孝经》的编撰，正是由此章推衍而成。此末学诸疑，所以欲献之又一端也。

七、孔子答问和论仁

儒家学说的中心是"仁"，儒学的经典是《论语》，这是古往今来、天下四方无人不知的问题。但是在《论语》二十篇中孔子的言论里却找不到孔子给"仁"做出的直接解释。

---

① 七十子：指孔子七十二弟子。

　　《论语》中有许多处记载孔子答人问仁，或评论"仁者"或"不仁者"的行为表现，都是从侧面或反面来衬托"仁者"和"不仁者"的思想行为。例如说"我未见好仁者、恶不仁者"（《里仁》），又说"仁者爱人"（《颜渊》），又说"……仁者乐山，……仁者静，……仁者寿"（《雍也》），又说"……仁者，其言也讱，……为之难，言之得无讱乎"（《颜渊》），如此等等，《论语》中不止几十处，但无一处是正面的"定义"或全面的解说。不仅"仁"这一问题如此，其他问题，孔子的答问方法也常是"能近取譬"（《雍也》）和"循循诱人"（《子罕》）的。又如许多人向孔子问"孝"，孔子的答复各不相同，都是针对问者在行为上的某项不足，来加以重点的教导。最委婉而又极有力的一次答子游问孝，说："今之孝者，是谓能养，至于犬马，皆能有养。不敬，何以别乎？"（《为政》）

　　子夏说："君子有三变：望之俨然，即之也温，听其言也厉。"（《子张》）不管这里所说的"君子"是泛指还是指孔子，也不管"厉"是作"严厉"讲，还是作"确切"讲，都不能密合孔子平时的发言态度。有一次，孔子答定公问"一言兴邦""一言丧邦"的对话。定公问："一言而可以兴邦，有诸？"孔子对曰："言不可以若是其几也。"（《子路》）这种"一言"可能来自当时的民间谚语，本不见得是哪位哲人归纳的什么普遍道理，既由定公发问，孔子曲折答复，一是要知"为君难，为臣不易"，这便接近"一言兴邦"；二曰"予无乐乎为君，唯其言而莫予违也"，这便要成"一言丧邦"了。这成为对有政权的人的一次有力的警告。按：孔子自己说过"邦有道，危言危行；邦无道，危行言孙"（《宪问》），统观《论语》中所记孔子的言论，真是"威而不猛，恭而安"（《述而》）的鲜明表现！

　　从以上的一些例子来看，孔子在当时有许多的重要思想，不能

[唐] 阎立本
《孔子弟子像·孔子》（局部）
现藏首都博物馆
——

[宋] 马远《孔子像》
现藏故宫博物院

不表达，但又不能作率直的表达，所以后人有许多不易理解之处。

虽然孔子的言论常是"逊以出之"（《卫灵公》）的，又何以天下后世都能体会到孔子的主要精神呢？我们试看孔子曾说"能近取譬"（《雍也》），子贡又曾自评说："（颜）回也，闻一以知十，赐也，闻一以知二"（《公冶长》）。孔子立即表示同意。闻一知十不是妄测，而是推论，足见孔子有许多道理是留给弟子们推论的。我们居今学古，不妨也试作一些推论：

孔子说伯夷、叔齐"求仁而得仁"（《述而》）。夷、齐究竟求得些什么算作仁的呢？按夷、齐的事迹：（一）让孤竹国的君位；（二）反对武王、太公的武力征诛，曾唱"以暴易暴，不知其非"的诗句；（三）饿死首阳山下。我们无法摘出哪一项称他们为"仁"，可见孔子指的当然是他们总体的思想行为。

对管仲的评论，孔子曾批评他不够"俭"、不够"知礼"，但对他的功业说："相桓公霸诸侯，一匡天下"（《宪问》），又说齐桓公"九合诸侯，不以兵车，管仲之力也，如其仁，如其仁"（《宪问》）。可见管仲不俭、不知礼，而能"九合诸侯，不以兵车"，所以就够得"仁"。

"至德"，虽字面与"仁"不同，但这一词所表示的地位，却是至高无上的。孔子说周文王"三分天下有其二，以服事殷。周之德，其可谓至德也已矣。"（《泰伯》）又说："泰伯，其可谓至德也已矣。三以天下让，民无德而称焉。"（《泰伯》）这里没有用"仁"字来称的最高道德，在孔子口中，又和"仁"字有何区别呢？子贡问："如有博施于民而能济众，何如？可谓仁乎？"子曰："何事于仁！必也圣乎！尧舜其犹病诸。"（《雍也》）尧在孔子心目中曾是"唯天为大，唯尧则之"（《泰伯》）的，到这个博施济众的问题上，那位只低于天的伟大人物也得屈尊一筹了。可见"博施济众"在"仁"这个范围中居于何等位置了！

以上几项经孔子肯定"仁"的例证中，不免牵涉一些枝节的问题：夷齐反对武王的征伐，孔子却说周之德为"至德"，怎么讲？按孔子说"至德"是周文王的事，但对武王却说"《韶》（舜的乐）尽美矣，又尽善也，谓《武》（武王的乐）尽美矣，未尽善也"（《八佾》）。"哀公问社[①]于宰我，宰我对曰：'……周人以栗，曰，使民战栗。'"孔

[南宋]佚名《孔子弟子像·子贡》
现藏故宫博物院

---

① 社：土地神。哀公问宰我，做神位用什么木料。宰我即宰予，孔子弟子。

[南宋]佚名《孔子弟子
像·颜回（子渊）》
现藏故宫博物院

子听到这话，并未驳斥宰予，只说："成事不说，遂事不谏，既往不咎。"
（《八佾》）孔子对宰予"使民战栗"的说法是默认的。被称至德的
周文王，何以做出使民战栗的措施，那么这个以栗为社主的周人，
当然是武王灭殷以后的事了。管仲被称为"仁"，主要在其功业，
他的功业又分两方面，是"九合诸侯，一匡天下"，而其所用的手段，
则是"不以兵车"。可见这两项在孔子心目中是不以兵车的一匡天下。
所以南宫适（音括）见孔子说："羿善射，奡荡舟，俱不得其死然。
禹、稷躬稼而有天下。"夫子不答。南宫适出，子曰："君子哉若人！
尚德哉若人！"（《宪问》）可见孔子对只重武力是持否定态度的。

　　《论语》中也有两条似是孔子给"仁"下了近于"定义"的：
"颜渊问仁，子曰：'克己复礼为仁，一日克己复礼，天下归仁焉。
为仁由己，而由人乎哉？'颜渊曰：'请问其目。'子曰：'非礼勿视，
非礼勿听，非礼勿言，非礼勿动'。"（《颜渊》）按这一章的句读，
何晏《集解》是在"克己复礼为仁"处断句，是把"为仁"当作"是
仁"解，也就把"克己复礼"当作"仁"的总内容看了（朱熹《集注》
也是循着《集解》断句的）。

　　姑不论孔子是否为某些重大的道德含义下过界说，只看二十篇
中论"仁"的内容，绝不仅止"克己复礼"这一个方面。我们已知
孔子肯定够"仁"的人物，有周文王、泰伯[①]、伯夷、叔齐、管仲；
够"仁"的行为，有"博施于民而能济众"这种理想的行为，未见
对某个"个人"具有一些好行为即可算仁的。可见孔子所悬想的"仁"
是多么广大、多么深重，绝非某个"个人"具有几项好行为即够称
为仁的。又曾有"政者正也"（《颜渊》）、"仁者爱人"（《颜渊》）

---

① 泰伯：又称太伯，周代吴国始祖。姬姓，名泰。周太王长子。传说周太王有意传位幼子
　 季历及季历之子姬昌（周文王）。于是太伯与弟弟仲雍出奔荆蛮，文身断发，建立吴国。

两处类似下定义的语气。其实"正"是向当政者说他们必先自己的行为端正，是告诫的性质。"爱人"是仁者思想行为的起码原则，不是"仁"的定义。否则二人恋爱，则男女双方都必然是仁者了。本章中"克己"的"己"，十分明确指的是"个人"，"克己复礼"的四项"非礼勿"，更明显是个人应有的行为，与前文所举那五位伟大古人和"博施济众"一条伟大的道德行为都不是"克己复礼"这一方面所能比拟的。所以那第一句的"为仁"实应属下，是"为仁一日克己复礼，天下归仁焉"。这是说学仁的人能有一日做到克己复礼，天下人都会称赞（归美）他够仁。所以下文说"为仁由己"，指并不由他人。又，学仁为什么还计一日的日程？按：孔子说"颜渊三月不违仁，其余则日月至焉而已矣"（《雍也》），又说："君子无终食之间违仁。"（《里仁》）可见为仁不只计日，还有计时的时候。这章后边是颜渊问学仁的具体项目，孔子沿着"复礼"往下述说，在视、听、言、动的日常生活中，要都不忘礼，是锻炼学仁的一种入手的方法。又，《阳货》篇："子张问仁于孔子"，孔子答以恭、宽、信、敏、惠，说："能行五者于天下者为仁矣。"这里的记录语气与全书有所不同，近代学者也有所怀疑。姑且退一步说，即以此指"为仁"是对于天下，而且五者也包含较为广大，和"克己复礼"有所不同，但不能与"博施济众"相提并论的。前边"为仁"的断句和这里的含义不同，是末学所疑如此，也算"离经辨志"之一端吧！

从以上各例来看，孔子提出最高道德标准"仁"，不是某一端或某几端所能概括的，更不是仅从某一人具有某点好行为，即评这个人够"仁"的。如《公冶长》篇"子张问曰三仕为令尹，无喜色；三已之，无愠色；旧令尹之政必以告新令尹，何如？子曰：忠矣。曰：仁矣乎？子曰：未知，焉得仁"。相反，如说文王、泰伯够"至德"，

[南宋]佚名《孔子弟子像·子张》
现藏故宫博物院

夷齐、管仲够"仁"，都不是从一节、一端来论的，从某些行为论是"博施于民而能济众"，不但够"仁"，而且够"圣"。可见孔子所标举的"仁"，包含得既广且大，即使我们将以上这些大端综合起来用某一个词来作代表，也实在是无从措手。即勉强用几个字，也会感到"克己复礼"四字或"恭""宽"等五字是不够的。

不得已姑从"仁"这一词的文字本义来看。"仁"字即古写"人"字的"隶变"字体。大概在孔子的当时，"仁"和"人"还没有分为表道德和表身体的两种写法。那么"仁"当然就是"人"。即在今天社会上一种评论人品的说法，还有"够人格""有人性""合人道"等褒义词。如果斥责一个坏人，说他"不是人"，这比借用某些动物什么"猪""狗"等词来骂人，还重得多。有人说，《中庸》已经说过"仁者人也"，何必援引古文字？答曰：仓颉造字出于传说，子思作《中庸》实际也源于传说。仓颉在先，当然要先引。近代自从"人道""人性"被批判以来，"仁兄"一称在信札中也久不见了。现在研究古代孔子的学说，不可能不涉及"仁"和"人"的字样，这个"文责"只好由孔子自负了。

八、孔子学说的发展

宇（空间）宙（时间）间一切事物都在不同情况中不断地发展。人类在社会中更在不同的时间和空间中随着不同的民族的生活条件创造出不同的文化。自古以来各家圣哲的学说，都是随着他们当时的文化，解决他们当时的社会问题而有所创立。及至时过境迁之后，即在他们各自的门派中，也不容不有所发展。以孔子的学说而言，仅仅两代就有显著的变化。"陈亢问于伯鱼（孔子之子名鲤，字伯鱼）

[元]佚名《至圣先贤半身像·孔鲤》　　[元]佚名《至圣先贤半身像·子思》　　[元]佚名《至圣先贤半身像·孟轲》
现藏台北故宫博物院　　　　　　　　　现藏台北故宫博物院　　　　　　　　　现藏台北故宫博物院

曰：子亦有异闻乎？对曰：未也。（孔子）尝独立，鲤趋而过庭，曰：
学《诗》乎？对曰：未也。曰：不学《诗》，无以言。鲤退而学《诗》。
他日，又独立，鲤趋而过庭。曰：学《礼》乎？对曰：未也。（曰）
不学《礼》，无以立。鲤退而学《礼》。陈亢退而喜曰：问一得三，
闻《诗》闻《礼》，又闻君子之远其子也。"（《季氏》）

　　孔子并没有自教孔鲤，但孔鲤的儿子子思（孔伋）却有许多学
说的记录。首先是传说他作《中庸》，虽见于《史记·仲尼弟子列
传》，而《论语》中既说"子罕言利与命与仁"（《子罕》），又记
子贡说"夫子之言性与天道，不可得而闻也"（《公冶长》）。但《中
庸》却说"天命之谓性，率性之谓道，修道之谓教"。如果《中庸》
真是子思所作，其中许多主要论点却是孔子少说或没说的，那么子

思又是从哪里学来的呢？如今考古出土许多简牍，中有标题《子思》的，这在流传已久的传说作《中庸》之外，又添许多言论了。

子思的门徒又传于孟子，孟子又被唐人韩愈所推尊，这是一个系统。另一系统是孔子作《春秋》，孔子自己说"述而不作"，那么作《春秋》是否为事实，至今还有若干争议。作《传》的"公羊""榖梁""左氏"把鲁国当时的"大事记"各加解释，汉代董仲舒又引申附会了许多算是孔子原意的学说，这是又一套发展。

北宋华山道士一派的学说，累传到了邵雍[①]，他还表里如一地举着道家的旗帜。周敦颐、张载、程颢，由道家改举儒家旗帜，而程颐、朱熹更正颜厉色地以儒自居，以圣自居。并把《大学》《中庸》压在《论语》之上，称为"四书"。还私自搞静坐那一套禅家道术。旁人说到佛、禅，他们都斥责过那是"夷狄之学"。再往后什么陆九渊[②]、王守仁[③]等，更不必列举了。总之都打着孔子的旗号，而说了孔子所没说过的话。这是历史发展的常情，也是惯例。

总之，孔子生活在那个时代里，那个社会中，而有那样的思想，那样的行为，那样的学说，不能不被他的弟子们以及后代读过他的学说的人，心服口服地尊为圣人、为师表。但是孔子的时代，一切社会情况、物质条件，以及文化、思想，当然与后世有所不同，后世的人所理解的儒家学说，也不能不有所异议。即以汉代和宋代的

王阳明像

① 邵雍：北宋哲学家。字尧夫，号安乐先生、伊川翁，谥康节。原籍范阳（今河北涿州），迁共城（今河南辉县）。理学象数学派创始人。与周敦颐、张载、程颢、程颐并称"北宋五子"。

② 陆九渊：南宋哲学家、教育家。金溪（今属江西）人。因讲学于象山书院（今江西贵溪西南），被称为"象山先生"。主张"心即理"说，学说由王守仁（见后注）继承发展，形成陆王学派。

③ 王守仁：明代哲学家、教育家。本名云，字伯安，号阳明子，世称阳明先生，浙江绍兴余姚（今宁波余姚）人。官至南京兵部尚书，因平定朱宸濠之乱被封新建伯，谥文成。

学者对孔子学说的认识和解释，无疑都是属于发展了的孔子学说。更不要说金、元、明、清人的继续发展了。这是说尊奉儒学的一方面。至于反对儒学的，甚至到提出"打倒孔家店"时，所针对的"孔家店"，也是发展了的孔子学说，与孔子自己曾说的，在精神实质上已多不相干了！还有，虽想尊奉孔子，而方法片面，如七十年前那种"读经救国论"，事实上给孔子帮了倒忙了！

说《千字文》

以"天地玄黄"为起句的《千字文》，名头之大，应用之广，在成千累万的古文、古书中，能够胜过它的，大约是很少很少的。只看它四字成句，平仄流畅，有韵易诵，没有重字（没有重复写法的字），全篇仅仅一千字，比《道德》五千言这本著名的"少字派"书还少着五分之四。它便利群众，启发童蒙。其功效明显，流传广远，难道不是理所应当的吗？

在它流传千余年的历史中，发生过或说存在着不少问题。有的问题"人云亦云""习而不察"。有的虽经人推论，而未得要领，也就"以讹传讹"。

大约在 20 世纪 30 年代初，法国的伯希和① 氏发表过一篇考订《千字文》的文章，冯承钧② 先生把它译成汉文，题目是《〈千字文〉

---

① 伯希和：法国汉学家。1906 年至 1908 年活动于我国新疆、甘肃一带，盗窃敦煌千佛洞的大量文物，运往法国。

② 冯承钧：历史学家。夏口（今湖北武汉汉口）人。主要研究中外交通史和边疆史。

[明]《郁冈斋墨帖·晋王羲之》
清嘉庆拓本（局部）
现藏美国哈佛大学汉和图书馆

考》，发表在《图书馆学季刊》中（第六卷第一期）。伯氏着力于周兴嗣[①]这篇《千字文》的撰写过程，并讨论流传各种本子的真伪，对所谓"王羲之书钟繇[②]千字文[③]"进行辨伪，费了很多笔墨。这本《千文》见于明代《郁冈斋帖》和清代《三希堂帖》《壮陶阁帖》，近数年原卷出现，有影印本。这本《千文》，首句是"二仪日月"，末句是"焉哉乎也"，中间全不成话。伯氏认为它是宋徽宗时人造的伪古物。其实书风还不够唐人，其为凭空捏造，望而可见，仔细考证，心力未免可惜。而其他有关《千字文》的问题，由于着力点

① 周兴嗣：南朝梁史学家。字思纂，世居姑孰（今安徽当涂）。博学善文，撰有《千字文》等。

② 钟繇：三国魏书法家。字元常，颍川长社（今河南许昌长葛东）人。被后世尊为"楷书鼻祖"，与王羲之并称"钟王"。

③ 王羲之书钟繇千字文，即"晋王羲之书魏钟繇千文"。

不同，反倒未暇谈及。

我在五六岁时，正是家庭或私塾里仍念《三字经》《百家姓》《千字文》（所谓"三百千"）的时候，但我只念过《三字经》后就被授读别的书了。接触《千字文》，是从习字临帖开始。既是一字字地临写，就发现了许多异文。如"敕"或"梁"，"玄"或"元"，"召"或"吕"，"树"或"竹"等，不免发生哪个对、为什么不同诸多疑问。后来逐渐留心有关《千字文》问题的资料，随手摘记，又几经散失，只剩写在一本帖后的一些条。由于借书困难，一时无法再加查阅核对，就先初步写出这篇大纲性的小文。目的只是想说出我对这些问题的看法。遗漏和错误，自知不少，诚恳希望读者惠予指教。

一、周兴嗣《千字文》的产生

在南朝梁、陈（502—589）这不到一百年中，忽然有一股"千字文热"，产生过至少四本（只说撰文，不论写本）。

（一）萧子范[①]本。

《旧唐书·经籍志》："《千字文》一卷，萧子范撰；又一卷，周兴嗣撰。"又《梁书》卷三十五《萧子范传》："南平王……使制《千字文》，其辞甚美，王命记室蔡薳（yuǎn）注释之。"

（二）周兴嗣本。

《旧唐书·经籍志》著录紧次萧子范本之后，已见上文。又《梁书》卷四十九《周兴嗣传》："高祖以三桥旧宅为光宅寺，敕兴嗣

---

① 萧子范：南朝梁辞赋家。字景则，南兰陵（治今江苏常州西北）人。南齐高帝萧道成孙。与八弟萧子显、九弟萧子云并称"三萧"。

与陆倕（chuí）①各制寺碑，及成俱奏，高祖用兴嗣所制者。自是《铜表铭》《栅塘碣》《北伐檄》《次韵王羲之书千文》，并使兴嗣为文。每奏，高祖称善。"又《隋书·经籍志》："《千字文》一卷，梁给事郎周兴嗣撰。"

（三）失名人撰，萧子云②注本。

《隋书·经籍志》著录周兴嗣本后云："又《千文》一卷，梁国子祭酒萧子云注。"

（四）失名人撰，胡肃③注本。

《隋书·经籍志》萧子云注本后接书："又《千文》一卷，胡肃注。"

当时还有梁武帝撰的《千字诗》。《陈书》卷十八《沈众④传》："是时梁武帝制《千字诗》，众为之注解。"又《南史》卷五十七《沈约传》："约孙众……时梁武帝制《千字诗》，众为之注解。"记载这些为的是说明沈众的学识，而不是著录《千字诗》。看《隋书》《旧唐书》的著录中，都已没有《千字诗》，大约唐代已经亡失无存了。既称为诗，是几言的？其他都称文而不称诗，又为什么？我非常怀疑周兴嗣次韵，"次"的就是梁武帝《千字诗》的"韵"，但这将永远是个"怀疑"而已（记得唐初某类书中曾引梁武帝《千字诗》的零句，现已无暇详检，即使查出，也解决不了这一篇的问题）。如果连梁武帝《千字诗》也算上，当时这种千字成篇的作品，就有五本之多了。

以上各条资料中，最不好懂的是"次韵王羲之书千文"。这八个字可以作许多解释，事理上也有许多可能。例如：

梁武帝像

---

① 陆倕：南朝文学家。字佐公，吴郡吴县（今苏州）人。"竟陵八友"之一，官至太常卿。

② 萧子云：萧子范之弟。通文史，善草书、隶书。死于侯景之乱。

③ 胡肃：生平、事迹不详。

④ 沈众：字仲师，吴兴武康（今浙江德清）人。南朝陈武帝时任中书令。

[元] 赵孟頫《真草千字文》
现藏故宫博物院

1. 王羲之写过千个字的韵语，周兴嗣依韵和作。

2. 王羲之有千个零字，周兴嗣把它编排成为韵语。

3. 周兴嗣撰了千字韵语，然后摹集王书把它写出，像怀仁集《圣教序》那样。

4. 周兴嗣次某篇文的韵成为此文，用王体字写出，因而误传为王羲之书，等等。

总之，这八个字，与现传智永①写本对不上。智永本上有"敕"、有"次韵"，没有提出"王羲之书"。如果真是集王羲之字而成，则应写出"集"字，如唐人集王书、金人集柳（公权）②书，以至集唐句、集杜句等。问题在于周兴嗣撰、智永写本的《千文》究竟与王羲之书有关无关？次韵二字是编次成为韵文呢还是依某些韵字顺序押成的呢？

---

① 智永：南朝陈、隋间书法家。名法极，山阴永欣寺僧人，人称"永禅师"。王羲之的七世孙。

② 柳公权：唐代书法家。字诚悬，华原（今陕西铜川）人。创"柳体"，正楷尤知名。与颜真卿并称"颜柳"。

[隋] 智永《千字文》墨迹本
现藏日本

二、"王羲之书"和"次韵"问题

我们知道，每个故事都是愈传愈热闹。枝叶由少而多，已是普遍规律。《千字文》故事中有王羲之这个角色。除《梁书》外，还有较后的何延之^①《兰亭记》，载在张彦远^②《法书要录》卷三。张彦远为宪宗、僖宗之间的人，何氏当在中唐之世。《兰亭记》说智永禅师为王羲之七世孙，还说他："克嗣良裘，精勤此艺，常居永欣寺阁上临书……于阁上临得真草千文好者八百余本，浙东诸寺各施一本，今有存者，犹直钱数万。"不待详细交代，智永所临，当然是王羲之的字，那么智永所临《千字文》中的字样，就是王羲之的字样了。

其次是此后的韦绚^③所撰《刘宾客嘉话录》："《千字文》，梁周兴嗣编次，而有王右军^④书者，人皆不晓其始。梁武教诸王书，令

---

① 何延之：唐代文学家。开元十年（722 年）任均州（今湖北丹江口）刺史。

② 张彦远：唐代画家。字爱宾，猗氏（今山西临猗）人。著有《历代名画记》等。

③ 韦绚：约唐文宗开成末前后在世。京兆人。宰相韦执谊之子。

④ 王右军，即王羲之。曾任右军将军。

殷铁石①于大王书中撮一千字不重者，每字一片纸，杂碎无叙。武帝召兴嗣谓曰：'卿有才思，为我韵之。'兴嗣一夕编次进上，须发皆白，而赏锡甚厚。右军孙智永禅师自临八百本。"

日本圣武天皇死后，其皇后藤原光明子在天平胜宝八年（相当于唐肃宗至德②元年）把他的遗物献给东大寺卢舍那佛，记录的账簿，称为《东大寺献物账》。账内有一段记载："书法廿卷，拓晋右将军王羲之草书卷第一（下注：'廿五行，黄纸，紫檀轴，绀绫褾〔biǎo〕，绮带。'以下各条俱如此式）同羲之草书卷第二……同羲之书卷第五十七（下注：'真草千字文二百三行，浅黄纸，绀绫褾，绮带，紫檀轴。'）"今存二〇二行，前两行俱糜烂，想登账时其前只烂一行，至今则又烂一行矣。

所谓"同"，指的是同为"拓"本。这里已抛开了智永，直说拓自王羲之，而归入了王羲之名下。《兰亭记》在《法书要录》中，紧次于徐浩③有建中④四年纪年的《古迹记》后，则还应晚于《东大寺献物账》。但海外流传，耳治易多。略去智永，抬高声价，原是无足奇怪的。

可见王羲之这个角色在《千字文》故事中不但实有，而且曾霸占了"真草千字文"。于是《梁书》中那条矛盾，就被韦绚大肆弥缝，什么"为我韵之""编次进上"，把最费解的"次韵"二字，分别落到实处。但是事情果真就是这样吗？矛盾之处，并未能由此弥缝

---

① 殷铁石：南朝梁武帝时大臣。

② 至德：唐肃宗李亨年号（756—758）。

③ 徐浩：唐代书法家。字季海，越州（今浙江绍兴）人，名相张九龄的外甥。精于楷书，自成一家。

④ 建中：唐德宗李适年号（780—783）。

便得解决。症结所在，实为"次韵"二字，还值得探索下去。

按清初赵吉士①《寄园寄所寄》卷四《捻须寄·诗原》中引《稗史》云：

梁武帝宴华光殿联句，曹景宗②后至，诗韵已尽，沈约与以所余"竞、病"二字，景宗操笔而成……初读此，了未晓赋韵韵尽为何等格法。偶阅《陈后主集》，见其序宣猷堂宴集五言曰："披钩赋咏，逐韵多少，次第而用。"座有江总③、陆瑜④、孔范⑤三人，后主诏得"迮、格、白、易、夕、掷、斥、折、唶"字，其诗用韵与所得韵次前后正同，曾不搀乱一字，乃知其说是先（此处疑脱"以"字）诗韵为钩，座客探钩，各据所得，循序赋之，正后世次韵格也。唐之次韵，起元微之、白乐天二公，自号元和体⑥，古未有也，抑不知梁陈间已尝出此，但其所次之韵以探钩所得，而非酬和先唱者，是小异耳。

《稗史》不知谁撰，其他引《稗史》处有一条记正统⑦间处州

---

① 赵吉士：清代学者。字天羽，号恒夫，休宁（今属安徽）人，后入籍钱塘（今浙江杭州）。工诗文。

② 曹景宗：南朝梁名将。字子震，新野（今属河南）人。善骑射，以胆勇闻名。助萧衍登位，南梁时任侍中，封竟陵公。

③ 江总：南朝陈文学家。字总持，祖籍济阳郡考城（今河南民权）。才思敏捷，陈后主时拜相，不理政务，君臣彻夜长饮。国亡后入隋。

④ 陆瑜：吴县人。南朝陈官员。文甚赡丽。

⑤ 孔范：山阴人。南朝陈官员。文章赡丽。

⑥ 元和体：诗体名。有两种含义，一指元稹（微之）、白居易（乐天）创造的诗体；二指唐代中后期模拟元和（806—820）作家的作品。

⑦ 正统：明英宗朱祁镇的年号（1436—1449）。

[唐] 欧阳询（传）《行书千字文》
现藏辽宁省博物馆

生员吟诗事，知其书为明人之作。所引《陈后主集》，张溥①、冯维讷②所辑本中已不见了。赵翼③《陔余丛考》卷廿三"联句"条亦述此说，但未注出处。

至于"敕"，无疑是梁武帝所敕了。所次之韵，是按梁武帝《千字诗》的韵呢，还是另选韵字令周兴嗣去次呢，就无法知道了。宋人杨亿④的《文公谈苑》所说"敕"为"梁"字之误，则纯属臆测，毫无根据。又梁武帝的千字叫作诗，别人的都叫作文，为什么，也无法知道了。

三、王羲之零字和智永写本问题

周兴嗣编《千字文》既与王羲之写的字有关系，那么是先有文

① 张溥：明代文学家。字干度，改字天如，号西铭，太仓（今江苏苏州）人。天启年间结应社，后扩为复社。善诗词，尤以散文知名。

② 冯维讷，即冯惟讷，明代诗人。字汝言，号少洲，临朐（今属山东）人。官至光禄寺卿。长于古籍整理和文学研究。

③ 赵翼：清代史学家、文学家。字云崧，号瓯北，阳湖（今江苏常州）人。乾隆二十六年（1761 年）探花，官至贵州贵西兵备道，中年辞官归家，讲学安定书院。长于史学考据。

④ 杨亿：北宋文史学家。字大年，建州浦城（今属福建）人。官翰林学士。"西昆体"诗歌代表人物，又以骈文名，主修《册府元龟》。

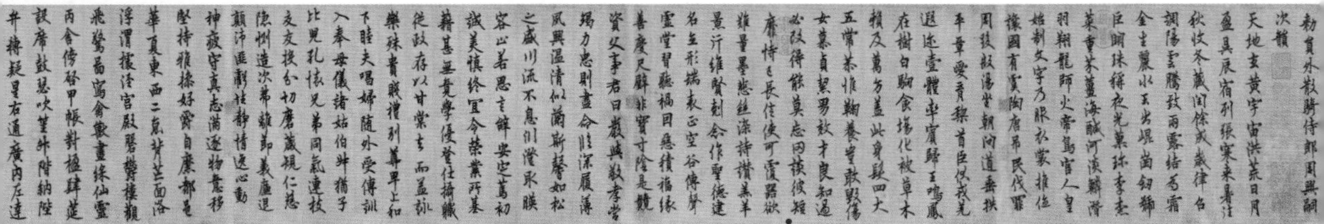

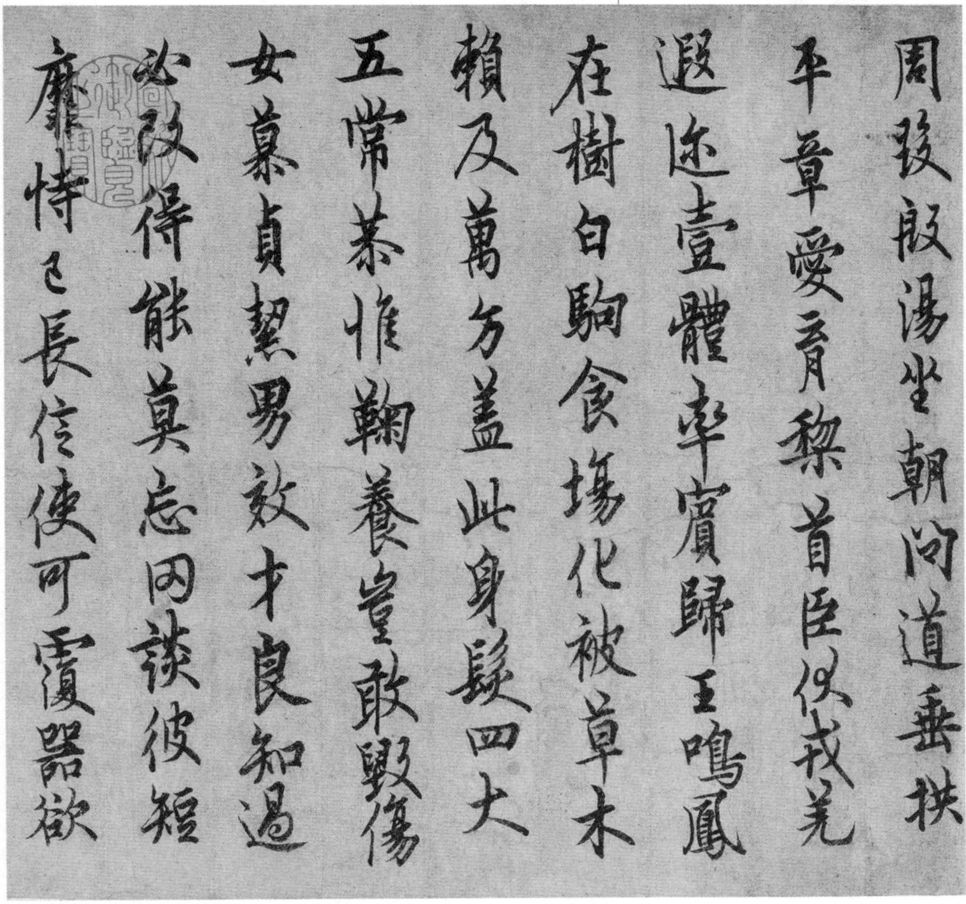

周發殷湯坐朝問道垂拱

平章愛育黎首臣伏戎羌

遐迩壹體率賓歸王鳴鳳

在樹白駒食場化被草木

賴及萬方蓋此身髮四大

五常恭惟鞠養豈敢毀傷

女慕貞絜男效才良知過

必改得能莫忘罔談彼短

靡恃己長信使可覆器欲

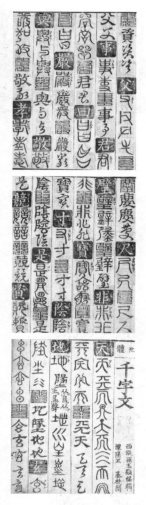

《廿体千字文》日本江户重
刊本（局部）
现藏日本内阁文库

还是先有字？"王羲之书千字"倘若真在撰文之前已有了，又何以那样巧，正好有一千字都不重复呢？梁武帝固然收藏过许多王羲之的法书，挑出不重复的，难道恰恰正有一千字吗？其实现在文中也并不是完全没有不重复的字，而实有不同写法的重字，也有"借字"。摘出如下：

"絜"与"潔"　　"雲"与"云"
"崐"与"昆"　　"实"与"寔"

在古书中不同的地方，曾被两用，但它们之间并非截然不同或意义悬殊的两个字。像《易经》里的"无"字，即"無"字。如引《易经》把"无咎"写成"無咎"，当然算不准确，但一般使用这二字，并没有什么区别。因此《千文》中上举的八个字，实际是不同写法的四个字，并不能算严格的不重复。又"银烛炜煌"的"炜"字，智永写本，真书作"瑋"，草书才作"炜"。按："炜煌"的"炜"，应是"火"旁，不应是"玉"旁，而文中真书部分用了个借字，可见当时王书《千字》中，实缺少火旁的"炜"；也可看出所集的王字，是以真书为主，而草书各字是相对配上去的，所以真书借字，草书不借。

哪里来的那么些方便的零字？即使果真是殷铁石集拓，但拓字细细描摹，不能很快办到。梁武帝要周兴嗣撰《千文》，殷铁石立即能够拓出千字，那只是故事夸张。其实古代对名人法书实有平常编集单字的事，唐韦述[①]《叙书录》（载在《法书要录》卷四）："开

---

① 韦述：唐代史学家。京兆万年（今陕西西安）人。开元进士，任史职二十年。安史之乱时抱《国史》藏于终南山，后被迫接受伪职。唐军收复两京后被流放，绝食而亡。

盖聞二儀有像顯覆
含生四時無形潛寒
化物是以窺天鑑地庸
暗識其端明陰洞陽照
窂宲其數然而天地苞
陰陽而易識者以其

元十六年五月，内出二王^①真迹及张芝^②、张昶^③等真迹，总一百五十卷，付集贤院，令集字拓进。寻且依文拓两本进内，分赐诸王。后属车驾入都，却进真本，竟不果进集字……其古本，亦有是梁隋官本者。"所谓"集字"，当是摹集单字，为了编成备查的"工具书"。宋人、清人编排汉隶单字，明人、清人又曾编排草字，清末人又曾编排楷字，都是查寻各字不同写法的工具书。开元中令集贤院拓进的"集字"，无疑就是这种性质的。又韦述总述唐代内府收藏许多件古代法书，谈到其中掺有"梁隋官本"（所谓"官本"可能指官藏本，或官摹本）。唐代摹拓法书既承梁隋旧法，集字之法自也未必是开元时始创。令我不禁想到怀仁集王字的《圣教序》，岂非就是得到这类集字呢？这次编集《千文》的活动，如果不是先有了集字工具书，也许就是编集单字工具书的开始。又古人写字并非为后人集字预先准备的，每字大小岂能一律相近，《圣教序》中字的大小基本差不多，可见怀仁在放大缩小上做了手脚。由此也可明白智永写本《千文》，无论是摹（指钩描）、是临（指按照字样仿写），每字大小相同，也必然是经过了加工手续的。怀仁加了工的《圣教序》既可被认为是王羲之书，那么智永加了工的《千字文》被题为"拓王羲之书"也就不足为怪了。临王书也罢，拓王书也罢，智永写本的周兴嗣《千字文》应是这篇文今存的最早的本子，是毫无疑义的。

---

① 二王：指王羲之、王献之。

② 张芝：东汉书法家。字伯英，敦煌渊泉（今甘肃瓜州东）人。善章草，创"今草"，人称"草圣"。与钟繇、王羲之、王献之并称"书中四贤"。

③ 张昶：东汉书法家。张芝之弟。擅草书。

四、智永《真草千字文》写本、临本和刻本

（一）智永墨迹本。

流传下来的智永写本《千字文》，距今七十七年[①]以前的人，只见过西安碑林宋大观年间薛氏摹刻本，捶拓年久，风采俱颓。一九一二年日本小川为次郎[②]氏把所得到的一个墨迹本交圣华房（出版社名）影印行世，后有日本内藤虎次郎[③]氏跋尾，从此许多人才见到一个可靠的墨迹本。内藤氏考订认为这是《东大寺献物账》中所谓"拓王羲之书""真草千字文二百三行"那一卷（现在已改装成册），所考极其正确。但内藤氏也有被一个字困扰处，即那个"拓"字。《东大寺献物账》上分明写着"拓"，自然应该是双钩廓填的摹拓所成，而这本笔画，却又分明是直去直来地写成的。保险些，说它是"唐摹"，再保险些，说它"摹法已兼临写"。七十七年前，可资比较的材料发现还不太多时，作此模棱两可之说，也实有可被理解处。

此后几年，上虞罗氏重印此本，后有罗叔蕴[④]先生跋尾，便理直气壮地说它多力丰筋，实是智永八百本之一的真迹。从此时以至今日，智永的书写权愈来愈被确认了。

---

① 此文写于 1988 年 7 月。

② 小川为次郎：日本收藏家。号简斋，日本京都人。

③ 内藤虎次郎：日本历史学家。字炳卿，号湖南，以号行世。日本中国学京都学派创始人之一。

④ 罗叔蕴，即罗振玉，金石学家、古文字学家。字叔蕴（言），号雪堂。原籍上虞（今属浙江绍兴），生于江苏淮安。清亡后以遗老自居，参与策划成立伪满洲国。参与开拓现代农学，从事甲骨文字、敦煌文卷、汉晋木简的研究，与王国维（号观堂）、郭沫若（字鼎堂）、董作宾（字彦堂）合称"甲骨四堂"。工书法，开创以甲骨文入书。

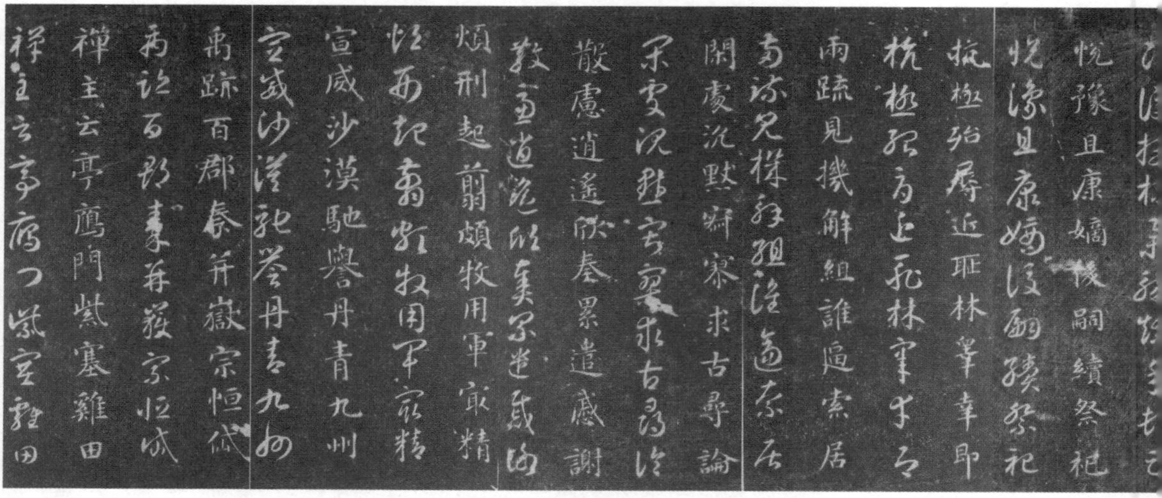

[隋] 智永《真草千字文》（局部）
宋薛嗣昌刻
碑存西安碑林博物馆

（二）贞观 ① 十五年蒋善进 ② 临本。

敦煌发现的唐初人临本残卷，今藏巴黎，纸本，自"帷房"真书一行起至"乎也"止，真草共三十四行。尾题真书一行为"贞观十五年七月临出此本蒋善进记"，只有一个真书字和几个草书字与日本藏本稍有小差别外，其余无一不似。在面对原本临写（不是影摹）的法书中，这已是极够忠实的了。重要的是草书"炜"字真书作"玮"字，与日本藏本完全一样，使我真要喊出"一字千金"了！

---

① 贞观：唐太宗李世民的年号（627—649）。

② 蒋善进：唐代书法家。生平、事迹不详。

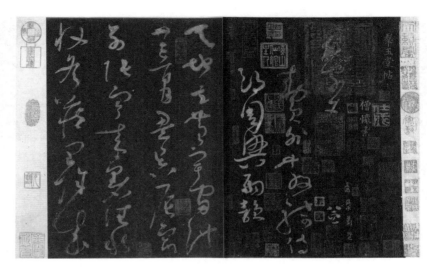

[唐]怀素《大草千字文》宋拓本
（《群玉堂帖》）
安思远藏

（三）宋薛嗣昌①摹刻本。

陕西西安碑林中有一石刻本，为宋大观三年薛嗣昌所刻，其中各字都与日本藏墨迹本相同，有些宋讳字缺末笔，则是刻石时所缺。只有"炜"字真书不作"玉"旁。或是薛氏所据底本上所改，或是薛氏自作聪明，在刻石时当作"明显错字"所改，于是也"不出校记"（在跋中也不加说明以表示他改了字）。薛氏摹刻有功，却又功不掩过！

（四）南宋《群玉堂帖》刻残本。

---

① 薛嗣昌：北宋时期人，万泉（今山西万荣）人，宋徽宗时任延康殿学士。

[唐] 怀素《小草千字文》
现藏故宫博物院

南宋韩侂（tuō）胄①刻的《阅古堂帖》被查抄入皇宫，改名为《群玉堂帖》。其中刻了一个残本，自"囊箱"真书起，至"乎也"止真草共四十二行，后有智永小字款，是否蛇足，可以不论。"炜"字是否"玉"旁，已不记得。字迹与日本藏墨迹本十分一致，只是略瘦些，这是刻拓本的常情。此本在张效彬②先生家，浩劫中被掠入一大官家，今失所在，也没留下影本。法书诲盗，自古而然，真令人欲焚笔砚！

（五）宝墨轩刻本。

日本藏墨迹本后有杨惺吾③先生跋尾，提到"宝墨轩本"，其本有影印本，首题"宝墨轩藏帖"，下刻朱文"山阴张氏世珍"长方印，次行题"唐智永禅师书"。大约是明末不学的坊贾所刻，字迹较弱，

---

① 韩侂胄：南宋大臣。字节夫，相州安阳（今河南安阳）人。韩琦曾孙，高宗吴皇后甥。参与拥立宁宗，倾轧赵汝愚，发动庆元党禁，任平章军国事，权势显赫。发动开禧北伐，兵败后被暗杀。

② 张效彬：名玮，字效彬，号敔园，河南固始人。早年留学英国剑桥大学学习经济学，曾出使俄罗斯，任彼得堡总领事。富收藏，精楷书。

③ 杨惺吾，即杨守敬，近代学者，历史地理学家。字惺吾，号邻苏老人，湖北宜都人。精通舆地、金石、书法、钱币、碑版目录学等。擅书法，富藏书。

中多缺字未刻，似由底本损缺。真书"玮"字作"火"旁。"律召"
的"召"字真书缺，草书仍是"召"字。此本书法未佳，也无关考证。
只因杨氏所曾提及，故为列出。

五、《千字文》各本中的异文问题

《千字文》在流传过程中，特别经过宋代，被"避讳"改字搞
得乱七八糟。有的由于和讳字本字相同，有的由于是音近的"嫌名"，
一律加以避改。或缺笔画，或用代字，那些字虽然很乱，但还有迹可寻。
只有一个"召"字被改为"吕"，最不易解。

"律召"作"律吕"的写本，最早见于怀素小草书写本，卷尾题"贞
元①十五年"，如果这卷是真迹，则"召"字改"吕"，在晚唐就开
始了。但在词义的关系上，毕竟不合。《千文》这里相对的两句是"闰

---

① 贞元：唐德宗李适的年号（785—805）。

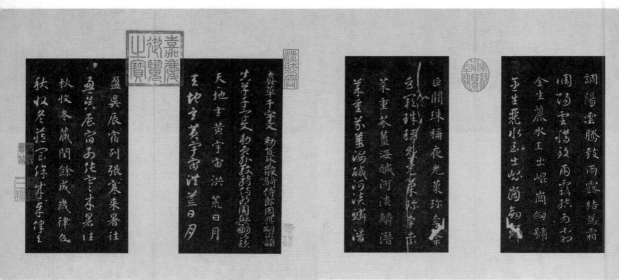

[隋] 智永《真草千字文》墨拓书（局部）
宋薛嗣昌刻
现藏台北故宫博物院

余成岁，律召调阳"。按地球转行，古代阴历算法，一年三百六十日，总有余数，积累多了，够一个月，放在年末，号称"闰月"。又古代以竹制各种"律管"，对应各时的节气。管里放入葭灰，据传说到了立春，阳气初升，相应的一个律管里的灰就自己飞出（说《后汉书·律历志》）。这种引动的作用，叫作"召"。《吕览》十七"以阳召阳，以阴召阴"。综合看来，"律"与"闰"对，是名称，是实字；"召"与"余"对，是说明作用的，是虚字。如果作"律吕"，则是平行的双字词，与上句不能成对了。所以我总怀疑这个字也是宋人避讳"嫌名"而改的。宋代有一个祖先名叫"朓"，"朓"字从"兆"得声，

玄缺笔

让缺笔

贞缺笔

匡缺笔

与"召"音近又同部。唐代李贺[1]家讳"晋肃",他应进士科举,就有人以为他犯了讳。这种音近嫌名,无理取闹,本没有实理可讲。不管"朓""召"的音究竟有别无别,即使有别,在要避时,还是不许不改的。有人反问:如按宋讳之说,则怀素小草书《千文》又该怎讲?回答是:如宋讳是实,则怀素字即假;如怀素字是真,则召字是宋讳说就不能成立了。谨待高明学者来判断吧。

宋讳见于薛氏刻本中的有:

玄(缺末笔) 让、树(缺末笔) 贞(缺末笔) 敬(缺末笔,后又被人补刻上,宋拓本缺末笔) 匡(缺末笔)

又绍兴二十年御书院中人写的行书《千字文》一本,刻入《三希堂帖》,误题为宋高宗,原迹有影印本。其中改字最多,列举如下:

玄(改作"元") 召(改作"吕") 让(改作"逊") 殷(改作"商") 树(改作"竹") 贞(改作"清") 竟(改作"罄")

桓(改作"齐") 匡(改作"辅") 恒(改作"泰") 纨(改作"团") 丸(改作"弹") 朗(改作"晃")

只有"敬"字找不出合适的仄声字来代替,就用缺笔办法了之,可谓"技穷"了。

还有智永写本中"温凊(qìng)"的"凊"字写成三点水旁作"清",与《曲礼》的"凊"字不合。按北魏正光[2]年间的《张猛龙碑》"温凊"的"凊"字也作"清",可见南北朝时,"温凊"一词,还是写"清"读"清",比唐碑和宋版《礼记》作"凊"的早得多!

---

[1] 李贺:唐代诗人。字长吉,福昌(今河南宜阳西)人。担任过奉礼郎等小官,多病困顿。诗作长于乐府,新奇瑰丽,称为"李长吉体"。

[2] 正光:北魏孝明帝元诩年号(520—525)。

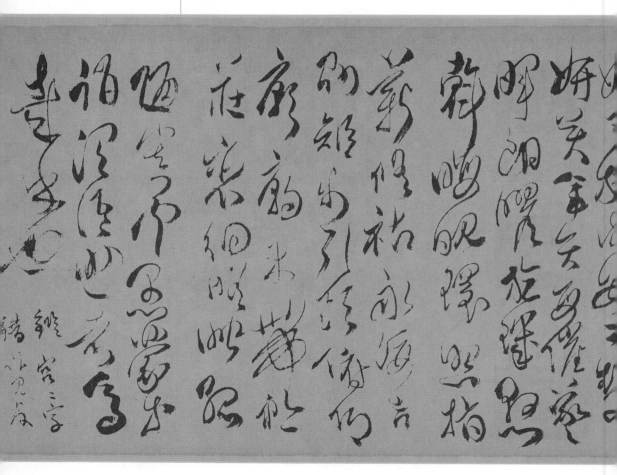

[明清之际] 傅山《草书千字文》
现藏山西省博物馆

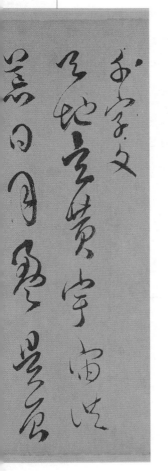

六、余谈

上文曾提到故事愈传愈热闹，枝叶由少而多的事，来说明周兴嗣编撰《千字文》，智永书写《千字文》的事也不例外。有趣的是捏造故事的人，有时只顾热闹，却忘了事实上的不合理。例如为了说明智永临书功夫的深厚，便说他用了多少支笔。古人的毛笔是活笔头，可以换头不换管。何延之说他"所退笔头（用秃了换下来的笔头），置之大竹簏（lù），簏受一石，而五簏皆满。凡三十年"。到了韦绚的《刘宾客嘉话录》则说他积年学书，后有笔头十瓮，每瓮皆数万。清代章学诚①《知非日札》说："永师学书虽勤，断无每日换退数十笔头之理。人生百年，止得三万六千日耳。十瓮笔头，每瓮数万，是必百年之内，每日换数十笔头，岂情理哉！"造谣言、吹大气的韦绚，却没想到一千一百多年后还有人跟他算账！

这篇稿写完了，拿着向一位朋友请教。这位朋友看完了，轻松地一笑。我急忙问他笑在何处，他说："你费了许多无用之力！王羲

---

① 章学诚：清代史学家、思想家，方志学奠基人。字实斋，会稽（今浙江绍兴）人。41岁始中进士，任国子监典籍。撰有《文史通义》，与唐刘知几《史通》齐名，并参与编纂《续资治通鉴》。提出"经世致用"。

之的《兰亭序》'快然自足'无论唐摹本、宋刻本，都是'快然'，
'快'字从'心'从'央'，而世行一般古文读本中却都作'快（快
乐的"快"）然'。'快然'二字在唐宋以来文章中不常用，'快然'
则普通流行，易懂常用，其中并无足深求的。'律召'成为'律吕'，
恐怕也只是由于常见易懂罢了。《千字文》是以蒙书的身份被传习的，
教蒙书的人，自以普通文化程度的为多，因此'快然''律吕'，就
都流行起来。你的详考，岂不是'可怜无补费精神'吗？"我心悦诚
服地上了一堂"常识"课，赶紧把这个看法写入稿内。

　　总之，现行这卷以"天地玄黄"为首句的《千字文》，是梁武
帝敕令周兴嗣撰作的；所称"次韵"，可能是次梁武帝《千字诗》的
韵。当时曾用王羲之写过的字集摹一卷，中间有借"玮"为"炜"的
字，也有重文异体的字。智永曾对着这种集字本临写过八百多本。日
本《东大寺献物账》从书法角度说，称它为"拓王羲之《千字文》"，
史书经籍等志从文章角度说，称它为"周兴嗣撰《千字文》"。

附记：

（一）日本今井凌雪①教授惠赠便利堂原色影印本《真草千字文》一函，从硬黄纸色上看，前数行中间横断有些处纸色较淡，当是裱带勒系的痕迹，是为原是卷子，后改成册之证。

（二）"正"字"旷"字都是王羲之的"家讳"，他把"正月"都写成"初月"，又怎能直写这些字呢？可知当时"集字"的底本中也有伪迹，或把非王氏的字误认为王字处。

（三）日本传本《千文》墨迹原件原为小川为次郎先生所藏，今为其子小川正字广巳先生继藏。余于一九八九年四月廿九日至日本京都小川氏家，获观原本，装册裱手不精，每半页四边镶以绫条，其风格似清末裱工，殆即明治末年所装，计其改卷为册，当亦即在此时。硬黄纸本，黄上微泛淡褐色，盖敦煌一种薄质硬黄纸经装裱见水时即呈此色。其字每逢下笔墨痕浓重处时有墨聚如黍粒，斜映窗光，犹有闪亮之色，更可知绝非钩描之迹矣。

---

① 今井凌雪：日本奈良人。工书。与中国文化界交游广泛。

札　读
记　《
　　红
　　楼
　　梦
　　》

　　　　《红楼梦》一书写了四百多个人物，写了一个封建大家庭十几年的生活史，中间有无数悲欢离合、矛盾冲突。它的形象鲜明，能使读者眼前呈现着荣、宁二府和大观园的巍峨景物，以及那些男男女女、老老少少的音容笑貌。书中也直接写出了许多生活制度、人物服饰、器物形状等。特别是对清代旗籍上层人物的家庭生活，更写得活灵活现。

　　　　但是如果仔细追寻，全书中所写的是什么年代、什么地方，以及具体的官职、服装、称呼，甚至足以表现清代特点的器物等，却没有一处正面写出。这不能不使我们惊诧作者艺术手法寓真实于虚构的特殊技巧。所以从程伟元 ①、高鹗 ② 所刻一百二十回本的插图以

①　程伟元：清代文学家。字小泉，江苏苏州人。工诗文，善书画。以幕僚、教书、书坊为生。自述花数年之功，搜罗《红楼梦》残稿遗篇，并邀友人高鹗共同修补，成一百二十回本《红楼梦》，于乾隆五十六年（1791 年）印行，后称"程甲本"，第二年修改后再度印行，后称"程乙本"。

②　高鹗：清代文学家。字兰墅，号研香，别署红楼外史，汉军镶黄旗人。乾隆进士，官至刑科给事中。工诗词散文，以续补《红楼梦》闻名。

来，若干以《红楼梦》人物故事为题材的图画、雕刻等艺术品，所描写的服装都不能确切一致，有些方面简直可以说无法画出，还有一些戏剧服装，也同样感到难以处理。

由于时代的变迁，以及对于清代旗籍人生活习惯的不熟悉，对于书中所写的生活事物，究竟哪些是真实，哪些是虚构，也不太容易分辨。从前有些人曾感觉到书中没有确切写出地点是南京还是北京，如果是北京，何以有妙玉栊（lóng）翠庵中那种大树红梅？如果是南京，却又分明常提从南京来、到金陵去之类的话。还有人觉察出书中从来没写出人物的脚，那些妇女究竟是缠足的还是不缠足的？其实作者不但没有正面写地方，也没有正面写年代；不但没有写脚，也没有写头。虽然有三次写到宝玉的辫子，但都非常具体地交代出是小孩辫发的特征，小孩的辫发，便不仅清代专有的了。诸如此类，真是不胜枚举。

后四十回出于续作，似乎已成定论，但也还有人怀疑其中可能有曹雪芹的某些残稿、资料或创作提纲，我也觉得还有这样探索的余地。并且还觉得前八十回中也不见得毫无后人修补甚至改动的笔墨。即使后四十回全出于后人续撰，其撰者也并不止高鹗一人，这不属于本篇所谈的范围，所以暂不详及。现在仅就这种有意回避的方面看，前八十回是相当严格的。后四十回就不免有露出马脚的地方。虽然如此，后四十回的撰者实已领会了曹雪芹在这方面的意图，所以在这方面绝大部分能和前八十回合拍。本篇既探索曹雪芹这种手法的精神，也一并举出后四十回里的例子。它的前后相一致处或露马脚处，也可以作为供研究前八十回修补和后四十回续撰问题的资料。

现在即从书中所写关于年代、地方、官职、服装、称呼及其他几点生活细节几个方面来举例说明。

一、年代与地方

古代许多小说，无论唐代传奇、宋元话本、明清长篇或短篇小说，常常首先交代故事出于某朝某代，某郡某县，甚至还要提出是作者亲历亲见亲闻，以资取信于人。当然，其中有许多可能是真实的和描写合理的，但也确实有些作品的故事内容、生活制度、人物形象与那些时间地点的特色并不吻合，徒然成了一套"例行公事"，不起什么作用。《红楼梦》一书却不然，它首先提出"年代无考""真事隐去"，但从书中的人物形象中却十足鲜明地表现了时代特征。作者在第一回写"太虚幻境"的石坊对联说：

假作真时真亦假，无为有处有还无。

这恐怕也是作者为自己这种寓真实于虚构的写作手法来发的一个声明吧！

先看书中所写的年代：

第一回假托僧道二人与顽石对答中提到：

只是朝代年纪，失落无考。

又说：

第一件，无朝代年纪可考。

[清]孙温绘《红楼梦》画册
"贾宝玉神游太虚境"（局部）
现藏旅顺博物馆

　　到了第七十八回《芙蓉诔（lěi）》中，因为文体的格式关系，不得不具备年月日，于是提出：

　　　　太平不易之元，蓉桂竞芳之月，无可奈何之日。

　　这一方面表现宝玉对晴雯悲念追悼的心情，又好似游戏文章用不着郑重写出年月的样子，其实仍然是巧妙地避开真实年代。

至于第七十八回贾政述说恒王的事迹时，只说：

> 当日曾有一位王爵，封曰恒王，出镇青州。

这恒王分明是明代的王爵，何以不说"明朝"，而只说当日呢？这只要看了下文便好明白。下文述说异代之后朝廷"褒奖"前代人物时说：

> 昨日因又奉恩旨，着察核前代以来应加褒奖而遗落未经奏请各项人等。

在明代之后，当然是清代。这里前边用"当时"，后边用"前代"，这两朝关系便无形地交代过去了。

至于地方，常是真假参半。有些著名地方，并不是清代特有的，常用真名。例如：

苏州城（第一回）、苏州（第五十七回）

湖州（第一回）

金陵（第二回）、南京（第七十五回）

京口（第六十九回）

大同府（第七十九回）

元墓（第一一二回）

还有明代特有的地方建置，清代已然改变了的，例如：

金陵应天府（第三回）、应天府（第三回）

还有根本即假的，例如：

　　　　大如州（第一回）

　　　　铁网山（第十三回，脂本作"潢海铁网山"）

　　　　孝慈县（第五十八回）

　　　　平安州（第六十六回）

　　　　太平县、李家店（第九十九回）

　　　　急流津（第一〇三回）

　　即书中那些地名真实的地方，其地理位置也非常含糊。

　　在佛教经典中，认为世界有四大部洲①，中国属于"南赡部洲"，所以道场中写给神像的疏表，必须写出是世界上哪一部洲、哪一国家，然后才写什么年月，这是那些疏表的特有格式，在第十三回秦可卿丧事的疏表中写道：

　　　　四大部洲至中之地，奉天永建太平之国。

　　仍然没有"大明"或"大清"等类具体的朝代字样。

　　还有书中屡次提到"京城"，但一律都用"长安"。例如：

　　　　长安城中（第六回）、长安县（第十五回）

　　　　长安都中（第五十六回）

　　　　长安（第七十九回）

　　此外，也有很多处提到"进京""来京"等话的地方，但翻遍了全书，从来没有一个"京"字上有"北"字的。因为单提一个"京"字便相当地笼统，如说"北京"，则标识了清代的首都。固然明代的首都也是北京，未尝不可以强辩，但作者始终把它躲开了。

----

① 四大部洲：又译作四天下。古印度神话中人类居住的世界，位于须弥山周围咸海中。包括东方胜身洲、西方牛货洲、南方赡部洲和北方俱卢洲。

[清]孙温绘《红楼梦》画册
「痴公子杜撰芙蓉诔」
现藏旅顺博物馆

二、官职

　　《红楼梦》一书中所有的官职名称，有历史上曾经有过的，也有完全信手虚构的。即以历史上曾经真有的官名来说，却常常不是同一朝代的，或者那个官职在古代并不管辖那种事务。也有清代的官名，但那些往往是清代沿用前代的官名，并非清代所特有的。例如：

　　　　兰台寺大夫（第二回）

　　　　钦差金陵省体仁院总裁（第二回）

　　　　九省统制（第四回）

　　　　龙禁尉（第十三回）

　　　　永兴节度使（第十三回）

　　　　六宫都太监（第十六回）

　　　　都尉（第二十六回）

　　　　京营节度使（第四十四回）

　　　　九省都检点（第五十三回）

　　　　粤海将军（第七十一回）

　　　　镇海总制（第一百回）

　　　　总理内庭都检点太监（第一〇一回）

　　　　云南节度使（第一〇一回）

　　　　太师、镇国公、苏州刺史（第一〇一回）

　　　　京兆府尹（第一〇三回）

　　　　枢密院（第一〇七回）

　　　　镇海统制（第一一四回）

　　这都是些信手拈来、半真半假或名称残缺不全的官名。读者也可能由某一官名联想到清代某一官名，以为作者有意影射，但那只是读者的事，作者并不负责。明清实有的，例如：

　　盐政（第二回）

　　额外主事（第二回）

　　员外郎（第二回）

　　国子祭酒（第四回）

　　通判（第三十五回）

　　太医院（第四十二回）

　　大司马（第五十三回，周官，历代借称）

　　礼部（第五十三回）

　　光禄寺（第五十三回）

　　太傅、翰林掌院事（第十三回）

　　都察院（第六十八回）

　　翰林、侍郎、员外（第七十八回）

　　指挥（第七十九回）

　　锦衣、刑部（第八十一回）

　　太医院御医（第八十三回）

　　巡抚（第八十五回）

　　工部郎中（第八十五回）

　　吏部尚书、兵部尚书（第九十二回）

　　内阁大学士（第九十五回）

　　江西粮道（第九十六回）

　　府尹（第一〇七回）

　　以上这些，有的是明代官名(例如锦衣)，其他大多是明清同有的，甚至是古代通有官名。

　　还有"营缮司郎中"（第八回），脂砚斋本作"营缮郎"，一百二十回本改成"营缮司郎中"，乍看好似一个清代内务府七司中的官名，但清代内务府只有"营造司"。明代工部却有"营缮清吏司""营缮提举司"。又"知贡举"（第一一九回）虽是清代也有的官名，但书中却说：

知贡举的将考中的卷子奏闻，皇上一一披阅。

清代知贡举只是古代监临官的职务，并不能直接奏呈皇帝，这里只是作为主管科场考试的官员来称呼的。

第一〇七回有"台站"一称，略着清代迹象，但已是后四十回中的话了。

其他像宫主、郡主、才人、赞善、太妃、少妃、皇亲、驸马、国君、太君、夫人等，也都在若即若离之间。只有一些"亲王""郡王"，确是清代封爵中头两等，但书中所写的那些"亲王""郡王"的封号，却又是无一真实，如"忠顺亲王""北静郡王"之类。在第十一回、第十四回等处，曾集中地写一批王、侯，但第十一回中只写郡王，第十四回中只写公侯，仍然看不出亲王在前、郡王在后的痕迹。又如"镇国公"确是清代曾有，但与太师、苏州刺史合并提出，便又落空了。

又如"侍卫"官，明清两代都有，但是"防护内廷紫禁道御前侍卫龙禁尉"便哪一朝也没有。作者似乎还嫌"御前侍卫"这一官名太真，所以在第十三回里两次写"侍卫"，第五十四回里一次写"侍卫"，但第十四回里旧抄本却作"侍值"（甲戌、庚辰、乾隆抄本一百二十回本），这不见得是偶误，按照以上规避真实官名的例子来看，恐怕"值"字却是原稿所有，"卫"字反是整理者所改的，也未可知。

还有王府属官，清代有王府长史，第三十三回中只提"忠顺府长府官"，仍然含混，而第一〇五回、第一〇六回却提出"王府长史"，这也仍在后四十回的范围内了。

三、服装

本书中人物的服装，有实写的，有虚写的。大体看来，是男子的多虚写，女子的多实写。女子中又是少女、少妇多实写，老年、长年妇女多虚写。女的官服礼服更多虚写，实写的只是些便服。宝玉虽是男的，但书中所写他的年龄，只不过是几岁到十来岁的小孩。凡能代表清代制度的官服，一律不见。

先看那些虚写的。第一回县令贾化是"乌帽猩袍"。第六回贾蓉是"美服华冠，轻裘宝带"。第五十三回"荣宁二祖遗像，皆是披莽腰玉"。第八十五回"北静王穿着礼服"。这些已然令人无法捉摸，写了等于没写。

还有提到官服时，写得更为似具体而实笼统。第十六回贾母等入朝时，是"都按品大妆起来"。第十八回贾母等迎接元妃时，也是"俱各按品大妆"。第四十二回王太医是"穿着六品服色"。第五十三回新年祭宗祠之先，"由贾母有诰封者，皆按品级着朝服"，进宫朝贺行礼。又同回写"元旦日五鼓，贾母等人按品上妆"进宫朝贺。第七十一回贾母寿辰，北静王等人来贾府祝贺，"贾母等皆是按品大妆迎接"。第六十三回还写"按礼换了凶服"。凡此种种的"按品大妆""按礼凶服"究竟是什么样子，作者一字未加描述。读者却也不难体会到是一片华美庄重的官服和各种特定制度的丧服。

实写的是一些少妇、姑娘、丫鬟、小孩。第三回写王熙凤的装束是：

> 头上戴着金丝八宝攒珠髻，绾着朝阳五凤挂珠钗，项上戴着赤金盘螭（chī）璎珞圈，身上穿缕金百蝶穿花大红云缎窄裉袄；外罩五彩刻丝石青银鼠褂，下着翡翠撒花洋绉裙。

第八回宝钗装束是：

> 头上挽着黑漆油光的鬏儿，密合色的棉袄；玫瑰紫二色金银线的坎肩儿，葱黄绫子棉裙。

第四十九回黛玉、李纨、宝钗、邢岫（xiù）烟在雪天里的服装是：

> 黛玉换上掐金挖云红香羊皮小靴，罩了一件大红羽绉面白狐狸皮的鹤氅，系一条青金闪绿双环四合如意绦，上罩了雪帽，二人一起踏雪行来，只见众姊妹都在那里，都是一色大红猩猩毡与羽毛缎斗篷，独李纨穿一件哆啰呢对襟褂子，薛宝钗穿一件莲青斗纹锦上添花洋线番羓（bā）丝的鹤氅。邢岫烟仍是家常旧衣，并没避雨之衣。

第五十一回写凤姐看袭人的装束是：

> 头上戴着几支金钗珠钏，倒也华丽。又看身上穿着桃红百花刻丝银鼠袄，葱绿盘金彩绣绵裙，外面穿着青缎灰鼠褂。

　　例子不必多举，这里边的服装大部分是具体的。因为清代初期的服装，有很多部分沿袭或局部改变明朝的形式，而妇女的便服中像大坎肩、外褂、衬裙等，都分明是明代习惯，这在清宫某些妃嫔、宫人的便装画像里还能看到，只是一样，绝对没有右掩大领和宽袖的。我们不难理解《红楼梦》里这些妇女服装的风气。同时这种装束，也常常只是少妇少女所用，书中贾母除了第五十回写"围了大斗篷，戴着灰鼠暖兜"之外，并没有正面描述过什么穿戴。不但贾母，即王夫人、邢夫人、李纨（前举第五十回所述，只是说明临时防寒防雪衣物）、尤氏等，也一律未曾有过关于装束的全面描写。即使凤姐等人装束那么具体，其中仍有迷离之处。例如清代妇女在"钿子"上插挂珠小凤钗，皇族命妇用九个，其他命妇用五个，号称"九凤朝阳"和"五凤朝阳"，这里略微一露，仍又含糊其词。

　　至于宝玉的服装，第三回写道：

　　　　头上戴着束发嵌宝紫金冠，齐眉勒着二龙戏珠金抹额，一件二色金百蝶穿花大红箭袖，束着五彩丝攒花结长穗宫绦，外罩石青起花八团倭缎排穗褂，蹬着青缎粉底小朝靴。

　　第四十五回又写道：

　　　　黛玉看他脱了蓑衣，里面只穿半旧红绫短袄，系着绿汗巾子，膝上露出绿绸洒花裤子，底下是掐金满绣的绵纱袜子，靸（sǎ）着蝴蝶落花鞋。

　　还有其他若干次写宝玉的装束，也是红红绿绿，绝不似成年男

〔清〕孙温绘《红楼梦》画册

「宁国府除夕祭宗祠」

现藏旅顺博物馆

子的服饰，何况还写他戴着"寄名锁""护身符"（第三回），"长命锁""记名符"（第八回），也更标识了是娇养的小孩。"紫金冠"又名"太子冠"，也是小孩游戏装束，所以后边第二十一回说"宝玉在家并不戴冠"，就是这个缘故。后世许多图画上、舞台上，宝玉必戴太子冠，似与书中所说不符，但也实在没有其他办法的。

　　还有发辫是清朝特有的装束，但小孩的发辫却不止清朝独有。本书中曾有三处写辫子。第三回写宝玉：

　　　　一回再来时，已换了冠带：头上周围一转的短发，都结成小辫，红丝结束，共攒至顶中胎发，总编一根大辫，黑亮如漆，从顶至梢，一串四颗大珠，用金八宝坠脚。

第二十一回湘云为宝玉梳头：

　　　　湘云只得扶过他的头来梳篦，原来宝玉在家并不戴冠，只将四围短发编成小辫，往顶心上归了总，下面又有金坠脚儿。

第六十三回写芳官：

　　　　只穿着一件玉色红青驼绒三色缎子拼的水田小夹袄，束着一条柳绿色汗巾，底下是水红洒花夹裤，也散裤腿，头上齐额编着一圈小辫，总归至顶，结一根粗辫，拖在脑后，……越显得面如满月犹白，眼似秋水还清。引得众人笑说：他两个倒像一对双生的兄弟。

宝玉的衣裤这段前边已经表过，宝玉的辫子，前些回已写过，这里所说，自然不仅是二人面貌相似，自然也包括装束的相似了。

按：清代辫发制度是小孩初生，先剃胎发，中间留一个小小的辫顶，日后头发逐渐长长了，又把小辫顶以外其余的头发梳成许多短的小辫，但这圈小辫之外，仍然剃去一圈。当四周小辫再长长了，归到一总，最后梳成大辫。这个过程，女孩和男孩一样，只是女孩在年龄渐长，发已长长后，便不再剃最外围的一圈，这叫作"留满头"，再大到成年待嫁时，便梳起发髻，不再梳辫了。

本书中只有这几处正面写出发辫，写得也似乎非常具体，但其中仍然藏头露尾，并不写全。首先说男孩宝玉有发辫，但又说女孩芳官和他一样。既写了发辫，又仅仅是小孩的发辫，成年男人的头发如何？却一字未提。又虽详写了小孩的发辫，而并未提四周的剃发。真所谓"故弄狡狯"了。书中果然没写剃发吗？却又写了，在第七十一回说：

> 未留发的小丫头。

所谓未留发绝不等于剃"光头"或剪"背头"，只是指未"留满头"而言的。因为这在从前口耳相传的语汇中，"留头""留发""留满头"，是人所共喻的。又有小男孩发未长长时，留一辫顶，欲称"杩（mà）子盖"，第六十一回柳家的对一小幺儿说"别叫我把你的杩子盖揪下来"，即指这种发型。

又第七十八回写宝玉：

> 靛青的头。

头发颜色是乌黑、黑亮，不是靛青，这里所说，正是指剃去的周围。但是这些描写并不在一处，而相离故意很远，读者可以总看全貌，而得"心照"，但作者是并不负实写之责。

本书中既把清代特有的服装回避得如此干净，但北静王这个人物又不能忽略不详写。所以作者便给他一身"戏装"。第十五回：

> 北静王世荣头上戴着净白簪缨银翅王帽，穿着江牙海水五爪龙白蟒袍，系着碧玉红鞓带。

这与第一回的"乌帽猩袍"正是同一手法。再次书中究竟写没写缠足呢？一百二十回本中只有一处透露了这件事，即第六十二回写香菱：

> 连小衣、膝裤、鞋面都要弄上泥水了。

按"小衣"即裤子，又称"中衣"。"膝裤"即缠足妇女在小胫上系的一种饰物，又称"裤腿"，这是缠足装束所特有的。脂本第六十九回曾写鸳鸯揭起尤二姐的裙子给贾母看；第七十回曾写晴雯的睡鞋；一百二十回本全部删去。即使不删，也并无妨，因为清代旗人妻女虽严禁缠足，但婢、妾是不在此限的。

又第三十三回写湘云看见袭人做鞋，以为是袭人自己的，经袭人说明，知是宝玉的。清代青少年男子穿花鞋原是常事，这里也透露了袭人并非缠足的。

四、称呼

《红楼梦》中的亲属称呼都很通俗，也是北方普通的习惯。例如：哥哥、兄弟、姐姐、妹妹、姨妈、舅舅、婶子、姥姥等。

只有对于直系尊亲属的称呼，始终含糊。例如：王熙凤、贾蓉等称贾母为"老祖宗"；贾政、贾琏、宝玉、黛玉、秦氏、贾兰等称贾母为"老太太"。尤氏称贾敬为"老爷"。王夫人、贾珍、李纨、贾琏、宝玉等称贾政为"老爷"。王熙凤、秦氏、探春、宝玉等称王夫人为"太太"；贾琏称邢夫人为"太太"；史湘云称她自己的母亲为"太太"。

还有贾母对宝玉说他父亲贾政、他母亲王夫人时，常说"你老子""你娘"，这是祖母对孙子称述他的父母的常事，但也竟自有说"你老爷""你太太"的时候。还有贾母令宝玉对王夫人说话时，教他说："你说：太太……"又贾代儒对宝玉称贾政时也说"你老爷"。

这种种地方，看来似乎平常，但仔细推敲，便容易发现它的不合情理。按：前代封建官僚家庭中的称呼是非常严格的。子女对父母或是称"爸爸""妈妈"，或是称"爹""娘"；对祖父母多是称"爷爷""奶奶"，总之都不许用"官称"，何以本书中却一律用"官称"呢？我曾怀疑这里边必定关涉清代制度、习惯的特点问题。

按：清代旗下人，包括汉军、内务府，称呼父母多用满语，即称父为"阿玛"，称母为"额涅"（用汉语时称"奶奶"），称祖父为"玛法"（用汉语时称"爷爷"），祖母为"妈妈"（用汉语时称"太太"），与汉人普通称呼不同（也有小孩偶然称父亲为"爸爸"的，也有妾生子女称其生母为"娘"、为"妈"以别于嫡母的）。在后期大致上对于小孩要求不严，对成年的晚辈，即不许违背习俗。

像《红楼梦》作者曹雪芹的家庭，是皇帝亲近的内务府人员。远祖虽是明臣，但降清编入旗籍，在辽东已有相当长的时间，随清入关，又几代做了内务府旗人特定的重要官职。他们家庭中的称呼，作者耳濡目染的，必定是旗人的习惯。书中所写的既是当时旗籍中上层人物的生活，称呼自然不能采用非旗人的习惯，但如果用旗人的习惯称呼，又必然露出清代的特点。他尽量采用"官称"，想必与此问题有密切的关系。这虽是出于揣度，但也只有这一种理由最为有力。

有人说这是否为大官僚家庭中对于主要的家长所施的尊称呢？我觉得这不太可能。因为清代大官僚家庭习惯既如上述，即使清初与后来偶有不同，但绝不会无故地混淆了行辈或等级。试看宋代皇子称他正在做着皇帝的父亲为"爹爹皇帝陛下"（见宋陈世崇①《随隐漫录》卷四），清代皇子称父皇为"汗阿玛"，可见皇帝虽号称为"至尊"，甚至如果他是继承了伯叔的皇位的，他的本生父对他也要称臣，似乎是只有"国"或"公"的关系、没有"家"或"私"的关系了，但他的儿子称他时，在"皇帝"之上还要加上"爹爹"，在"汗"之下仍要加上"阿玛"，难道大官僚家庭中便可以有"老爷"无"爸爸"了吗？

再说贾蓉称述他的外祖父母时说"我老爷、我老娘"（第六十四回），这正是北方普通的称呼，外祖母又称"姥姥"，即如书中刘姥姥也是因她的女婿和王家认同宗，她便被指着板儿称为"刘姥姥"。又奴仆对老一辈的男女主人称"老爷""太太"，这种"官

---

① 陈世崇：宋末诗人。字伯仁，号随隐，临川（今属江西）人。理宗时充东宫讲堂掌书兼两宫撰述。撰有笔记小说《随隐漫录》，多记载南宋诗话与故事。

称"在封建大官僚的家庭中，子女和其他晚辈如果一律称呼，便混淆了行辈和等级的关系，所以常有严格限制的。由于这样，所以我们不难看出作者在书中称呼方面，也用了前边所举的同样手法。

五、其他

清代旗下人，见面礼节，称为"请安"（大礼是叩头）。男子见面的礼节形式有两种：皇族对直系尊长是双膝跪下（又称"跪安"）；一般人则是单膝半跪[又称打千，即打跧（quán）]。但无论半跪全跪，原是古代都有的，所以书中屡次提到"半跪""打千儿"。

旗下妇女的见面礼节都是扶膝半蹲。行大礼时是跪下举右手扶发髻的右翅，俗称磕"达儿头"。《红楼梦》中写贾珍对凤姐作揖，写凤姐只说"还礼"，并未写如何还礼。其他地方也从没详写过贾家妇女行礼的形式。

清初诸王极其尊贵，大臣见他们也要行"长跪请安"的礼节，后来曾有明令废止。书中第十四回写贾珍和贾赦、贾政见北静王时"以国礼相见"，究竟"国礼"是什么？也不具体写出，这与"按品大妆"是一样的手法。

旗人习惯对在世的长辈行大礼时一跪三叩（皇族对直系尊辈两跪六叩，祀祖先时三跪九叩）。百日丧服之内的孝子对人是一跪一叩，而谢赏时也只一跪一叩。所以第七十五回宝玉给贾母谢赏"磕了一个头"。无论何时从不用四叩，而写当宝玉出家以后，在船外向贾政"拜了四拜"，这却是第一百二十回里的事。

又全书中绝不露满语词汇，只有后边写莺儿端了一盘给贾母上供之后撤下来的供品瓜果，说"这是老太太的克什"。按："克什"

［清］孙温绘《红楼梦》画册
「芦雪庵争联即景诗·暖香坞雅制春灯谜」
现藏旅顺博物馆

是满语"恩赐"的意思，也指"馂（jùn）余"，所以祭神、祭祖所撤下的供物，叫作"克什"，甚至皇帝撤赐的"御膳"也称"克什"。这在全书中几乎是唯一的孤例，也是在后边第一百十八回中出现的。

书中所写的许多事物使人迷离，例如又有大树梅花，又"笼地炕"（第四十九回），地方南北，使人莫辨，这是读者常常感到的。但不着痕迹的地方还有许多。例如，书中两次写贾母坐了"八人大轿"（第二十九回、第五十三回）。按清代民间嫁娶可用八人轿外，在京官员最大只许用四人轿，小则用二人小轿，外省官员可用八人轿。不但后期如此，即雍乾时期也是这样（可参看清福格①《听雨丛谈》）。那么贾母的坐八人大轿，又是在什么地方呢？

读者看到太虚幻境、十二钗册、秦氏之死、真假宝玉等地方，都极容易感到作者手法的迷离惝恍，其实作者这种手法，并不止于这些地方，而是随处俱有，屡见不鲜。当然，以上所谈的各部各条里，也不见得没有作者出于信手拈来的地方，不能条条字字都认为是有多大的"深文奥义"；但作者这种用心的倾向，在书中实是极其明显的。

作者为什么必须这样费尽苦心来寓真实于虚构呢？我初步推测可能有以下几方面原因：

第一，自古的统治者都不肯让人知道他们的真实生活，所以汉代孔光②口不言温室树，宫庭院中的树都不敢说出，那么皇帝的其他生活之保密可知。至于和皇帝最亲近的皇族贵爵们，某些生活也和

---

① 福格：清代官员。本姓冯，字申之，内务府汉军镶黄旗人。曾任知州。撰有风俗掌故笔记《听雨丛谈》，多记载满洲旗人风俗制度。

② 孔光：西汉大臣。字子夏，鲁国曲阜（今山东曲阜）人。官至丞相，封博山侯。为官谨慎，恪守法度。《汉书·孔光传》记载他回家从不提及朝政。有人问他皇宫温室殿中种的什么树，他顾左右而言他。

皇帝有共同之处，如果有人无意写出，也会引起误会，何况其中原本具有讽刺意味的呢？所以白居易的《长恨歌》分明是写唐明皇，但开头必须写"汉皇重色思倾国"，道理是一样的。

第二，作者生活在清代康熙后期到乾隆初期，这时正是清朝政权盛衰的关键阶段。历史告诉我们，封建统治者们愈到衰弱的时期，忌讳愈多。官僚贵族的生活，完全写出，已经要遭忌，何况本书又有若干揭露、批判和谴责，那么必然是会招致祸患的。在当时所谓"文网严峻"的时期，作者何至于要自投罗网呢？

第三，作者既以他自己的家族、亲戚的生活为主要模型来创作这部小说，作者在狠狠地揭露、批判和谴责的背后，实在还有一定程度的惋惜和"恨铁不成钢"的心情。甚至作者似乎有意站在荣府一边，提出"祸首"是宁府，而处处加重谴责他们。因此在"吐之为快"的同时，又不愿十分露出模型中的真人真事。

第四，在封建社会里，撰写通俗的小说、戏曲已然被认为是有悖礼教，至少是"难登大雅之堂"的事，再说小说、戏曲如果涉及妇女生活，更要被骂为"议人闺阃（kǔn）""应下拔舌地狱"，何况又是以自己家人亲戚作模型呢？

作者在这种种的封建压力之下，所以不得不屡次声明是"假语村言"（第一回），又郑重提出"将真事隐去"（第一回），都是这个原因。现在所举各例，正是作者"隐去""真事"中最巧妙不易察觉的地方，探索出来，对于曹雪芹艺术手法的研究上，或者可以增加一些资料吧！

我们常说要读古代书籍，可是这些书都是当时那个时代的人写的，你要是不了解那时人的思想、角度、论点，光拿书来研究，就不透彻。

辑四

古代学术思想概论

　　我所说的古代，包括很早的先秦两汉，一直到比较晚近的清朝。至于"学术"的问题，我不是通盘地从头到尾讲学术发展的历史，只对其中的某些问题谈一谈我自己的看法。这只是一个提纲，或者说是一段一段的素材，要把它拼起来成为系统的篇或书，恐怕还不够。所谓"私议"，就是纯属我个人的想法和议论，也可能是错误的，这里也涉及一些对老前辈已经发表过的观点的看法，我只是一个后学，想到哪说到哪，他们都已经故去了，我现在只有在心里向他们的在天之灵请教。

先秦学术

一、关于古代的原始文化

这是必须要说的一个问题。

早期的人类社会是一个一个小部落、小部族，用从前的文言话来说，叫作初民，用现在的话说，就是原始社会，也就是社会初期的民族小部落。今天许多边远偏僻地方的人的生活习惯中，还保存了许多原始的形态，就像摩尔根①《古代社会》里所说的那样。我在辅仁教书的初期，许多老前辈拿这本书传观，我也看过。他就是拿某一个现存民族或地区的生活形态、生活习惯，来推论古代原始社会是什么样子。后来，我又看了一个录像片，是关于西南一个少数民族——拉祜（hù）族的生活，这很有意思。经过互相印证，可以证明拉祜族的生活状态也正是原始社会的情况。拉祜族穿衣服是把大芭蕉叶割下一块，用绳子系在胸前肚子以下，像一片裙子盖在前面。这就是古代的那个袚，也就是《诗经》里"朱芾斯皇"的那个"芾"。

---

① 摩尔根，即路易斯·亨利·摩尔根，美国人类学家、民族学家，是民族学中进化学派的主要代表人物。

他们的生活习惯是从一个地方搬到另一个地方，身上背着一个背篓，背篓里放一个木牌，不知道木牌上写没写东西，总之这木牌就是他们的祖先。到一个地方，就把木牌拿出来供起来，然后拿出兽骨往地上掷，这就是占卜，还有的吹些小管子，或用树叶卷起来吹，这就是他们的比较原始形态的文化。这就是"礼"，这就是"乐"。原始民族的两大事情，一是祭祀，二是占卜。它们是最要紧的文化的起始。后来就发现占卜有完整的一套说法和做法，可以成为书、成为哲学、成为经书。祭祀也变得越来越复杂。其实，古代的祭祀就是杀动物，用它们的血来祭祖先。后来发展到杀人，部落战争时就杀敌方的俘虏。这在商朝已经有很多的痕迹，春秋战国时期国君死了，如齐国临淄的一个诸侯死了，就有多匹马被杀，临淄出土的马坑，仅仅一面坑就有四十多副马骨。当时的人就信鬼，相信死人在地下还有种种生活。到秦始皇的陵墓，就有更多的秦俑，有车马、人和兵，秦始皇的坟墓没打开——打开了不好保存。《史记》记载说，秦始皇杀了许多工人，修陵墓的人都关在里面全被杀死了。可见初期的部落社会形态之野蛮，以致被称为野蛮的社会。这不是侮辱我们的祖先，而实在是因为当时文化水平太低，必然会出现那些事情。

所以说，初民时代的文化主要有两条，一条是祭祀；另一条是占卜。特别是占卜，具有更重要的地位。由于它们，就生出来了许许多多的越来越复杂的东西。到后来，文化水平提高了，政治水平也提高了，帝王诸侯凡是统治人民的时候，都有种种不同的办法、手段，这样，文化就产生许多的说法、许多的类型。我觉得原始的这种巫术文化，就是初民的文化，也就是文化原始的胚胎。到后来就分了两栖：一方面帝王总想来管理统治人民，或想让他所属的人民怎样生活，怎样做事，让大家怎样成为国家的志士。帝王用一种办法或从某一角度来管理全国人民，这就是他治国的主张。另一方面帝王自己却另信一套。比如秦始皇也用儒术，也有博士，可是他却信巫术，去求神仙，一直跑到现在的山东半岛尖端的荣城，回来的路上死在了沙丘。他去干什么？就是去求神仙。汉武帝也是历史上被认为是有雄才大略的皇帝，可他也信神仙，他把儒术定于一尊，完全用儒家的说法治理全国，治理人民，拿所谓孔子的书来教育人民，历史上称为"罢黜百家，独尊儒术"。可是他自己信的却是求神仙那一套，他整天封这个山，求那个仙，最后搞得他自己也怕极了，闹出了巫蛊之祸，其实他自己就是已经陷入了巫术之中。他的儿子戾太子用巫蛊来诅咒他，他就不惜全力地镇压巫蛊。他所搞的求仙、封禅这一套，也是巫术那个大系统里的组成部分。我们如果不了解古代帝王和巫术的关系以及他们采用哪一家的说法做教科书教育人民的情况，就没法把古代学术思想文化历史弄清楚。

二、关于秦始皇"焚书坑儒"

"焚书坑儒"大家都知道，但为什么坑儒？就因为儒家已经变质了，儒家吸收了五行的说法，形成了晚期儒家的某些理论。秦始皇让人去种瓜，先把地弄热了，瓜长得很快，就叫儒生即所谓穿儒家衣服的人来讨论这是怎么回事。这些儒生各有各的一套说法，他们辩说了一通之后，秦始皇认为全是胡说，就把这些儒生活埋了。[1]

---

[1] 整理者按：孔颖达《尚书疏》引卫宏《古文奇字序》云："秦改古文以为篆隶，国人多诽谤。秦患天下不从而召诸生，至者皆拜为郎，凡七百人。又密令冬月种瓜于骊山硎（xíng）谷之中温处，瓜实，乃使人上书曰'瓜冬有实'。有诏天下博士诸生说之，人人各异，则皆使往视之，而为伏机，诸生方相论难，因发机从上填之以土，皆终命也。"此说亦见于李贽《雅笑》卷三"坑儒"条。

[唐] 王维《伏生授经图》
现藏日本大阪市立美术馆

秦始皇用方士，这些方士说得跟他想的不一样，可能这些方士里也有流派，互相有争论，于是，他就把他们给杀了。秦始皇乱杀了一阵，结果把他自己也弄得无所适从。最后只剩下一个博士，就是伏生 ①。伏生把《尚书》藏在墙的夹壁中，他没被坑，书也就没被烧。到了汉朝他都已经很老了，就把《尚书》传授给几个人，这就是现在的今文尚书即《书经》。可见秦始皇虽焚书坑儒，却留下一条线，留了一个伏生和一本《尚书》，之后就成为汉朝所用的"教科书"。汉景帝时才把它拿出来，把它当作经典来说。儒家为什么招来秦始

---

① 伏生：又称伏胜，字子贱，济南（郡治在今山东章丘西）人。曾任秦博士，始皇焚书时，他把《尚书》藏于墙壁中。汉初，于齐鲁间传授今文《尚书》，西汉《尚书》学者都出其门下。

皇的残酷坑杀呢？就是因为它已经变质了，它把五行的说法掺和到了里头。本来各家后学都想吸收点新的说法来丰富他的流派，所以儒家的末流从孔子以后到秦始皇时期，就已经变质了。《荀子》里就有多处对儒家末流进行了挖苦批判。所以，这也是我讨论的一个关于古代学术的小题目。

三、关于诸子百家

所谓诸子百家，就是道家老子这一系统以及儒、墨、法、纵横、杂家等。这里面，我认为杂家其实不成为家，因为它完全是杂凑的。

先说老子。顾颉刚先生说老子晚于孔子，老子生活在战国时期。他的根据是什么？他的根据是《汉书·艺文志》里记载有几篇或几本书是讲老子学说的。大家知道《艺文志》是根据《七略》来的，顾颉刚先生说这都是六国的写本，至多是战国后期的本子。顾先生认为，道家故意抬高自己，于是说孔子问礼于老子，把他架在孔子之上。顾颉刚先生的这个结论其实也不准确，《艺文志》里所记载的那些书虽然是六国时期的写本，但并不等于它们的作者就是六国时的人。近些年在湖南郭店出土的许多竹简有原始写本的《老子》，文辞很简单。这批竹简经考古学家测定，又拿它与同时出土的许多文物来比较，发现它的风格是东周时期的。既然是东周时期的写本，那么，可见著的时候肯定早于写的时间，也就是说，老子不是战国晚期的人。这是从最新出土的材料看。再从老子的理论思想来看，老子看到原始社会有了分配的制度，从而生出许多争夺，所以就主张"掊（pǒu）斗折衡，而民不争，绝圣弃智，民复孝慈""大道废，有仁义，智慧出，有大伪。六亲不和，有孝慈，国家昏乱，有

[明] 文征明《老子像·太上老君常说清静经》
现藏天津市艺术博物馆

忠臣""失道而后德，失德而后仁，失仁而后义，失义而后礼。礼者，忠信之薄而乱之首。前识者，道之华而愚之始"。所谓"前识"，就是事前知道、事先明白，即占卜，老子连占卜都否定，可见他的这种思想是原始社会成熟之后，到了它的后期因为起了许多争端之后才出现的，老子提出这种想法，就是希望社会恢复到最原始的状态。这是老子思想的出发点。这就可以看出老子不是很晚的。从老子再发展一步，到了庄子，他说"圣人不死，大盗不止"。什么叫圣人？就是各地的诸侯，就是各国的国君，这些国君都自居为圣人，自认为很了不起。庄子说这些国君不死，真正的大贼就不完。庄子就比老子说得更厉害些，他认为各国诸侯就是最大的贼盗，更别说天子了，这就把老子的思想更发展了一步，完全虚无主义、无政府主义等，今天什么帽子都可以给他扣上。实质上他就是对于原始社会分化之后发生的流弊、发生的争夺、发生的不公平的事情、发生的强者欺负弱者等这类情形，产生了许许多多的想法，这是当时思想的一种。

[东汉] 武氏祠画像石《孔子见老子》（拓本）
现藏武氏墓群石刻博物馆

老子这派学说的影响实在是很大。

《史记》为什么要将老子、韩非同传，为什么把老子和韩非搁一块儿讲？这确实是一个问题，因为韩非是法家，主张严刑峻法，韩非自己很喜欢老子的说法，他很喜欢读老子的书，这在韩非的传里有记载。为什么一个极端有法制的人却喜欢极端没有法制的人的学说？这正是因为各走极端，老子反对的礼乐制度是不彻底的制度，那么韩非就发展得非常彻底，他的思想跟老子是殊途同归的：老子是想用原始形态来达到没有争夺、没有不公平的目的，而韩非、申不害他们则认为，用一个绝对的法制也可以达到令行禁止，使社会恢复正常。韩非觉得如果直接用老子的说法，这个社会又要复杂一段。

老子是往回想，希望能够回到原始社会初民阶段那种没有争夺的情况。但是，到了韩非时代，到了申韩①法家时代，老子的想法是空想了，没用了，于是他们就想出一个办法，索性彻底用法制来解决，以达到社会完全稳定、无争夺。老子、韩非是殊途同归。老子是往回，韩非是往前，他们两个一个是往回想，一个是往前想，这两个办法，韩非的失败了，老子的实现不了，所以老子与韩非同传，司马迁是很有眼光的。

老子这一派学说后来影响非常大，比如到了汉末，张角②等假借五斗米道③的号召发动黄巾起义，东汉政权差点儿被他们推翻。黄巾打的旗号就是《老子》。他们把《老子》重新改造一下，用《太平经》等来号召老百姓起来造反。《老子》的影响之大，在地域上从北方一直到了南方。北方是张角的五斗米道，南方海滨则有天师道，天师道也是老子的说法，为什么造反的人都借用老子的思想？因为老子提倡原始的没有争夺、没有剥削，老百姓都希望共同过一个和平安定、没有争夺的生活，于是拿老子的思想来号召老百姓，老百姓最容易接受。在汉末魏这个时候许多人就是靠五斗米道起来的，曹操则是靠镇压黄巾军起来的。这就是帝王用的人和民间五斗米道来斗争，当然民间的力量终究敌不过国家的军队力量，所以被镇压下去了。到了东晋，海滨有天师道，这就更厉害了，连宰相谢安都自称道民，说"大道降临"。天师道的神叫"大道"，大道能

---

① 申韩：战国时申不害和韩非的并称。后世以"申韩"代表法家。

② 张角：东汉末年黄巾起义首领。巨鹿（今河北平乡西南）人。创立太平道，自称"大贤良师"。灵帝中平元年（184年）率众起义，不久病死。

③ 五斗米道：早期道教派别之一。相传东汉顺帝时，由张陵在四川鹤鸣山（在今四川大邑境内）创立。以《老子》为主要经典，因入道者须交五斗米而得名。因徒众尊张陵为天师，又称"天师道"。南北朝时分化为南、北天师道，元代时合并演变为正一道。

降临，也就是那个神能降临。不知道他用什么方法，是用人来跳神，还是用符节？用什么方法不知道，他就说大道降临。谢安自称道民，什么道？其实还是五斗米道那一套。王羲之大家都知道，他是"蝉联美胄，萧散名贤"，大家对他恭维得不得了，不仅字写得很好，人也是风格最高。可是他就是道民，他的儿子就叫献之、操之①、徽之②，用"之"起名字，这是天师道的制度。他有个孙女得了病，很危险了，他就写了一个向大道、向神仙的自首，说自己不好好修善，使家里的孩子病危，自首坦白，向神祷告，这篇文还存在。这就说明东晋的上层官僚包括宰相都相信天师道，不但信天师道，自己还加入天师道，不但加入天师道，还向天师大道、神仙祷告，家里人有病就去祷告。这种现象就说明他们其实仍然是打着老子的旗号，究竟他们与老子有什么相干，我们现在无从知道，但从形式上还是很相信老子那一套的。现在发现敦煌出土的很可靠的一个古写本，至少是西晋时的抄本，叫《老子想尔注》，这是敦煌发现的残卷，就是五斗米道对《老子》的重新解释。这就是老子学说理论的影响，使得民间人都拿他来当旗号，用现在的词说，就是人有一种想法，要起来革命，就打着老子的旗号，来实现他的一种理想或者是希望。

说到这里，就要问，魏晋清谈或者魏晋玄学为什么能够起来？我个人怀疑，因为民间五斗米道打着老子的旗号，那些文人士大夫们研究学习老子的理论，应该比民间那些信五斗米道的人要容易得多，所以就搞起玄学的研究。他们讲什么《老子》《庄子》等，甚

即《官奴帖》（《玉润帖》），全文如下：
官奴小女玉润，病来十余日，了不令民知。昨来忽发痼，至今转笃，又苦头痛，痛以溃，尚不足忧。痼病少有差者，忧之燋心，良不可言。顷者，艰疾，未之有良由。民为家长，不能克己勤修，训化上下，多犯科诫，以至于此。民唯归诚待罪而已，此非复常言常辞。想官奴辞以，不复多白。上负道德，下愧先生，夫复何言。

---

① 操之，即王操之。王羲之第六子，字子重，工草隶。官至豫章太守。

② 徽之，即王徽之。王羲之第五子，字子猷，工行草，以韵胜。官至黄门侍郎。生性卓荦不羁，有"雪夜访戴"故事。

至把《周易》也给讲了。最厉害的中心人物是王弼①。汉朝讲《周易》，讲卦象，讲占卜，讲吉凶，讲灾异，比如京房②就是这一套。王弼扫除卦象，专讲卦理，把它当哲学讲。《老子》的河上公③注解，分明是方士的那一套注解。王弼注，现在还有传下来的本子。我们小时候用的就是浙江书局刻的《二十二子》④的本子，这个本子的《老子》注不是河上公的注，是王弼的注。现在在长沙马王堆出土了《老子》甲本、乙本，北京大学的高明先生编的一本书《帛书老子校注》，就证明王弼的本子跟马王堆的本子最接近，马王堆的本子缺几个字，用王弼的注本正好可以补上。可见王弼用的那个本子，在西汉初年就已经是这个样子了，王弼在魏晋之间所得到的《老子》，就是汉朝初年流传的本子，但跟现在郭店出土的本子不一样。王弼为什么用《老子》兴起了盛极一时的玄学热潮？我觉得或者受五斗米道的刺激，或者受五斗米道的启发，或者跟五斗米道比赛：你有你的研究，我也有我的研究。情况就是这样的。所以魏晋清谈也与南方的天师道有密切的关系。

儒家思想又是怎么起来的？儒家思想是以人为本，人本主义，它最反对暴力，讲仁，仁义的仁。古代写"人"字，是捺上加两撇，立起来看就是立人旁加两横，所以"仁"也就是"人本"的"人"，"人

---

① 王弼：三国魏经学家、哲学家，魏晋玄学代表人物之一。字辅嗣，山阳（今河南焦作）人。曾任尚书郎。与何晏、夏侯玄等同倡玄学清谈。著有《老子注》《周易注》等。

② 京房：西汉学者，今文易学"京氏学"的开创者。本姓李，推律自定为京氏，顿丘（今河南清丰西南）人。汉元帝时任魏郡太守，以阴阳灾异干预时政。西汉另有同姓名者，亦治《易》，受学于杨何。

③ 河上公：传说中的西汉道家。姓名、生地不详。《史记》中称其为河上丈人。

④ 《二十二子》：指二十二部诸子书，包括《老子》《庄子》《管子》《列子》《墨子》《荀子》《尸子》《孙子》《孔子集语》《晏子春秋》《吕氏春秋》《贾谊新书》《春秋繁露》《扬子法言》《文子缵义》《黄帝内经》《竹书纪年统笺》《商君书》《韩非子》《淮南子》《文中子中说》《山海经》。

[西汉] 马王堆帛书《老子》乙本
现藏湖南博物院

道"的"人"。孔子说"始作俑者，其无后乎"，意思是拿人来殉葬，他大概不会有后代的。"禘（dì）自既灌而往者，吾不欲观之矣"（《论语·八佾》），什么叫禘，什么叫灌？祭祀时杀猪、杀牛、杀羊叫禘、灌。我是满族人，我的曾祖祭祀，我参加过，东北少数民族祭祀用萨满，萨满就是跳神的。祭天用猪，把烧酒点着了灌到猪耳朵里叫灌，这时猪就叫，杀猪人用长刀刺杀到猪的心脏，猪就死了，这叫献生、祭神，大伙叩头，然后再烧水煺毛，再供上，叫献熟。这是很原始的祭祀方式，祭祀时杀动物叫禘，禘就是杀，杀一个牲，就是杀一头牛、猪、羊等，加个示补旁，表示祭祀；灌就是拿热酒灌，这是我的理解。孔子说"禘自既灌而往者，吾不欲观之矣"，就是不愿看到宰杀的场面，所以后来孟子才发挥为"是以君子远庖厨也"，孔子是人道主义、人本主义。孔子为什么要讲这个东西？因为孔子看见纣是杀人，是虐民的，武王起来把纣杀了，就是武成。所以孟子就辩驳说"以至仁伐至不仁，而何其血之流杵也"（《孟子·尽心下》），他没想到武王伐纣会杀那么多人，伯夷就说"以暴易暴兮，不知其非也"，用暴虐换暴虐，即使是武王，我们也不知他对不对。孔子对伯夷、叔齐推尊得很厉害，但伯夷、叔齐对武王、纣王各打五十大板，说他们全不行。儒家的思想就是不虐民，让大家好好地过日子，孔子就是这种思想，儒家的思想就是这种来源。这是我的认识、我的看法。孔子为什么是儒家思想的最基本构成？他是受到两股暴力之间的斗争结果最倒霉的是老百姓这种现象的启发，所以孔子说拿泥人埋在坟里是"始作俑者，其无后乎"，他连用泥人殉葬都反对，认为对这个人最大的惩罚是让他无后。为什么有后无后起那么大的作用，后来变成"不孝有三，无后为大"？其实，那与孝和不孝没关系，而是因为人都愿意长生，真正的长生做不到，就拿儿子做生命的接替，后来这个思想就变成了"家天下"，父亲死了儿子接，下一代都代表自己生命的下一时期，所以孔子用"无后"两个字来作最大的批评。谁要开始用俑人埋在坟里，就让他无后，让他断绝下一段的生命。孔子的这个批判相当厉害。

到了孟子，孟子仍然是孔子一派的儒家思想，梁惠王①曾经问他：谁能统一天下？孟子回答说"不嗜杀人者能一之"，又问，谁能帮助不喜欢杀人的人？孟子回答说："天下之民，皆引领而望之。"（《孟子·梁惠王上》）只要你不喜好杀人，天下所有的人都会来帮助你。孟子唯一的中心思想就是不杀人，要想统一天下，就是不杀人。这就是儒家贯穿始终的一个重要思想。

---

① 梁惠王，即魏惠王，战国时魏国国君。在位时开凿鸿沟，训练武卒，自立为王，迁都大梁（今河南开封），从此魏亦称梁。后被齐军大败于马陵，国势渐衰。

　　说了道家和儒家，还有法家。历史上的法家很少有成功的，只有一个管仲占了便宜，他辅佐齐桓公，居然把齐国给治理好了。"九合诸侯，一匡天下"，以一个偏安国家九合诸侯、一匡天下，这个管仲算是法家最露脸的。但是他的法只是在齐国一个地方施行。申不害、商鞅他们想扩大就失败了。法家得势的只有管仲，管仲死了，齐桓公就完了。齐桓公最后让佞臣给关起来，自己上吊死了，尸体都发臭了，虫子爬出来了，也没人知道，为什么？就是齐桓公用管仲，但管仲叫他不要用易牙①、竖刁②（中华书局版"二十四史"作"刀"）、开方那些人，他没听，管仲死了，他也完了。这就是法家的情况。

　　纵横家是说了这个说那个，哪国用我，我就到哪里去施展我的说法，他对甲方说乙方不好，对乙方又说甲方不怎么样，没什么标准，是走哪说哪。纵横家在历史上更没什么，就一个苏秦成功了，但最后也完了。他还有办法把刺杀他的人逮住了，他的聪明才智是很突出的，但是他没取得大成功。

　　墨家在诸子几家中是除老子之外最早的，墨家信鬼，主张兼爱和节俭。兼爱也是由于看到相互争夺、杀戮太多。尚俭是由于看到大家都奢侈，尚俭就可以和平，就没有争夺。兼爱也可以不争。凡是信鬼的学说都比较早。墨家可能是商朝的那一支传下来的，墨子是宋国人。墨家是一个比较原始的学派，思想比较绝对。孔子是折中于兼爱，不那么绝对，他既讲节俭爱人，又适当地讲礼乐。

---

① 易牙：又称狄牙。春秋时齐桓公的近臣。名巫，官为雍人（主烹制），故又称雍巫。

② 竖刁：又作竖刀、竖貂。春秋时齐桓公近臣。自宫为宦，官为寺人（掌宫内侍卫等）。

四、专讲儒

儒就是孔子所代表的儒，儒字怎么讲？胡适有一篇文章叫《说儒》，他说儒是一种职业，就像南方有一种在家的道士叫斋公。人死了，他给人唱一唱、念一念，把死人的衣服拿到土地庙去，叫"报庙"，北方也有，说灵魂到那里去。这些斋公是在家人，但是他可以祷告，和鬼神相通。胡适就用这种说法讲儒是干什么的，他认为儒就是给人送葬，吹吹打打。这种说法太简单了。事实上我觉得"儒"这个字就是"奴"，是一种文化奴隶。我是这么认为的。按古音说，"ri"都变为"ni"，娘母字、日母字都归为泥母字。儒是日母字，变为泥母，就是"奴"，我觉得就是文化奴隶，也就是孔子所说的"女为君子儒，毋为小人儒"，你要做奴，要做君子的奴，不要做小人的奴。这是我的谬论，我就这么看。我现在是摊开了来求教的。这是说孔子。

孔子所说的正牌的儒是什么？儒就是史，就是巫祝的分支。巫祝是掌握原始文化的人，他们的书面文化水平怎样，我们不知道。但史却肯定就是书面文化比较高的人，像司马谈、司马迁那样。后来汉武帝要杀司马迁却又不杀，而是把他宫①了，让他残缺不全，这其实是极大的侮辱，司马迁给任安②的信中说，皇帝对他"倡优蓄之，流俗之所轻也"，说明皇帝是看不起儒的。儒在民间也有，一个地主家里都要请一个先生，让他教孩子念书，给东家写账、写契约，

---

① 宫：亦称"腐""椓"。中国古代割掉男子生殖器、闭塞妇女生殖器（一说将妇女禁闭于宫中）的刑罚。早期五刑之一。商周时期开始采用，隋代废除。

② 任安：字少卿，荥阳（今属河南）人，巫蛊之祸时任北军使者，因按兵不动被判腰斩。临刑前，司马迁给他写信，即《报任安书》。

这都是先生的责任。我小时候听说过一个口头语，说地主家是"天棚、鱼缸、石榴树，老师、肥狗、胖丫头"。这是说农村地主的排场。他家里上有天棚，下面有鱼缸，还有石榴树点缀。我小时候只听说"天棚、鱼缸、石榴树，肥狗、胖丫头"，后来才听说是"老师、肥狗、胖丫头"，因为我的曾祖父、祖父都是教书的、做老师的，后来做官也是做学政，所以在我们家里是绝对不许说"老师、肥狗、胖丫头"的。这样来比说明了什么呢？就是说那个"儒"就是民间地主的那个"史"。国家的"史"是"太史"，诸侯衙门的"史"是"令史"，一般人家里的"史"，就是被使唤的人。儒就是这样的人。司马迁由于有他的父亲司马谈世传，他占卜、祭祀、赞礼都得会，孔子没有世传，所以许多东西他不会，他是个人学完后自己招学生，讲的是他的思想，他没有做过史，不知道朝廷的礼节和历史，所以《论语·八佾》讲"子入太庙，每事问"，别人就说："孰谓邹人之子知礼乎？""子闻之曰：'是礼也。'"这话不是强辩吗？既然说"每事问"，怎么还"是礼也"？就是说孔子是外行，他不懂，所以才遇到各种事就问，问了之后他才不出错，不出错才合礼，这才真正的合礼。孔子讲的每一句话都是有原因的，所以孔子教这些私塾的弟子是讲他自己知道的东西。孔子没有一套说礼应该怎样怎样的理论，没有。"禘自既灌而往者，吾不欲观之矣"，那是真正的祭祀大礼，孔子"吾不欲观之矣"。为什么？他认为宰杀牲口很残忍，他不愿意看。《论语》还说孔子"微服而过宋"，"微服"即密服，就是私人的衣服，孔子没有官职，没有官服，当然只能穿着自己的私服到宋国去。孔子就是这么一个人。司马迁是家传的巫祝，他"究天人之际，通古今之变，成一家之言"，可以祷告，可以知天象，还掌管流水账，记载哪年哪月发生了什么事情。他为什么会编《史记》？他有现成的材料，可以"通古今之变，成一家之言"，这一家不是现在的成名成家的家，而是父亲传儿子，真正的一家。汉朝的"家法"就是这个东西，博士也是一个人传一个徒弟。甚至民间的艺人，他的徒弟就得跟师傅姓，师傅姓王，徒弟也得跟着姓王，这是一种很普遍的现象。清朝刑部还曾经有一个规定，凡是要做刑部的师爷，就得先入绍兴籍。因为绍兴地区熟悉刑名的人比较多，比如清代写《佐治药言》的著名师爷、法学家汪辉祖就是绍兴萧山人。这也是要体现家法。孔子跟司马迁不一样，所以司马迁要强调这三句话"究天人之际，通古今之变，成一家之言"，就不仅是他的说辞，而是他的职务所规定的。"倡优蓄之"，如果不是"倡优蓄之"，汉武帝怎么还可以把他弄残废了，把他宫了，却不杀他，还用他。这当然也是莫大的侮辱。

《论语》是儒家学派的经典，《论语》里最有意思的一个事情——《学而篇》说："子曰：'学而时习之，不亦说乎？有朋自远方来，不亦乐乎？人不知而不愠，不亦君子乎？'"这是私塾开学典礼时，孔子说的三句话。为什么这么说呢？"学而时习之"理解起来没有什么问题，"有朋自远方来"，他招来各地的学生，不光是当村的人，还有远方来的人，"人不知而不愠，不亦君子乎"，相互之间别打架，他是远方来的，不认识，这不奇怪。下面就是"有子曰：'其为人也孝弟，而好犯上者，鲜矣；不好犯上而好作乱者，未之有也。'"有若在《论语》里总共出现过四次 [1]。但这一处是最为关键的，因为孔子讲孝是"入则孝，出则弟，出则事公卿，入则事父兄"。把孔子《论语》二十篇查遍了，没有一处是孔子把"孝弟"合着讲的。孝悌连用，

---

① 整理者按，另三处分别是《学而篇》的"有子曰：'礼之用，和为贵，先王之道，斯为美。小大由之，有所不行，知和而和，不以礼节之，亦不可行也。'""有子曰：'信近于义，言可复也，恭近于礼，远耻辱也，因不失其亲，亦可宗也。'"《颜渊篇》的"哀公问于有若曰：'年饥，用不足，如之何？'有若对曰：'盍彻乎？'……"

这是有若的首创。然后又说，"其为人也孝弟，而好犯上者，鲜矣"。意思是人要不犯上、不好犯上，而好作乱者，"未之有也"。历史上一个个大的皇帝、小的诸侯，没有一个愿意有人犯上，更不愿意有人作乱，这两句话最适合帝王诸侯的需要，这个有若可以说是儒家的功臣。因为这么一讲，大家都会认为儒家是最好的了。其实呢，孔子对作乱的态度并不是这样的，这太有意思了。在《论语·阳货》里，孔子有两次讲到作乱，一次是"公山弗扰以费畔①"，孔子要去，子路给拦了，另一次是"佛肸以中牟畔"，"佛肸召，子欲往"。大臣作乱，孔子也去，子路说你怎么跟叛乱分子一块儿去？孔子曰："不曰坚乎，磨而不磷，不曰白乎，涅而不缁。"——我又坚硬又白，我到哪去，他也染不上我，他不会把我怎么样，我要去教育他，说服他。公山弗扰把季桓子扣起来了，季桓子是鲁国当政的一个权臣，"孔子谓季氏，八佾舞于庭，是可忍也，孰不可忍也"（《八佾》）。孔子对季氏很反感，这个公山弗扰把季氏扣起来，叫孔子去，孔子为什么不去呢？可见对于作乱，孔子并不反对，主要是看怎么作乱。对于犯上的问题，《论语·宪问》说："子路问事君，子曰：'勿欺也而犯之。'"——你不要欺骗他，但是可以顶他，他说错了，你就直接顶他，这分明是教子路犯上。如果说人要孝悌就不犯上了，那么孔子就是最不孝悌的，可见，说有了孝悌就不会犯上，全是有若加上的。孔子死后，有人想把有若抬出来做孔子的接班人，《孟子·滕文公上》曰："昔者孔子没……子夏、子张、子游以为有若似圣人，欲以所事孔子事之。强曾子，曾子曰不可……"曾子等人不愿意，有若没法子，做不成第二个孔子了。为什么？大概有若本来

---

① 公山弗扰，即公山不狃。见前注。他跟随阳货反叛权臣季氏，占据费城，邀请孔子前去。

是有诸侯在后台支持的，但曾子等人一起反对他，有若就没再露头。朱熹注《论语》，《论语》里几个地方被他改了，"《书》云：'孝乎唯孝，友于兄弟。'"这是《论语·为政》里的话，《书经》的话是"惟尔令德孝恭，惟孝，友于兄弟"。我们小时候念的都是朱熹的句读，读成："《书》云：'孝乎，唯孝友于兄弟。'"意思是：孝吗？只有孝友于兄弟。这是孝弟两个字连着用，"友于兄弟"即为"悌"。朱熹在它这里点破句就是为了符合有若说的"其为人也孝弟"。孔子说，"加我数年，五十以学《易》，可以无大过矣"。朱熹把"五十"两字勾了，改为一个"卒"字，成了"卒以学《易》"。我们小时候念的是："卒以学《易》，可以无大过矣"，意思是说孔子早已学《易》，到五十岁已学完《易》，学《易》毕业了，可以无大过了。这都是朱熹窜改孔子的话。朱熹的手段非常厉害。儒家本来的思想就是这样，所以儒家的说法始终不行，因为各地的诸侯都急功近利，你当时必须给我想办法，符合我富国强兵掠夺的需要，我在国内需要掠夺我的百姓，在国外需要掠夺别的国家，孔子的那些说法显然做不到。孟子又花言巧语说了许多说法，去说梁惠王、齐宣王，但不管怎么说，孟子的说法事实上也做不到。儒家的说法始终拿不出去。然而到了汉朝，汉武帝认为只有儒术可以用来作教科书，教老百姓听他的话是最好的办法。于是就"罢黜百家，独尊儒术"。"独尊儒术"事实上是假的，他自己信方士，信封禅，信神仙。汉武帝并不真正信儒术，"经"是拿来让老百姓念的，他自己不信这套。古代没有一个经是当经典、当唯一的教科书的，就像佛教念佛经，基督教念《圣经》，伊斯兰教念《古兰经》那样。"经"字，最早见于《墨子》，有经上、经下篇。经是提纲，是纲领，它不是念的。汉武帝用这几种经书作教科书，这教科书事实上与孔子一点儿关系也没有。《书经》

的问题，《春秋》的问题，都与孔子无关。礼在古代倒是有，但也不是孔子定的，古代认为孔子删诗书定礼乐，什么都给孔子加上，这是没法说的。尊了儒，然后就把许多不相干的材料贴在孔子身上。孔子是圣人，于是这些书都是孔子编的、说的。实际上孔子引过《诗经》《书经》，孔子学过《易经》，还没学完；孔子讲过礼，但也不是《礼记》中的礼；孔子也弹琴，"取瑟而歌"，但弹的是什么调，谁也不知道。这些全都是后来的人拿孔子耍一阵。孔子删《诗》《书》，定《礼》《乐》，修《春秋》等说法，是《史记》里记的。近代有老师辈的余嘉锡[①]先生，他有一本书叫《古籍校读法》，后来周祖谟[②]加标点改名叫《古书通例》，书里的《家法篇》没讲完。我有他曾在辅仁大学讲课的讲义，铅印的油光纸，里边的《家法篇》没写，他的《四库提要辨证》"管子"里有讲家法的内容，周祖谟标点时，改成《见法家篇》，虽然改了一个字，但意思全变了。可以把《四库提要辨证》里的这一条插进来补了这段，但不能说《见法家篇》。余老先生讲了很多，他说有许多人认为不少古书是伪书，其实不是伪书，而是师傅传徒弟，一个本子传到徒弟手里，徒弟给加上些东西，这与民间艺人说书有很相似的情形。我们读《管子》中有他去世以后的事情的记载，就是因为徒弟记老师的事，当然会记他身后的事。所以顾颉刚有一篇文章叫《辨伪工作书》，顾先生的眼力很高，认为很多书是作伪的。余老先生则认为有些书是伪的，但像孔子修《春秋》、子思传孟子等，司马迁就是这么说的，所以绝对不伪。别的都可以辨别，唯独这一条不成问题，不用辨别。余老先生就是认为

---

① 余嘉锡：目录学家、古典文献学家。字季豫，武陵（今湖南常德）人。清末举人，在辅仁大学、北京大学等校任教。后任中国科学院语言研究所委员。

② 周祖谟：语言学家。字燕孙，北京人。潜心于汉语音韵、训诂和文字的研究。

孔子修《春秋》不能动，《史记》说的就是可靠的，他信《史记》。《史记》作书是在汉武帝独尊儒术以后，它的论点当然得符合汉武帝说的，即所有的古书都是孔子说的。当时官定的那么说，司马迁不能不那么说，所以司马迁说的并不一定就真实。这是我的一点看法。顺便要提到几本书，一本是《秦汉方士与儒家》，这是顾先生的，另一本就是钱穆先生的《国学概论》。钱穆就"钻"进去讲，他讲的有些是学术的进步，由迷信变为推理，但对于宋儒，他裹到套里去了，脱不出来，这一点我另有我的看法。这些想法是我在辅仁大学教书时，大家传看摩尔根《古代社会》时一块儿讨论所形成的。当时有一个曹家琪，是中文系学生，我是教员，教普通国文。曹家琪跟张中行是女十二中同事，他受张中行的影响，发表他的论点，比如对于"究天人之际，通古今之变，成一家之言"，把这个深话浅说，是他提出来的。这话最先是由张中行提出来的，还是由曹家琪提出来的，我不知道，但是是曹家琪对我说的。他对我说，我那一套还是死套子，这对我极有启发。他写了一篇文章，叫《〈资治通鉴〉编修考》，中华书局《文史》第五辑给出版了。他故去之后，我非常痛心。我教书，他是学生，他是陆宗达①的学生，但我们事实上是很好的朋友。我现在酝酿这些问题，受到了老师们的讲授和与朋友们辩论的启发，我们当时整天抬杠，这抬杠的用处大极了。这些问题几十年间大家都没敢说，我现在全都说了，都是非圣无法的说法。

前面提到了儒与汉朝的太史令的性质，我想对这个问题再发表一些看法。司马迁给任安的书信中说，皇帝用太史令是"倡优蓄之，流俗之所轻也"。作为太史令，他上要知道天文，得懂得观天象，

---

① 陆宗达：语言学家。字颖民（明），浙江慈溪人。训诂学、《说文解字》研究的成就尤为突出。

下要懂得地理，中间得通观人事，这叫作"究天人之际，通古今之变，成一家之言"。"究天人之际"，他会占卜、观天象，这是巫的一个支流；"通古今之变"，他掌管朝廷的记录，所以司马迁作《史记》，那么大、那么远的事情都能记下来，写成一部大书，这不是一般人能办到的，全由于他管朝廷的大事记载；"成一家之言"，太史令就是家传的，其实不仅太史令这一个职务，历史上诸子百家的每一个学派都有家法。师傅传徒弟，或者父亲传儿子，这叫家法。"礼失而求诸野"，家法这种办法或者说制度，直到今天社会上还存在。汉武帝口头上尊儒，自己却信方术和巫术，还很害怕巫术，司马迁做太史令，汉武帝对他也比较防备。汉武帝要惩罚司马迁，如果是别的人甚至是大臣，说杀就杀了，但对司马迁，却处以宫刑，为什么呢？因为司马迁的知识、技术、能力有用，杀了可惜，所以只是处了宫刑，还要使用他。秦始皇把说唱人高渐离的眼睛弄瞎，让他继续为自己说唱，他的说唱说书有用，但要惩罚他，不能让他看见宫廷的事情，后来高渐离用乐器打秦始皇，没打中，这才被杀了。《后汉书·蔡邕^①传》记载说，王允杀了董卓，蔡邕表示不满，王允就让人治蔡邕的罪，蔡邕"陈辞谢，乞黥（qíng）首刖足，继成汉史"。王允却回答说："昔武帝不杀司马迁，使作谤书，流于后世。方今国祚中衰，神器不固，不可令佞臣执笔在幼主左右。既无益圣德，复使吾党蒙其讪议。"最后还是把蔡邕给杀了。王允认为司马迁写的《史记》就是一部诋毁朝廷和大臣的谤书，所以像司马迁这样的人是留不得的。《史记》中的《封禅书》写得更厉害，它虽然是褚少孙补的，但里面所写到的内容，

---

① 蔡邕：东汉文学家、书法家。字伯喈，陈留郡圉县（今河南杞县西南）人。蔡文姬之父。参与刻印《熹平石经》，董卓时任左中郎将，世称"蔡中郎"。通音律，善辞赋，创"飞白"书体。

是大家都知道的。汉武帝一方面用太史令来为他服务，一方面又防着太史令胡写。司马迁写《孔子世家》，又客观，又尊儒；他写楚汉之际的事情，把项羽和高祖平行对待，写高祖是本纪，项羽也是本纪；写孔子是世家，他对孔子很尊重，当然孔子的学说也是值得尊重的。司马迁在书里，仍然把许多经书叫作"五经"，他也认为孔子作《春秋》，删《诗》《书》，定《礼》《乐》等。这种说法，后来人表示怀疑。可是司马迁不怀疑，因为司马迁是汉武帝的太史令，汉武帝"罢黜百家，独尊儒术"，那司马迁焉能抵触汉武帝的最根本的说法呢？所以后来许多学者认为孔子作《春秋》的提法绝对不能动摇，因为这是司马迁说的。这种现象在今天仍然值得我们冷静、客观地看待。

汉代经学

汉代经学就是儒家在汉代的发展情况。汉武帝的时候，用的是《尚书》。《尚书》其实就是大堆古代传说的记录，还有些是古代曾经留下的文件。我们现在还能看见古代的许多文件，比如像毛公鼎那样的铜器，那么多字真够一篇《尚书》的篇幅，铜器上铸的字就是大篇的古代记录。也还有竹帛上记录的。著于竹帛、铭刻在铜器上的，我们现在看到的有很多。汉朝拿《书经》，拿所谓孔子作的《春秋》说事。《春秋经》是一条一条的事件记录，宋朝王安石因此说《春秋经》是"断烂朝报"。朝报就是公文抄，每天国家办什么事情，发表什么政令，除正式的官方公文之外，还要让民间都知道，于是就刻成木版，临时抄下来发表。现在有报纸，代替了公文抄。王安石说《春秋经》是"断烂朝报"，有人说王安石胡说八道。其实王安石说得非常形象，不但是朝报，而且是断烂的朝报，《春秋经》一条一条互相搭不上，本来没有什么讲法，汉儒却硬说这里面有微言大义，有深文奥义，他们用的什么办法？这些博士们各有各的办法，就是给它加上许多说法，没有理由也要找出理由，说这里有深文奥义。这几家里当时最流行的就是"公羊"。"公羊"有些解释很笨，"什

"公羊"：经学研究流派之一，重视《春秋公羊传》。《春秋公羊传》又称《公羊传》《公羊春秋》，旧题战国时齐人公羊高撰，故名。此书着重阐释《春秋》"大义"，今文经学家经常用其作为议论政治的工具。

么什么者何"，那句为什么这么说，这句说的是什么，然后自己回答什么什么是为什么，什么什么有什么意思，"公羊"里面尽是这些。公羊这派最大的学者就是董仲舒、何休①，何休是注《公羊》，董仲舒的学说也是"公羊"，因为那个时候没有别的。这一套东西有一个方便，可以随他讲，发现所谓深文奥义。比如"郑伯克段于鄢"，称郑伯，不称郑人，就是尊敬他，共叔段不仁不义，所以被克，"克段"，就是贬义；再比如有的国家的国君来了，就说什么国的人来了，不尊他为国君，这就是贬词。这些都是后人给它加上的许多说法，这个叫"书法"。这个"书法"不是现在写字的书法，是说孔子作《春秋》写了什么，用词怎么样，讲究多极了。这些说法都形成了专书，把《春秋》里的文字一条一条地辑出来，说孔子有多少深文奥义。这些东西都是帝王拿来作教科书，与孔子、与儒家毫不相干。由于公羊学中间有空隙，容得人发挥自己新的看法，因而，清末的公羊学就很兴盛，出现了康有为用公羊来变法。

汉武帝自己封泰山、禅梁甫，叫大家念的是《诗》《书》《春秋》等这些东西。可是这些东西流传到后来就变味了。南北朝时就有了把《周易》《诗经》《春秋经》《仪礼》《公羊传》并称为经书的现象，那时还没有提到《左传》。到了唐朝初年，孔颖达作经疏时发现，博士讲《书经》开篇的"粤若稽古帝尧"这几个字，就讲了五万字，可见这些博士们胡说八道到了什么程度，他们就是想法子自己编一套然后唬人。《颜氏家训》记载北朝博士写买驴契约，写了几张纸，还没有见到一个"驴"字。那时的纸是二十四行，一张纸得有一尺多宽，一尺多高，称为一纸，写了数纸还没见到一个"驴"

---

① 何休：东汉经学家。字邵公，任城樊（今山东兖州西南）人。撰《春秋公羊传解诂》，为今文经学家议政的主要依据。

字，就知道这些博士整天就干这个。汉武帝时就用这些所谓儒家的五经。其实，《周易》就是古代占卜书，讲占卜吉凶、祸福。汉朝讲《周易》，最后到京房，纯粹是说《周易》本身的特点，专门解说占卜吉凶灾异。除了京房这一派的学说，还有别的好几家的《易》，都是讲《周易》占卜的事情。这样《周易》《诗经》《书经》等就都成了专门的学问。

在汉朝最早研究《书经》的是伏生，汉文帝曾经派晁错等人去向他学习。当时伏生已经很老了，说话声音都听不清。他就让他的女儿给晁错等人讲授（整理者按：《汉书·伏生传》注引卫宏《古文尚书序》云："伏生老，不能正言，言不可晓也，使其女传言教错。齐人语多与颍川异，错所不知者凡十二三，略以其意属读而已。"），这是伏生所传的，这叫今文，也就是当时用秦隶、汉隶所写成的"今天"的文，不是用小篆、古文所写的。用今文写成的，有《尚书》《春秋》《仪礼》。由伏生的今文《尚书》后来就发展出了许多的注解，成了几家之学。其中很多记录伏生所讲的，都佚失了。这是汉代第一次用古书编成的民间的教材。

西汉末年王莽专政时期，刘向整理中秘藏书①，给每一种书都写了一个提纲即《别录》。刘向的儿子刘歆根据它编成了《七略》，成了《汉书·艺文志》的构架。刘歆跟随他的父亲在天禄秘阁②看到了许多古书，发现《左传》比流行的《公羊传》多出了许多文字，不但有经，还有传。其实，《左传》不是为《春秋经》而写的，有的是有传无经，有的又是有经无传。可见《左传》与经并不相干，经是写鲁国某一时期的事情，而《左传》恰巧也就是说那一段的故事，是当时

---

① 中秘藏书：又称中秘书，指宫廷藏书。宫廷藏书之处，称为秘府或秘阁。

② 天禄秘阁，即天禄阁，汉代宫廷中藏书阁名。西汉初年创建，在未央宫内。

说书讲故事的人所记载的。刘歆就特别提出中央所藏古书具有很大价值，作了《移书让太常博士》一文，说太常博士故意不让人们看这些书。这样太常博士就不满意，认为如果按照刘歆所说的，他们就没有饭吃了。古文派认为刘歆很了不起，今文派则认为刘歆是最大的罪人。事实上，刘歆作《七略》也只是跟着他父亲《别录》那一套，来逃避当时的许多事情。他也没什么功劳，他就是客观地看见了一些事实。今文派想打倒刘歆，却没有打倒。就给刘歆加上叛徒的罪名，说他帮王莽篡夺汉朝的天下。后来清朝皮锡瑞①作《经学历史》，还大骂刘歆。这是儒家第二次被利用。而在这时，有许多方士巫师还在宣扬一些神秘的说法，上层公开用儒家的古书来教育老百姓，暗中悄悄使用的则是巫术。因为经书、教科书上讲的那些不够用。像秦始皇求神仙，陈胜、吴广"篝火狐鸣"，汉光武帝用赤符服等，都是这一套。东汉名正言顺地公开了方士的书即纬书，郑玄给古书作注，就吸收了许多纬书的观点。而普通人怎么办呢？东汉时让老百姓念《孝经》，因为《孝经》简短、浅近、好懂，一遇到灾异就念，就好像是念经、念咒语。这与道家思想的情形很相近。五斗米道用《老子》来煽动老百姓，《老子》为什么有这种魔力呢？因为它主张"掊斗折衡，而民不争"，既然这样，人们干脆就起来造反。黄巾起义虽然被镇压了，但它给上层的文人士大夫以很大的刺激：民众都念《老子》，我们也得讨论讨论。"三玄"②于是就兴起了。虽然这已进入学术讨论的层次，但魏晋之际的学术争论，仍然有它们

---

① 皮锡瑞：晚清经学家。字鹿门，善化（今湖南长沙）人。敬仰传承今文《尚书》的伏生，署所居名"师伏堂"，人称"师伏先生"。

② 三玄：《老子》《庄子》《周易》的合称。

的政治目的，即为下一代推翻上一代制造理论根据，像杜预^①注解《左传》，王肃^②注解《尚书》，都是为司马氏篡夺政权服务。王朗的儿子是王肃，王肃的儿子是王弼。王弼作了《周易注》和《老子注》。王弼的注本是最接近汉代《老子》的本子。此时，儒家的思想已经彻底不行了，于是就有了魏晋玄学。南北朝时期，经学的博士人数非常多，但都没有自己的独立见解，一本书都没有留下来。北朝的统治思想是道教，道家这个学派，到此时变成了宗教，寇谦之把它正式挑出来，用佛教的仪轨来宣传道教。嵩山嵩高灵庙现在还有寇谦之的碑。

---

① 杜预：西晋将领、学者。字元凯，杜陵（今陕西西安东南）人。多谋略，时称"杜武库"，是晋灭吴的统帅之一。所撰《春秋左氏经传集解》是《左传》注解流传至今最早的一种。

② 王肃：三国魏经学家。字子雍，东海人。司徒王朗子，司马昭岳父，官至中领军。遍注群经，所注经学号"王学"。伪造《孔子家语》。

宋明理学

　　打北宋以来，经历了金、元、明、清四个朝代，都是以现在所说的宋明理学为统治思想，这占了很长的时间和很大的范围，而且在当时已深入人心。究竟深入到什么程度上？是否人人都欢迎、乐于接受这套思想？并不尽然。可是民间已形成一种习惯，大家都觉得按照这个行事才算对，不按照这个行事就算错。这就很可怕了。因为宋明的理学，就是所谓"打倒孔家店"里的"孔家店"，"孔家店"其实就是宋明理学或者说是"朱家店"。当时人们也并不是完全遵循宋儒，但一提到朱熹，没有人敢直呼其名，而必说朱子，程颐、程颢也都是子程子，而不敢说名字。可见民间认为他们是理所当然的圣人。

　　宋明理学好像是一个系统，事实不然。宋是以程朱学派①为主的，明是以陆王学派②为主的。陆王与程朱，这两个互相也打，打得厉害，入主出奴，我的对，你的错。到了明清两代，学术思想界就是程朱、

---

① 程朱学派：又称程朱理学、程朱道学，宋代理学的主要派别。首创者为北宋程颢、程颐，集大成者为南宋朱熹。参见前注。

② 陆王学派：又称陆王心学、心学，南宋陆九渊、明代王守仁两个学派的合称。参见前注。

陆王这两派在斗。

我首先谈关于北宋的情况。北宋前期真正跳出儒家学说的，一个是周敦颐，一个是邵雍。宋朝有一派方士的力量，代表者是华山道士陈抟（tuán）①，他的学生中就有邵雍和周敦颐。邵雍不敢直接说他是儒，他的理论核心是方术，是道士的一套；而周敦颐的理论也是这一套，但他中间忽然跳出来说他是儒。邵雍直接说他要自己做本书，叫作《皇极经世》，纯粹讲道家那一套，可他也不说他不是儒家。周敦颐则造了儒家的反。还有一个张载，提倡说"民吾同胞，物我与也"。后来，大家提起这一派来就统称为"周程张朱"。事实上张载比二程都要前一点儿。他们又都是从陕西那个道士那儿相传来。这东西打从汉末魏伯阳②《参同契》起，讲修炼，从无极到太极，太极生两仪，先是一阴一阳，然后一男一女，繁衍出人来。这本来是很平常的道理，可是许多方士就故作玄秘地传这套。程颐就接受了这套。事实上朱熹也接受了这套，但他不提，而说我这是从孔子那儿直接传来的道统。这些人里头，从陈抟到邵雍，都会占卜、练气，整天坐那儿想，说"万物皆备于我"，人的身体就是宇宙，就是物。宗教都讲这套。禅，它不立文字，你不知道它怎么想。密宗③——东密④我不知道，原来的唐密没有详细的记载，不知道怎么办，因为密宗讲究口传心授，师傅传徒弟，现在藏密逐渐公开，就可以知道一部分：藏密练气功，

---

① 陈抟：五代宋初道士。字图南，号扶摇子，赐号希夷先生，亳州真源（今河南鹿邑）人，一说崇龛（今重庆潼南西境）人。隐居武当山、华山。唐僖宗、周世宗、宋太宗先后召见。

② 魏伯阳：东汉炼丹术家。一说名翱，字伯阳，会稽上虞（今浙江绍兴上虞区）人。所著《周易参同契》是现存最早系统阐述炼丹理论的著作，奠定了道教丹鼎学说的理论基础。

③ 密宗：中国佛教宗派之一。渊源于古印度佛教中的密教。于唐代开元年间传入中国，号唐密，在中国只传两代即衰落。其间经青龙寺惠果传法于日僧空海。

④ 东密，即真言宗。日本佛教宗派之一。日僧空海在唐求法，回国后以东寺为道场弘法，故称东密；因重视念诵真言（即咒语）而称真言宗。

也知道一个人身体中间有七节，道家意守丹田，有上丹田、中丹田、下丹田，藏密也是一样的道理。所以北宋的道家全是方士的这一套，整日坐在那儿静思默想。宋儒不承认邵雍而承认周敦颐，因为邵雍的学说里面还有道教的思想，而周敦颐则完全附会孔子的观点。周敦颐的徒弟是张载、程颢和程颐。程颢和程颐公开标榜说他们的学说是直接道统，唐代韩愈提出过"道统"，但他们认为韩愈还不算道统，只有他们才是直接道统。程颐做宋仁宗时的崇政殿说书即日讲官，宋仁宗写了《大学》《中庸》赐给大臣，在他们看来，《礼记》中的这两篇最有理论意义，于是周、程等人就把它们编在"四书"里。这样，二程尤其是程颐的说法，就成了最权威的说法。

到了南宋的朱熹，就自称私淑程颐，变成了"程朱"。朱熹远尊程颐为老师，称其为"子程子"。程颐的说法通过《大学》《中庸》传下来，被朱熹编进了"四书"，变得比"五经"还要庞大和重要。《大学》第一句就说："子程子曰，《大学》，孔氏之遗书，而初学入德之门也。"《中庸》也是如此，动不动就说"子程子曰……"等。这是孔子第三次被打作旗号，作为教育的师傅。其实，这一切与孔子根本没有关系。程朱的这一套完全到了信口胡编的地步。朱熹虽然尊孔子，编"四书"时却把《大学》《中庸》放在《论语》的前头。拿孔子后学编的《大学》《中庸》架在孔子的头上，可见孔子在他心目中的地位。他这样做，就是因为宋仁宗亲笔写过《大学》《中庸》两篇，赐给大臣。朱熹从宋仁宗这里得到了法宝。朱熹以为自己直接继承了程颐的道学系统，就整天问别人：你在干什么？人说我整天静坐。朱熹说你只要肯坐下来就好。朱熹主张半日读书、半日静坐，他又静观鼻间的白点——眼睛垂下来看鼻子间有一个白点——这完全是道家做气功的办法，而朱熹全说成是孔子用来传授心法的。

朱熹像

以这种渺茫的说法来解释经学，可见宋儒的来源都祖述的是一套方士的说法。

程朱的这套东西，强调自己体验自己的身体，自身就是宇宙；"我"自身调节好了，就与天地宇宙同步转动。这些都是很玄虚、很渺茫的，而宋儒的学说事实上里面都是这些东西，外面则把孔子的许多学说掺杂进去，从而挑出孔子的旗号——这就是朱熹的说法。

程朱这一派，从金、元，到明、清，一直为正统的帝王所御用。朱熹的学说第一影响了金，第二影响了元，第三影响了明。朱熹曾经提出"尊王攘夷"，本来要攘的是金、元，结果金俘虏了北宋的两个皇帝，元彻底灭了南宋。攘夷，却反而被夷给灭了。而且他的学说最得到尊崇的居然就是金、元这些夷。金、元两代科举考试都用朱熹的《四书集注》，这个最厉害。知识分子必须经过科举考试才有出路，要经过科举考试，就必须读孔孟的书，而孔孟的书自从朱熹编出"四书"来，金元明清一切科举考试，全是用的这个本子。这《四书集注》是科举考试必考的东西，你出了这个圈子的理论，就不及格；进入这个理论圈子，就接受了他的思想束缚。

"四书"又叫"四子书"，这是"四书"的全称。四子即四个子，而孔子已经超出子了，孔子是圣人，被称为"至圣先师"，是"超越"在诸子百家之上了的，"四书"编定之后，却叫"四子书"，这是非常可笑的一个矛盾。汉代把孔子的说法当作经，是要拿它作国定教科书，因此出现了《尚书》《春秋》《周易》等，程颐、朱熹等人干脆另编了一套，人家编"五经"，他们则编"四经"即"四书"。但这是科举考试最厉害的一个办法，他们通过这个，使人们被迫接受了"四子"的观点。因为你必须走科举这条路，否则就没有出路；你要走这条路，就必须念这个书（按：指《四书集注》）；科举考试的文章就得从"四书"的理论上来发挥，因为所出的题就在这个书里头，写作也得按这个程式来完成。从金、元、明、清直到清末，一直就是这么一种科举考试格局。

《大学》《中庸》里面有许多话就如同格言，如"天命之谓性，率性之谓道，修道之谓教"，这本来是很符合实际的，但程朱却把它们说得很神秘，解释成性理，即性理学。清朝叫性理经。清朝御定的书有一部叫《性理精义》，是李光地①编的。李光地的人品极差，他编出的《性理精义》还能怎么样呢？这样一来，大家就认为程朱理学是伪学。程朱之学先叫道学，后叫理学。道学的意思是都得走这条道，但大家不相信：难道人人都得走这一条道吗？我曾经在朱熹的《近思录》上批道：按照这些格言的说法，我该从哪一句做起？当时同在辅仁大学的牟润孙②看到了，就招呼周围的人说：你们都来看看小启的批注（插叙：当时在辅仁大学我的年龄最小，所以大家就叫我小启。后来周祖谟来了，他比我小两岁，我才变成了"中启"），意思是，我的批写有反对朱熹的地方。我小时候，教我念《说文》的是戴姜福先生，戴先生也很讨厌宋儒，他曾经给我出作文题，说"圣人言道而不言理"。我开始读不懂意思，老师给我讲，道就是走的道路，理就是条理，木头的纹理。他其实就是和讲性理的宋儒针锋相对的。不过，在当时他也不敢公开反宋儒。

由于讲道学没有人信服，于是就改叫了理学，理就是道理，即客观真理，这样，大家就只好遵从了。程朱等人这一次改造孔子的影响之大，持续时间之长，在历史上是罕见的。五四时期，胡适曾

---

① 李光地：清代理学名臣。字晋卿，号厚庵、榕村，福建安溪人。康熙进士，官至文渊阁大学士。治程朱理学，主编有《性理精义》《朱子全书》，著有《周易通论》等。

② 牟润孙：史学家。北京人，原籍山东福山。曾任同济大学、台湾大学、香港中文大学教授。

[现当代] 启功《竹》
藏处不详

经提出口号叫"打倒孔家店"，其实孔家店与孔子全不相干，最后都是"朱家店"。胡适在他的口述自传里说，中国十一二世纪最大的学者是二程和朱熹，可见他对程朱那一套还是很迷信的。（按：见《胡适口述自传》第267页，华东师范大学出版社，1993年）

到了南宋，有一个叫陆九渊的，也有一套看法，与朱熹不一样；后来陆的一派就变成了明朝王阳明（王守仁）。这陆和王是一派，程和朱是一派。陆王是宋儒以来的另一派，不完全接受程朱的理论。陆王一派是怎么样呢？程朱是完全、纯粹服从政府的做法，而陆王

黄宗羲像

的情况有点像汉学里头的今文派①。今文派讲公羊，它有它自己发挥的余地；所以陆王这一派始终不占有正统的地位。而明朝后期，王阳明这一派事实上也是禅宗的一派。王阳明整天讲格物致知，《大学》说"致知在格物"，格物就是坐那儿整天想、琢磨，在格。他看见一根方竹子——古代有这么一个品种——竹竿是方的，他就说竹子都是圆的，这为什么是方的，他就坐那儿想，就格，就琢磨：竹子怎么就是方的？可是，你就是格上十年八年，它要圆还是圆，要方还是方。王阳明就是这么格物致知的。

这一派到了明末，先有刘宗周②念台，再传黄宗羲③。他们比较开阔、不死守，有发挥自己议论的地方，而且民族意识非常强。刘宗周在清朝代替了明朝、入主中原以后，绝食饿死了。黄宗羲呢？有一个人在朝廷上谋害了他的父亲，崇祯帝在审问那个人的时候，黄宗羲拿出刀来把那个人杀死了。他们的行为表明其思想不像程朱死守的做法，而是比较开朗，有什么就想什么，想什么就做什么。

但是，王守仁是明朝的大儒，却替正德皇帝④去消灭宁王，替一个恶劣的正德去打宁王朱权⑤，这是干什么？为一派统治者去打另一

---

① 今文派，即经学中研究今文经籍的流派。今文经籍，指汉代学者所传述的儒家经典。与古文派（古文经学派，经学中研究秦代以前用古文书写、由汉代学者训释的儒家经典）相对应。

② 刘宗周：明末哲学家。字起东，号念台，山阴（今浙江绍兴）人。曾在山阴蕺（jí）山讲学，世称蕺山先生。官至南京左都御史。南明弘光政权覆亡后绝食而亡。倡"慎独"。黄宗羲出自其门下。

③ 黄宗羲：明清之际思想家、史学家。字太冲，号南雷，世称梨洲先生，浙江余姚人。复社领袖，清兵南下时组织武装抗清，明亡后隐居著述，主张土地、赋税改革，反对君主专制，与顾炎武、方以智、王夫之、朱舜水并称"明末清初五大家"。著《明儒学案》《明夷待访录》。

④ 正德皇帝，即明武宗朱厚照，年号正德。在位期间扩建皇庄，信用宦官，自封"威武大将军"，朝纲紊乱。

⑤ 宁王朱权：朱权为朱元璋十七子，封宁王。这里的宁王实际指朱权的玄孙朱宸濠，他于正德年间兴兵夺位，被王守仁击败。此处表述有误。

派，这在我们今天看来是毫无价值的。但是，历史上却认为王守仁"有事功"，做事情有功劳。其实，宋明理学哪一个学派都与国计民生没有什么关系、没有什么好处。因为陆王这一派与清朝并不合作，就被人们看作是具有民族思想，到了清末民初，备受吹嘘，说陆王高于程朱这一派，没跟着统治者死跑、被统治阶级直接利用。梁启超讲宋明理学，就特别推崇陆王一派，认为他们的思想比较开阔、不死守。但王阳明他们究竟是为帝王服务，甚至狭隘到了为某一个统治者的恶少正德皇帝服务，这能算事功吗？究竟为人民做了什么事？

所以我们今天来看，程朱也罢，陆王也罢，理学这一套东西实在是毫无道理，于国计民生一点儿影响没有、一点儿好处没有。南宋的真德秀[①]做知院[②]，当时有一个说法，说"若要粮食贱，要待真知院"，要等着真德秀出来，一切就好了。真德秀出来做了宰相，结果坏了，天下更乱了。于是就有了下面这两句"熬尽西湖水，打成一锅面"。说明理学并不能治国。但是为什么帝王还要用呢？就是因为它使人民不造反，循循然接受正规的帝王的要求，并按照那种要求去待人处世。所以回过头来讲《论语》第二段："有子曰：其为人也孝弟，而好犯上者，鲜也；不好犯上而好作乱者，未之有也。"有若的这句话，使儒家的思想被历代帝王——管他是被尊的王，还是被攘的夷——都接受和利用。你要接受了孝悌，就可以不犯上、不作乱，这最有利于帝王治国安民的要求。

编者按：此处有误。真德秀没有担任过枢密使，而是担任过直学士院，人称"真直院"。

---

① 真德秀：南宋学者。字景元，改字希元，世称西山先生，建宁浦城（今属福建）人。庆元进士，官至参知政事，反对北进收复。宗朱熹，推动理学复盛。

② 知院：官名，宋代枢密院掌管军政，有时不置枢密使，以他官知枢密院事，简称知院，后来枢密使也被称为知院。

清代今古文经学

清代讲今古文经学最厉害的，是阎若璩（qú）^①批古文《尚书》的《尚书古文疏证》。晋朝梅赜（zé）上了一部《尚书》，叫《古文尚书》。比二十八篇今文《尚书》多了许多篇。汉朝孔安国传授孔壁中发现的《古文尚书》，但只是掺夹在今文《尚书》中，没被列入学官。晋朝梅赜献的这部《尚书》，或许是用小篆以前的文字写的，或是以古文为底本重新抄写的，就被称作古文。古文本子与今文本子有许多不一样的地方，于是就有人怀疑古文本子是假的。清代阎若璩《尚书古文疏证》就专门对《尚书》中的古文部分进行疏证，试图来证明这个问题。其实，在清代最早讲经学、提倡这一套理论的应该从顾炎武说起，只是因为他是明代的遗民，誓死不投降清朝，大家就不敢把他尊为祖师。乾隆后期嘉庆初年江藩^②的《国朝汉学渊源记》，后面还附了《国朝宋学渊源记》，就以阎若璩为

---

① 阎若璩：清代学者。字百诗，号潜丘，山西太原人，居江苏淮安。确证东晋梅赜所献《古文尚书》《尚书孔氏传》为伪作。

② 江藩：清代经学家。字子屏，号郑堂、节甫，甘泉（今江苏扬州）人。将经学分为汉学、宋学两派。

南薰殿旧藏《帝尧立像》
现藏台北故宫博物院

开山第一代。可是，阎若璩的汉学很不彻底。清朝的汉学家打出汉学的旗号，就是为了反对程朱理学那一套。宋明时期的科举，考八股，考"四书"的经义，以朱熹的注解为准。科举考试除了考文字的能力，还考对朱熹的接受程度，看他是不是遵照朱熹的思想来说。阎若璩本来是要攻击宋儒的思想，但他的《尚书古文疏证》用的根据却又是《朱子语类》里的论点，说《尚书》古文为假的依据，是它与《尚书》的整体"不类"——不一样。这个方法本身就是靠不住的。比如《国语》和《左传》的语句、文风不一样，但它们怎么就内传、外传起来了呢？因为《古文尚书》与《今文尚书》不一样，就说《古文尚书》是假的，这太可笑了。不要说古文《尚书》与今文《尚书》不一样，就是今文《尚书》里，也有彼此不一致的地方。我们先不管古文是假是真，我们就问《尧典》《舜典》《大禹谟》等，是根据什么来的。可是在当时，只许你照朱熹的说法说，不许你问。尧舜活了多少年，都干了什么，谁都不知道，可是就是不能问，不能怀疑。《尧典》里有"粤若稽古帝尧"，意思是根据记录，古代有尧这么一个人，但他们居然写出五万字，其实都是博士们添油加醋附会来的。《颜氏家训》说"博士买驴，书券三纸，未有'驴'字"。孔颖达《尚书疏》就记载，仅"粤若稽古"四个字，博士就可以写出上万字，那就是真古文了吗？朱熹对《尚书》是啃不动的，只做了《四书集注》《周易本义》和《诗集传》，他注《尚书》，做了半天做不下去，就只好让他的学生蔡沈①去注。但蔡沈也没敢说《尚书》古文部分是假的。朱熹在《朱子语类》中偶然提到那些"不类"，阎若璩就根据这些"不类"的现象，说《古文尚书》是假的。

---

① 蔡沈：南宋学者。字仲默，号九峰，建州建阳（今福建南平建阳区）人。受朱熹所托，撰《书集传》，诠释《尚书》。

　　说《古文尚书》是假的，那《尚书》今文部分就一定真吗？《尚书》中的尧舜禹汤都是传说，汉朝前有人用秦汉之际的文字把这些传说记录下来，孔子已经引了"孝乎惟孝，友于兄弟"，可见这些文字是比较早的，但是，早不等于真，再早也没有见过尧舜禹汤。梅赜所献的《尚书》到底是真的还是假的，我们不知道。古文究竟是用什么文字写的，我们也无法看到。但是，有一点，你既然许可用秦汉以前的文字写，难道就不允许用其他文字写吗？我们现在读的《红楼梦》，还有孤本、真本的说法，就应该允许《尚书》也存在古文和今文的情况。现在的问题不在古不古，真不真，就是真正写的，要想假，也可以假。我们今天没有办法证明它是不是伪。唐代曾经用古文字的结构、用楷书的笔画，抄了一套《尚书》，叫隶古定，在敦煌写本里还能看到。清朝陈启源①《毛诗稽古编》就全是这样的结构。清朝后期有一段时期，就很流行这种写法，李慈铭②的日记就写得让很多人都不认识。说《古文尚书》是假这一个观点的重要贡献，就是宋儒所说的从尧舜以来历代帝王传授心法的"人心惟危，道心惟微，惟精惟一，允执厥中"十六个字，就在《尚书》的古文部分，这十六个字就像佛教里的心咒，说得很玄乎。如果把古文推翻了，就把宋儒所鼓吹的论点先动摇了。这就是阎若璩被尊为先师的原因。但毛奇龄却写了《古文尚书冤词》，说《古文尚书》被指为伪书是冤案。

　　清代人抬出汉学，就是反程朱的宋学。可是，清代的皇帝却极力地抬高宋学。朱熹倡导"尊王攘夷"，而他的学说恰好被夷族所尊崇。

---

① 陈启源：清代学者。字长发，吴江人。著《毛诗稽古编》，数典辨物，以《诗序》《毛传》为准，参考郑玄注。

② 李慈铭：清末文学家。初名模，字式侯，改字爱伯，号莼客、越缦老人。会稽人。光绪进士，官至山西道监察御史，因听闻甲午战败，咳血而亡。工诗词及骈文。其日记《越缦堂文》包含朝野见闻、读书札记、名物考证、书画鉴赏等内容，被誉为晚清四大日记之冠。

明代不许讲《孟子》里的一段话"君之视臣如手足，则臣视君如腹心；君之视臣如犬马，则臣视君如国人；君之视臣如土芥，则臣视君如寇仇"（《离娄下》），朱元璋就不许讲，让刘三吾①作《孟子节文》，把这几句话删去了。明朝还对《孟子》有保留，清朝却全部接受。朱熹的学说，就是给夷族做了统治工具了。清朝认为逼死崇祯皇帝的是李自成，满人消灭李自成是替明朝报仇。因此，清朝统治就是正统的。阮元②说，念"四书"、做"八股"，是中等人用的，高等的人和下等的人，完全用不着。科举就是针对多数的中等的人（《揅〔yán〕经室集》）。阮元已经看破了其中的奥秘：要想教育或者愚弄大多数人，就得用朱熹的说法。因此，在当时重新提出汉学，就是针对宋儒的说法。阎若璩之后，陆陆续续地提出了一些反宋学的观点。

清朝正式的与宋学针锋相对的是戴震③。戴震读到《中庸章句》"子程子曰：……此篇乃孔门传授心法，子思恐其久而差也，故笔之于书以授孟子"一句，就对老师提问说：程颐距离子思两千多年，程颐怎么能够知道子思的事情呢？可见，他对程朱那一套就有疑问。他做了《孟子字义疏证》，正面与宋儒对着干。戴震学识渊博，清朝乾隆帝修《四库全书》时就主要依靠他。戴震初到北京时十分潦倒，被钱大昕（xīn）④发现，然后就极力地给秦蕙田⑤推荐。乾隆赐他举人，

---

① 刘三吾：明初大臣。名如孙，以字行，湖南茶陵人。明太祖时任翰林学士，奉命删节《孟子》，刊定三科取士法。工诗善文。

② 阮元：清代学者、文学家。字伯元，号芸台，江苏仪征人。乾隆进士，官至体仁阁大学士。提倡朴学，兼治金石、天文等学。

③ 戴震：清代思想家。字东原，安徽休宁人。以塾师为生，后任《四库全书》纂修官。对经学、语言学有重要贡献，精于名物训诂。是乾嘉学派代表人物之一、皖学的集大成者。

④ 钱大昕：清代学者。字晓征，又字及之，号辛楣，嘉定（今属上海）人。乾嘉学派代表人物之一。

⑤ 秦蕙田：清代学者。字树峰，号味经，江苏金匮（今无锡）人。撰《五礼通考》。

一体殿试，他的殿试试卷十分潦草，最后他干脆讲如何校勘古书，这就相当于自报家门、通关节。皇帝一看也知道他是谁了，就封他做翰林院庶吉士、翰林官。戴震的行为受到了当时的道学先生的反对，而许多汉学家则受了戴震的直接影响，开始大力地反对朱熹。毛奇龄读"四书"，扎一个草人放在桌上，读一句，打一下草人，说："熹，汝误矣。"再读一句，又打一下："熹，汝又误矣。"真是有意思极了。清朝经学家方东树 ① 作《汉学商兑》说，汉学所讲的，也是宋儒讲过的。其实，所谓汉学、宋学，并不是汉人和宋人的意思，提出汉学口号，就是为了反对宋学。陈澧 ② 的《东塾读书记》中，单有一篇给他学生的信，也说朱熹讲的许多也是汉朝人的说法，朱熹也是汉学。他们都没有明白汉学的真正用意。

由今文、古文，演变到汉学、宋学，到后来，今文又有所复兴，因为汉朝还没有《左传》。《左传》是西汉末年王莽时才发现的，刘歆就把它作为《左传》的古文派，汉朝的古文派与后来的古文派并不相干。古文派还没起来时，主要是讲公羊学说，像董仲舒、何休等人就讲这一套。公羊说得不全面，可以有发挥的余地，博士们就能够"上下其手"，而古文《左传》抠得太仔细，没有办法加进太多东西。当时人们对政治有许多不满，但不好明说，就只好利用公羊的思想来表达自己的见解，清朝后期的今文派有几家，如龚自珍、

---

① 方东树：清代文学家、学者。原名巩至，字植之，号副墨子、仪卫老人，安徽桐城人。治经史。师从姚鼐。

② 陈澧：清代学者、文学家。字兰甫、兰浦，号东塾，广东番禺（今广州）人。倡朴学，创立东塾学派。学生包括梁鼎芬、文廷式、桂文灿等，钱穆评陈澧是"晚清次于曾国藩的第二号人物，学术史上主汉宋兼采，力主新式学风"。

魏源，还有常州学派的庄存与①、刘逢禄②等人，他们在一起总谈一些今文派的东西。再往后，就有王闿（kǎi）运③，还有一位讲今文的四川人，叫廖平④。湖南籍学者皮锡瑞写有一书《经学历史》，周予同⑤先生曾经给它作过注。

我们今天绝不是随便评论老一辈的学者，但是在今天如果还讲今古文，就的确有些白费劲。我们先抛开学派的争论，说说为什么今文派会在清代兴起。就是由于今文派可以留下发挥的余地，比如在东汉时期，今文家们就讲孔子托古改制，东汉的纬书动辄讲孔子为了汉朝的什么而做什么书，这些就是今文派的拿手好戏。清代晚期的制度已经很不行了，于是许多人也想起用经学来为改变政治制度服务。最有代表性的是康有为，他写了《新学伪经考》一书，专门讲王莽时刘歆的学说即古文学说，说刘歆的古文经学是伪经，那些经文都是刘歆伪造的。康有为这样做，并不是为了经学里的今文古文本身，而是看到了今文学派里讲到了孔子托古改制的思想，所以，他的真正目的就是借助于光绪皇帝，用他的学说来推翻西太后。可是，当时袁世凯拥兵自重，康有为没有成功，造成了"戊戌六君子"事件。北京大学教

---

① 庄存与：清代经学家。字方耕，号养恬，江南武进（今属常州）人。乾隆十年（1745年）榜眼，官至礼部左侍郎。常州学派开创者之一，倡今文经学。

② 刘逢禄：清代经学家。字申受，号申甫，又号思误居士，江苏武进人。庄存与的外孙。嘉庆进士，长期担任仪制司主事。常州学派奠基者。曾传授龚自珍《公羊春秋》之学。

③ 王闿运：清末民初学者、文学家。初名开运，字壬秋，又字壬父，号湘绮，湖南湘潭人。咸丰举人，曾任肃顺、文煜、曾国藩幕僚，后入川讲学。光绪末年授翰林院检讨。民初任国史馆馆长。治经主今文公羊学，工诗与骈文，主盟湖湘文坛。

④ 廖平：近代经学家。字旭陵、季平，号四益、四译、六益、六译，四川井研人。光绪进士，任职教谕、校长等。早年受王闿运影响，治今文经学。

⑤ 周予同：现代经学史家。初名毓懋，学名豫桐、蘧，字予同，浙江瑞安人。任教安徽大学、复旦大学，并任开明书店编辑兼襄理。参与主编《辞海》，著有《经今古文学》等。

授崔适①也是讲今文家学说的，顾颉刚先生曾经听过他的课。一般来说，反对或批驳刘歆的，无疑就是今文学派。刘歆跟随他的父亲刘向整理内府所藏的古书，看到了用古文写的《左传》，就批评今文博士忽略了《左传》，建议立《左传》为学官。今文派就骂刘歆，皮锡瑞《经学历史》里就说刘歆是王莽的爪牙帮凶。因为刘歆曾经被王莽尊为国师。事实上，确实是刘歆发现了《左传》。《左传》里有一条极其站不住脚的逻辑，说《春秋》是孔子作的。《春秋》都是极简单的条目，有些条目《左传》里有，有些则没有，这就是"有经无传"和"有传无经"。所以，所谓"春秋左氏传"的说法就是站不住脚的。司马迁说"左丘失明，厥有《国语》"，这里的"国语"是笼统的各国的历史。比如《战国策》里"触詟（zhé）②说赵太后"的故事，在长沙马王堆出土的《战国策》里也有。刘向把这些流传的故事编辑起来，成了《战国策》。《左传》也是这样的故事集成。汉朝的《说苑》《新序》里还有类似的许多故事。《春秋》其实就是鲁国的大事记，《竹书纪年》是魏国的大事记，湖北云梦睡虎地出土的"秦律"里也夹杂了不少秦朝的大事记。可见，古代保存的书籍里面，常常夹有一些大事记。硬说《春秋》是孔子做的，这是没有多少道理的。另外，整部《左传》里没有一句称自己姓左，叫左丘明。其实，《左传》就是一部故事书。说故事的形式，在《东周列国志》和少数民族的口传文学中，都有保留，如新疆地区蒙古族的《江格尔》、西藏藏族的《格萨尔》、东北满族的《萨满传》等。我的看法，《春秋》就是诸如《竹书纪年》、秦国大事记一类的大事记，而《左传》则是东周列国故事的说本。佛经也是这样，也是说故事，

---

① 崔适：近代经学家。字怀瑾，吴兴人。初学于俞樾，与章太炎同门，治今文经学。

② 触詟，即触龙，战国时赵国大臣。

有用长行散文说的故事，也有用韵文即偈语说的故事。《左传》只是没有诗歌那一部分而已，它就是民间说书的底本，并不是孔子与左丘明作的。"礼失而求诸野"，从现在的一些现象，可以推知古代的事情，像摩尔根《古代社会》中所说的那些东西，在现代社会里也有发现。说书的制度现在也仍然存在。司马迁把许多事情的发明都贴到孔子的身上，就是好把它定作教科书，好用它去教育人们，他并不一定就十分相信这就是孔子说的东西。孔子说"左丘明耻之，丘亦耻之"，于是有人就把《左传》认作是左丘明所作，其实，孔子所说的左丘明也许只是鲁国一个说书的人，是一个近似"瞽（gǔ）史祝颂"的盲人说书人。大家从古书里找到了与左丘明相近的《左传》，就把他们两个附会在一起。

《竹书纪年》里记载了许多帝王及诸侯国的真实的事情，有人就拿别的书里引用的《竹书纪年》的例子，来说明这个是真本《竹书纪年》，那个又是伪本《竹书纪年》。但引用的材料不知道是什么时候出现的，怎么知道哪个是真的，哪个又是伪的。束皙[①]在魏安釐（xī）王[②]墓里发现了《逸周书》和《竹书纪年》，那么，许束皙发现，难道就不许别人有所发现吗？其实，在宋朝的古墓里也发现了一些竹简。清代人做学问有一个矛盾，专门挑古类书里的一句话，再找出现传本里所引的一句话，说明类书是真的，而现传书引用的是伪的，王国维就曾经收集古类书里所引用的《竹书纪年》，来驳斥现传《竹书纪年》。清代人这样做的目的，就是要否定古代权威的说法，比如像尧舜禅让、武王伐纣等。《孟子》曾说"以至仁伐至不仁，而

---

① 束皙：西晋文学家。字广微，阳平郡元城（今河北大名）人。任尚书郎。晋武帝太康二年（281年）魏王冢遭盗掘，出土竹书数十车，束皙参与了考证工作，整理出《汲冢书》十余种。

② 魏安釐王，即魏圉，战国时魏国国君。信陵君兄。在位期间攻燕救赵，与齐国订合纵同盟，抵御秦国。

何其血之流杵也"，对武王伐纣的史实提出质疑。《史记·伯夷叔齐列传》也说"以暴易暴兮，不知其非也"，把周武王说成是暴君，让人看不出到底哪个是真，哪个是假。唐代刘知几《史通》有"疑古""惑今"，就公开地对古代和今天的书中所写的事情提出质疑。清朝学者对于这种"疑古""惑今"的问题感到十分困惑：把古代的与书中记载的都推翻了，怎么办呢？比如浦起龙①就作了《史通通释》，通盘解释《史通》。纪晓岚是正统御用文人，他不能承认《史通》的做法，也作了《史通削繁》，把原来《史通》中的"疑古"和"惑今"两篇给删掉了，就像明朝刘三吾《孟子节文》一样。这是因为《史通》中的许多说法与正统的说法接不上，既然要拿它作教科书，就不能不把这些与古代不一致的说法给删掉。

清代提出汉学的潜台词，就是打倒程朱，清代后期讲今文即讲《公羊春秋》，也不是讲古代的今文，它的潜台词就是讲变法；明代删节《孟子》，它的潜台词是删除对其统治不利的地方，清代纪昀删节《史通》的潜台词与明朝删《孟子》的目的是完全一样的。我们现在要说，《春秋经》就是出土的鲁国的大事记，与孔子毫无关系，《左传》就是《江格尔》一类的说唱书。孔子所说"左丘明耻之，丘亦耻之"的左丘明，也不过是一个民间流行的大家都熟悉的说书人，与《左传》也毫不相干。

表面来看，所谓今古文是书写文字的不同，实际上，它们则是学风学派的差异。清朝的汉学、宋学，已经与古代的今文古文毫不相干了，但为什么清朝人还要这样说呢？真正的目的就是要托古改制。事实上，清朝后来不仅是托古改制，还是托洋改制，也就是我

---

① 浦起龙：清代学者。字二田，号孩禅，晚号三山伧父，时称山伧先生，江苏金匮（今无锡）人。雍正进士，任苏州府学教授。撰有《史通通释》《读杜心解》《古文眉诠》等。

们经常说的西学东渐，即把日本从西洋学来的再转归出口到中国来。
梁启超办《新民丛报》，就是把日本明治维新所吸收的西方的东西，
介绍到中国来，我把它叫作"东学西渐"，因为中国在日本的西边。
但事实上，无论是西学东渐，还是东学西渐，都没有"渐"成。民国
以来，五四运动，胡适等人直接吸收了西方的某几个人的思想，他首
先认为与西方思想矛盾的是孔子的思想，提出了"打倒孔家店"的口
号，但是，他的"孔家店"的内容已经不只是孔子的思想，"孔家店"
已经变成了主要是朱熹等人的宋明理学的学说。西方的理论能够直接
被中国所接受，还需要一种基础。要有步骤、有计划地吸收西方的东
西，要使它能够为中国所运用，就必须要使它首先和中国本来的民风
相适应。这就好比把某一器官移植到某个人身上，他身上就有一种排
他性，甚至血型不同的两个人，把这个人的血液注射到另一个人的身
体内，就不但起不了好作用，还会起相反的作用。所以，民间的习俗，
民间的思想，中国的习惯，如果和从外面吸收的东西不适应的时候，
就不会起积极的作用。清朝末年、五四运动之后，中国出现了"全盘
西化"的口号，"全盘西化"的说法就很不科学，既然是化，就只能
是某些原理上的部分的、局部的变化，全盘整个端来，肯定是不行的，
这个问题现在还在试探中，将来也永远是试探性的。不但中国是这样，
西方也存在这个问题，比如英国、法国、意大利、德国它们都是很看
不起欧洲现在的文化，认为世界的文化在埃及、希腊，欧洲的文化是
杂凑成的。张大千 1956 年到法国巴黎办展览，见到了画家毕加索，
毕加索就对他说，在这个世界谈艺术，第一是你们中国有艺术；第二
为日本，日本的艺术又源自你们中国；第三是非洲黑人有艺术。除此
之外，白种人根本无艺术，不懂艺术。毕加索是西方近代的一个画圣，
无论看得懂看不懂他的画风，大家都对他很推崇。他说的这些话并不

完全是外交辞令，他们就这样理解。他们认为欧洲的文化不如埃及、不如希腊，当然就更不如中国。

清朝有意学习西方文化的是康熙皇帝，他身边有一些明朝时期就已经来的传教士及追随者，比如利玛窦①、徐光启②等人。崇祯皇帝曾经一度相信天主教，这样到了清朝，接受西方的东西就比较有基础了。以历法而言，当时有一个非常保守的杨光先，他就一直主张应该坚持中国的历法，为此还写了《不得已》一书，认为只有蛮干的皇帝才不顾一切地吸收西洋历法。康熙帝没有理睬杨光先，让他"不得已"去，而自己则继续学习西洋历法。当时有一部"回历"，有传统的历法，康熙帝后来让南怀仁每天把他讲的东西用满文拼音写出来。康熙帝还不断地向他请教，现在定下来的历法，就是用西洋的算法来计算阴历，这样就计算得非常精确。比如，把闰月放在各月之后，不像汉朝以来的做法，闰月必在十二月等。还有对日食、月食的推算，都十分准确。这种吸收方法，既考虑了中国传统的民间的习惯，又借用了西方的精确算法。他的这种做法是很合理的。康熙初期，还有许多人存在着民族思想，有抵触情绪，有许多人都像顾炎武一样一而再地去拜谒明孝陵。康熙帝也曾经想全盘吸收西洋的思想，想用西洋传教士所宣传的那一套，就让他的几个儿子都入了天主教，后来一看不行，天主教的一切都受制于罗马教皇，不完全接受中国的民俗。于是，他就把西洋的一切都抛开了，先去拜

---

① 利玛窦：天主教耶稣会传教士。字西泰，意大利人。万历十年（1582年）至中国传教，取汉名，穿儒服，结交官员。曾觐见万历皇帝，进呈自鸣钟、《万国图志》等。传播几何学、地理学知识，与徐光启合著《几何原本》，将四书译为拉丁文，并尝试用拉丁字母为汉字注音，开西学东渐之风。

② 徐光启：明代官员、科学家。字子先，号玄扈，上海人。官至礼部尚书、文渊阁大学士。入天主教，师从利玛窦学习西方科学技术并积极推动应用。主持改历工作、制造火器，译有《几何原本》，著有《农政全书》等。

祭孔庙，表示接受孔子的思想，然后又亲自去拜谒明孝陵，这样一来，那些有民族思想的明朝遗民都把他看作开明之君，抵触情绪很快就泯除了。这并不是说康熙帝完全成功了，而是说他在吸收外来文化时能够照顾老百姓的习惯，善于化解抵触的情绪。本来利玛窦就提倡说中国话，穿中国服装，当时天主教里的士大夫李之藻①编的利玛窦的《天学初函》，就用中国的典故来写文章，如他说："朋友非他，我之半也。"明朝的传教士如利玛窦就发现，中国没有宗教，没有神的观念，因此，如果不让他祭祖先，是绝对不行的。教廷竟然回复坚持说，不许拜祖先。于是，西洋的宗教在中国就一点儿立脚点也没有了。康熙帝比较能够体察国情民意，知道西方的哪些东西可以接受。那时虽然还只是科学技术等初步的东西，还没有成篇大套的哲学思想，但已经很了不起了。所以，吸收西方的理论，一开始就提出全盘西化是非常不明智的。我有一个朋友得病了，一上来就打青霉素，一针就要了命。可见，"打倒孔家店"只是一种说法，"孔家店"打而未倒；说全盘西化，也没有把西方真正的东西化来。中国不是没有西化过，吸收西方的文化，反倒在清朝初年康熙时就有了比较成功的先例。我并不是说一定要像康熙帝那样做，但一上来就讲全盘西化看来是不行的。后来清朝有些人看到用西洋的不行了，就端出了今文派以公羊学说为主的思想，它的主要目的就是要托古改制。

　　我上面针对古代的学术思想发展情况，所谈的这些我自己的看法，并不是要再重复什么，像梁启超、钱穆等老先生们所作的《清代学术概论》《国学概论》，我的意思不是恢复国学系统，不是谈什么国学概论，不是回头看古代都有些什么情况。古代的情况有值得我们

---

① 李之藻：明末科学家。字振之，又字我存，号凉庵居士，仁和（今浙江杭州）人。官太仆寺少卿。入天主教，随利玛窦学习西洋历算，致力于传播西方天文学、数学、逻辑学。

注意或者是应该参考的地方，但主要是让我们了解古代曾经有过什么东西。我现在来分析它，就想说明它客观上是什么东西，历代帝王提倡它是为了什么。我们不了解它，就没法理解这些书。我们常说要读古代书籍，可是这些书都是当时那个时代的人写的，你要是不了解那时人的思想、角度、论点，光拿书来研究，就不透彻。现在我们所谓的文献学，不是指几本书就完事了。我上面讲的这些东西，汉宋之争、今古文之争、宋学中的陆王之争等，这些说法从前被认为是国学，这话不太合理，也说不尽。

北京民间有一句谚语，对知识不足、发言错误的人批评说：「他没吃过猪肉，难道还没见过猪跑吗？」

我对这些最浅近、最常见的知识，就借用这个谚语称其为「猪跑学」。

辑五

文史典籍整理

《文史典籍整理》
课程导言

一、课程的设置

　　人类的文化知识最粗地分来，有两大类：一为自然科学，即天文、历算、声、光、电、化等，一为社会科学，即文、史、哲等。哲学在世界上东西方各有许多流派，都是许多思想家思辨所得的道理，后学或继续发挥，或更为修正，都凭各自的思考。虽有典籍的记录，终归以哲人的思想为主干。文、史两类，则离不了文字的记载。文的美恶，除内容之外还有辞藻、声调等的辅助条件。史书则以所记史事的详略、褒贬当否最为重要，它的载体，便是文章。司马迁的《史记》，不管它算"信史"，还是算"谤书"，后世文章选本，大多数选了《史记》中的篇章，既非因其是信史，也非因其是谤书，结果还是选的一篇古体名文。所以现在拟议的这门课程内容，就以文史典籍为重点。

［北齐］杨子华
《北齐校书图》（宋摹本）
现藏美国波士顿博物馆

两年前赵朴初先生在医院养病时，想到祖国的历史文化的重要，作为常识，自幼年即应学习了解其轮廓，所以联合几位朋友，向教育部建议中学宜设一些传统文化的常识课程，即蒙批准，足见这个建议和国家的教育方针是吻合的！

近几年师大①中文系设"文学古籍研究"专业，十余年来报名的同学连绵不绝，已有多批硕士、博士毕业，足见在求学的青年中，要求学习这门学问的人也不只是"一点儿"了。

所谓"文史典籍整理"，包括从古至今的文学、历史各种书籍的阅读、校订、研究，既包括历代名家的诗歌、词、曲，也包括史类的书。"前四史②"已成了定型的古代文物，不能动摇，但《三国志》裴松之③的注大量地收入古小说，那些古小说今日也成了古文物，不易动摇了。唐人重修《晋书》，多取《世说新语》而又常加修改。司马光等编《资治通鉴》多取"正史"中有故事性的段落，但遇到李泌的故事也舍不得放弃，而裁取了《邺侯家传》。宋人的私家笔记更不能以"野史"看待，大有"正史"遗漏、讳言的珍贵材料，不仅是文笔好而已。所以本课程兼包文史，是因为它们有共同的优越性。

二、忽略常识的例子

由于忽略文史常识的原因，在口头上、文章中以及往来书信的封套和信笺上都常出现一些差错。这里略举朋友们谈话中提出的一些

---

① 师大：指北京师范大学。作者启功曾任教于此。

② 前四史：指《史记》《汉书》《后汉书》《三国志》。

③ 裴松之：南朝宋史学家。字世期，河东郡闻喜（今属山西）人。官太中大夫，封西乡侯。与其子裴骃、曾孙裴子野合称"史学三裴"。有《三国志注》，博采异闻，保留了大量史料。

例子：

"罪不容诛"，有人在今译中说是那个人罪恶不大，用不着杀。

"敬启"，有人来信，信封上写某某人敬启。

有一次在一个刊物上见到，张元济[①]先生在信中提到某某是我的"故人"，那位在张先生写信时还活着，而写文章的人说既然张先生说他是"故人"，足见那时他已"故去"了。这都是不习"训诂"发生的错误。

追溯最早讲训诂的书，要溯到《尔雅·释诂》。《尔雅》说到兄弟，是"先生为兄，后生为弟"，这个"先"字当然是时间先后的分别。但"先父""先母"，则是称去世的父母，这里又不能乱引"经书"了。还有古代人讲解"经书"，把平常的词句有意"故作玄虚"，讲得读者完全不懂。如《尚书》首句"粤若稽古帝尧"，"粤"是"说"，"若"是"那"，"稽古"是"稽考古代"，非常简单。古代曾有作注的人用了三万字来讲这四个字，以表他的博学。

还有由于不懂旧时代生活习惯和衣冠穿戴等，留下一些笑柄，如清代官服，帽子上用一个不同颜色的圆珠做标识，一、二品用红色，三品用透明的蓝色，四品用不透明的蓝色，等等。有人写到蓝顶帽子，说"那人戴着一顶蓝帽子"。又明代大官的衣服胸部绣着鸟或兽的图案，清代改用一块方材料，上面绣着按文武官的品级所分的鸟兽图案，是单片的织绣品，缝在外褂的前胸和后背，名为"补子"。有人讲到它，说某官穿着一件带补丁的褂子。

这无关于古代词汇和训诂，也不同于远古的衣冠制度。清人官

---

① 张元济：出版家。字筱斋，号菊生，浙江海盐人。光绪进士，任总理衙门章京，参与戊戌变法。1902 年进入商务印书馆，1926 年任董事长。主持编写新式教科书，引进国外文学名著和学术著作，出版《辞源》等工具书。

[清] 五品文官白鹇补子
现藏台北故宫博物院

[清] 二品武官狮子补子
现藏台北故宫博物院

服穿戴的取消，距今还不到百年，普通的相片上都能看到，文物博物馆中也有陈列，了解这些，颇有裨益。

三、古代典籍的情况

研究历代典籍，首先必须了解古代已整理的图书目录。已知的汉代刘向的《别录》，原附在他所校订的各种古书中，是一种"提要"性质的概括介绍，写出来给皇帝看的。可惜流传不多，今只有几种古书前还附有刘向的别录。刘向之子刘歆编的群书总目，名为《七略》，只记名目，没有详细的内容介绍。东汉班固编写《汉书》，把《七略》

所收的群书名目纳入，算作《汉书》的《艺文志》。魏晋以后各代也有书目，但各有存佚。到了清代的《四库全书总目》（包括存目），大体包括了今日可见、能知的各种书籍目录。最近五十年中陆续出土了许多古书，如马王堆汉墓出土的帛书《老子》两种本子、《周易》一种和与《战国策》内容略同的策士活动的记载等。山东临沂银雀山出土的孙武、孙膑的《兵法》，甘肃出土的《仪礼》简，湖北睡虎地出土的《秦律》简，湖南郭店出土的汉代简策，河北出土的《鲁论》等汉简，九店也出土许多汉简，长沙城中出土三国吴国的档案七十余万支简策，亟待整理。上海博物馆马承源 ① 馆长从香港购回的战国简牍，尚未完全发表。如此种种，还未得令学者寓目。

至于流传在今天的常见书籍，又有繁、简两个目录：繁的最方便是《四库全书总目》及《提要》，读了它，或翻阅大概，可略知从汉到清学者们所见、所读、所曾研究的各种学科的大概。其中虽有当时政治上的一些偏见（不列入"全书"而列入"存目"的，即仅存书的名目），但今天中华书局已将《存目》中尚存在的书籍大量印出，可参考。此外，近代又有一种最便于初学阅读、使用的书目，叫作《书目答问》。

《书目答问》是清末张之洞 ② 所著，为初学"士子"了解从古至清末学术流别和可参考、可查阅的书目（近代范希曾 ③、柴德赓 ④ 又

---

① 马承源：浙江镇海人。从事青铜器、古文字、楚简的研究。

② 张之洞：清末洋务派首领。字孝达，号香涛，又号香严，直隶南皮（今属河北）人。同治二年（1863 年）探花，官至湖广总督、军机大臣。提出"旧学为体，新学为用"，反对戊戌变法。与曾国藩、李鸿章、左宗棠并称"晚清中兴四大名臣"。

③ 范希曾：目录学家。字耒研，号樨露，江苏淮阴人。师从历史学家柳诒徵，撰《书目答问补正》。

④ 柴德赓：史学家。字青峰，浙江诸暨人。师从历史学家陈垣，任辅仁大学、北京师范大学历史系教授。许大龄、刘乃和、来新夏等是其学生。

曾有所补订）。这部书虽产生在近百年间，还没解放思想，但张之洞在清末是属于有较新思想的高级官员之一，《书目答问》还是较为通达的一种。

关于清人著述，近代章钰[①]著有《清史稿·艺文志》，武作成作《补编》（最近又有郭霭春的《拾遗》），总算相对最全的清人著述目录。

四、古书真伪和校勘问题

古书确实有真伪，"伪书"又是为什么被人疑为伪的，对古书进行整理、标点、校对，选择底本又需要有全面的知识：这部书至今有几种刻本，哪本校刻得好，所据的底本可靠；如果进行校对，要能分辨哪一种版本或哪几种版本有来历，比较可靠。

前人喜欢宋刻本，认为宋版书的文字当然都可靠。其实宋版书中的字也未必无错字。明人影抄宋版书、影刻宋版书仍然各有误字。例如近代影印宋版《经典释文》，文字就不如徐乾学[②]帮助纳兰成德所刻通志堂本和卢文弨（chāo）[③]所校的精确。如杜甫《秋兴八首》中"五陵裘马自轻肥"句，宋本作"衣马自轻肥"。按：《论语·雍也》篇孔子说"赤之适齐也，乘肥马，衣轻裘"。马以肥为壮，裘以轻为贵，对言成联，当然"裘马轻肥"为是。如过尊宋本，反成误字。

古书的版本，不仅是文字的异同，还有篇幅卷数的多少，同是一种古书，甲本刻了八卷，乙本刻了十卷，校点者忽略了十卷的那一

---

① 章钰：近代藏书家、校勘学家。字式之，一字坚孟，江苏长洲（今苏州）人。

② 徐乾学：清代学者。字原一、幼慧，号健庵、玉峰先生，江苏昆山人。顾炎武外甥。康熙九年（1670 年）探花，官刑部尚书，曾主持编修《明史》《大清一统志》等。

③ 卢文弨：清代学者、文学家。字绍弓，号矶渔、抱经，浙江余姚人。乾隆进士，官至湖南学政。精于校勘之学。

种，就成了标点本的缺点。

由此可知，校点工作不只是对看两本文字异同，记出异文，认为某字是正、某字是误就完了，要紧的还在能够分辨那个字为什么是正，认为错的字为什么是误。陈援庵[①] 先生提出了校勘四法：

一为对校法。即以同书之祖本或别本对读，遇不同之处，则注于其旁。

二为本校法。本校法者，以本书前后互证，而抉摘其异同，则知其中之谬误。

三为他校法。他校法者，以他书校本书。凡其书有采自前人者，可以前人之书校之；有为后人所引用者，可以后人之书校之；其史料有为同时之书所并载者，可以同时之书校之。

四为理校法。段玉裁[②] 曰："校书之难，非照本改字不讹不漏之难，定其是非之难。"所谓理校法也。

这是校勘工作上极为重要、极需注意的事项。对有学识、有经验的学者来说，只需注意，便能够分辨，得到提醒。但在初学的人尚未能立刻分辨，便在书的前言上说"择善而从，不加校记"，他所判断的善恶，究竟可信与否，读者却未必信得过。即如前举杜诗的"衣马""裘马"，如果以古本为善，当然"衣马"为善；如果按文理的标准，又以"裘马"为善了。那么在这处校对之后，就仍需注上古今二本之异，以让读者判断选用哪个字才算合适。

这是校对的"校记"问题。这里还包含了几项要注意的问题：古今体的文字；古今音韵的字；古代的词汇；古代的政治典章、故实。

---

① 陈援庵，即陈垣。见前注。

② 段玉裁：清代学者。字若膺，号懋堂，江苏金坛人。龚自珍外祖。师事戴震。乾隆举人，任知县，辞官归乡潜心著述。著有《六书音韵表》《说文解字注》等。

（一）古代文书中的文字，当然是古代当时的通用文字，如殷墟出土的甲骨上边写刻的字，今天即称它为甲骨文；商、周的铜器上的字，今天称之为"金文"或"钟鼎文"。记录商、周器物上的文字，除了摹刻原字样之外，还要把它们翻写成魏晋以来的正书（楷书），这是今天大家都认识到的。但这种翻写就比较艰难，常见有翻写错的，从北宋到清代有不少这类的书，经过今天的学者从更多的金文资料中比较印证，证明前代人的翻写确有不少错误。

到了清代中后期，更有一些学者用楷书笔画翻写商、周文字的结体，被称为"隶古定"体。清代中期的陈启原[①]著了一部《毛诗稽古编》，全用"隶古定"体写刻。例如"天"写成"兂"，"之"写成"山"。后期的李慈铭在日记里有一段时间全用这种字来写，别人很难读懂。我有一位长亲，把他祖先写的一篇八股文，用这种字刻成，谁也看不懂，未免成了笑柄。

（二）古今音读的变化也影响到读书。清代钱大昕发现古无轻唇音，古无舌上音，清末章炳麟发现等韵中娘母、日母字古代都读成泥母。更后曾运乾[②]发现古代偏旁从"攸"的字后世多读成端母。又商、周时"于"读"鱼"，"於"读"乌"，直至隋唐，民间还有此读。"大宛"的"宛"，读若"弯"。清代将《字汇》和《正字通》等书合编成《康熙字典》，"宛"字注"於袁切"，即"乌袁切"，读如"弯"，近日有人读"於"为"于"，便把"宛"字读为"鸳"。今天校点古书，也要注音，遇到这类字，应该怎么注呢？

（三）古今词汇的差别。《尚书》起首"粤若稽古帝尧"，《尔

---

① 陈启原，即陈启源，清代学者。字长发，江苏吴江人。

② 曾运乾：语言文字学家、音韵学家。字星笠，号枣园，湖南益阳人。历任东北大学、中山大学、湖南大学教授。

雅·释诂》："粤、于、爰，曰也。"粤即是今天的"曰"字。又"曰放勋"，"放"就是"大"，"勋"就是"功"。我幼年读起来，觉得古人太费劲，何必把现成的字换成别扭的字？今天知道是我们换了古代的字。

清代人讲训诂的书很多，如果专记单字、单词，不仅不易连贯，也容易忘。王念孙[①]在读古书时，遇到今天不易懂的字句，推敲那些字句中某字、某词古音怎么读，怎么讲，我们应该怎么去理解。古代某词、某句古音怎么读，训诂怎么讲，即今天的什么意义。读者记得这句古书，也就记得这句中的古音字、古训字，比死背"初、哉、首、基、肇、祖、元、胎……始也"省事，又不易忘。王念孙著有《广雅疏证》和《读书杂志》，都有助于学习训诂。我觉得《读书杂志》比较起来更容易记忆。

（四）古代制度。古代的天子、诸侯、大夫、士、庶是什么关系，为什么鲁国三桓[②]就能挟制鲁侯，孔子在鲁国并不得势，怎么就做了鲁国的司寇？《周礼》写国家制度，从上到下，那么详细，究竟可信不可信？孔子没做过鲁国的史官，他又怎么作《春秋》？

如果今天把春秋、战国时期的历史故事，什么年、什么人、什么事，从古书上抄在一起，其中人物的异，事迹的同，说不定有多少。所以近代有些学者提出"辨伪"，实是因为某一件古事，人物年代的参差，事迹过程的异同，结果的成败各异，究竟是记载的人写错了，还是传说的记错了？西汉只有《公羊传》，太常博士提出反对《左传》，刘歆又加反驳，互相都是辨伪，谁的对？

---

① 王念孙：清代音韵训诂学家。字怀祖，号石臞，江苏高邮人。乾隆进士，官永定河道。撰有《广雅疏证》，以形、音、义互相推求；精通水利，著有《河源纪略》。

② 三桓：春秋后期掌握鲁国政权的三家贵族。即孟孙氏（一作仲孙氏）、叔孙氏、季孙氏，三家皆是鲁桓公后裔。

《竹书纪年》有两本，其中之一与正统的说法有异，就被说成伪本，而唐人刘知几的《史通》中有"疑古""惑今"两章，清代学者又不敢直批其"伪"，只好把它删去，又不敢说"删伪"，只得说是"削繁"。

我们居今而说，我国历史有三皇、五帝、尧、舜、禹、汤、夏、商、周，距今五千余年，由传说到有记载，完全合理；如果说能详考那些时代的文献，恐怕未免有麻烦了。

五、历代的文字、文风和语音的差异

约在一百年前，殷商的甲骨刚刚出土，就被那时的医生"猜出"它是一种药材，由药铺称它为"龙骨"，当作药材来卖，不知是什么动物的骨，那必然是"龙"的骨了。当时的一位大学者不认识甲骨上的字，干脆不承认它。这比猜是"龙骨"的药店医生进了一步。这比北宋人又进步多了（北宋官府收藏古铜器，它们的形状奇怪，有人就说某某宫殿中有神鬼出现）。汉代许慎[①]作了《说文解字》，有文字的形状，也有解释，已具有很高的"科学性"了，但写字的人指腕灵活，多一曲、少一折时有不同，看字的人各逞聪明，常把他所见稍有异样的文字另叫一名，或者用前代对甲种字体的旧名称续称后来的乙种新字体，使得再后的人"头昏眼花"，以致"胡说八道"。近代有不少专家细分各类字体，编成"字典"一类的工具书，为研究者提供了不少的方便，但各时代的文字名称都是那个时代的

---

① 许慎：东汉经学家、文字学家。字叔重，汝南召陵（今河南漯河召陵区）人。举孝廉，任太尉南阁祭酒。撰写字典《说文解字》，集古文经学训诂之大成，是研究汉字的重要著作。

语词，认识了字，它代表的语词怎么讲，又是一层障碍。最近几年又有碎陶器上出现一些类似文字的符号，大家纷纷猜测，例子不多，还没得出可以算得上是合情合理的认识。

这是自今天考究古代文字的方便和困难，还有探索语言的困难似比探索文字的困难更多一些。前举"粤若稽古"与今用语的不同，究竟还有些讲训诂的古书，至于唐宋以来的俗语，今天读来，又有一层困难。有张相①作的《诗词曲语辞汇释》，由于诗和词曲中俗语较多，古代训诂书中不易找到，所以尽量用同类句比较、印证某个字、词、句的共同含义。最近也有不少人编了《现代汉语词典》，比作唐诗、宋词、元曲语词词典似较容易，其实则更难了。因为当今的俗语词通用、同用、共用的较多，也就是说模糊度较大，所以在字典性质的书中把它归入唯一的一条，便容易招来许多挑剔。若让古代文章每一字句都恰合今天的语义，解释得十分准确，恐怕并非容易的事。历史上有三个字的重大冤狱，即岳飞死时秦桧答复韩世忠的话。岳飞无罪下狱，韩世忠去问秦桧："岳侯有什么罪？"秦桧答说"莫须有"。后人多认为是"没有"的意思，要知秦桧老奸巨猾，怎能把岳飞轻率下狱后而又坦率地自说他没有罪呢？近代学者余嘉锡和吕叔湘都有专文考证，都解成游疑之词，"恐当有"一类含义，我曾大胆推测："莫"是估计之词，"须"是肯定之词，应该就是今天说"总该有"。秦桧以宰相身份对来问的人说："岳飞的罪总该有，这是国家的秘密，你不应问。"秦桧以保密的态度驳回韩世忠的质问，足见其奸，似更恰当。

---

① 张相：现代语言文字学家。原名廷相，字献之，浙江杭州人。任上海中华书局编辑所副所长，参与主编《辞海》。其《诗词曲语辞汇释》，是研究诗词曲中特殊词语的专著。

六、中国历史概况

课程既是研究中国古代典籍，就不容不了解中国历史。中国历史久长，并且从古到今未曾中断记载。要研究其中一个时期、一个问题、一位学者、一个学派乃至一部著作，而未了解这本著作的中心思想、历史条件以及构成它的前因后果，那对这部著作的阅读岂不等于枉费目力，而研究的成果也必等于枉费笔墨。

古代史书中《尚书》和《春秋三传》①早被尊为"经"，"二十四史"又被加上一个"正"字称为"正史"。近半个世纪的文、史研究和著作，又都要服从政治思想，其实自"经"和各代"正史"，哪本不服从当时的政治思想呢？不得已，我们身居今日，读书要"自具手眼"，面对着《春秋左传》中的"君子曰"、《史记》中的"太史公曰"、《资治通鉴》中的"臣光曰"之类而盲目瞎跑就不好了！

不得已，又要了解古来各代的历史事件，又需要至少了解一个简单的事件纲领，只好看一部齐召南②著的《历代帝王年表》。如探讨汉代的事，可以再看《史记》《汉书》等，探索宋代的事，再看《宋史》和其他的公私记录，如清人辑出的《宋会要》残书，南宋人记的《建炎以来系年要录》等。至少不至于弄错了朝代和时间次序。

中国是个多民族的大国家，各朝代或地区的执政者，不仅一个民族，他们的生活习惯、服装、饮食、语言、文字，常常有同有异。即便是中原汉族，各代史书中常有《舆服志》，无论写得如何烦琐，

---

① 《春秋三传》：《春秋左氏传》（又称《左传》《左氏春秋》）、《春秋公羊传》、《春秋穀梁传》（又称《穀梁传》《穀梁春秋》）的合称。

② 齐召南：清代地理学家。字次风，号琼台、息园，浙江天台人。官至礼部右侍郎，充《续文献通考》副总裁。

南薰殿旧藏《明太祖坐像》
现藏台北故宫博物院

南薰殿旧藏《明孝宗坐像》
现藏台北故宫博物院

南薰殿旧藏《明熹宗坐像》
现藏台北故宫博物院

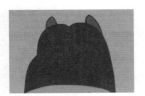

读者也不易从记录上看清所记的式样。所以前边所举有人说"清代官员穿补丁褂子",就也不应看作笑谈了。

七、古今方音的知识问题

隋朝统一以前,有许多研究、讲解汉语音韵问题的书,至今已都散佚不传。到了隋代陆法言等八位学者相聚,谈到全国各地的"方音"有许多分歧,这八位共同设想一个比较统一的音调,他们认为分歧的情况是:"吴楚则时伤清浅,燕赵则多伤重浊。秦陇则去声为入,梁益则平声似去。又支脂、鱼虞,共为一韵。先仙、尤侯,俱论是切。"最后说:"我辈数人,定则定矣。"便由陆法言执笔编成《切韵》一书。我们怎知是为书中文字读音的声调统一?且看他们口中所谈只是"去声为入",不举文字为例,而以调名为例,调名的"平上去入"只是音调的分类符号,写在书上便成"东""送"等字,而不是"平""去"等调类的符号了。因要使所读书上的文字的读音统一,而书上的某一字又原来就有几种读音,例如"中"字在平韵东部,但又有"仲"的音,所以又注明某某切,并不注"平去调"。这是一个细节,必不为专家所许可,但为研究、探讨,就不应因线索细小而不去考究。

《切韵》的功劳在于让读音有一个指导,例如"窈窕淑女,君子好逑"的"好"字,用反切注上"呼皓切",即读"好坏"的"好"。如果不注,"好"字又有去声一音,便成了"好色"的好(浩),与原义不合了。

《切韵》所收的字到了唐代人已有不够用的感觉,有许多专家在二百零六部中各加上些字,《切韵》的原本已不传了,今传唐人所增编的有王仁昫（xù）^①《刊谬补缺切韵》。敦煌发现些残片，今人考出哪些残片是《切韵》，已觉渺茫了。北宋人又增编一种，名为《广韵》，各韵部中又是在唐人所编的本子上再加扩充，幸而唐宋人都保存了《切韵》原有的所附载的文件，但此外哪些是续编者加上的就难一目了然了。

《切韵》既是为读书音的统一，后人读古书得到许多帮助，但唐人作诗就有许多大致不遵守韵部的：李、杜的诗我没考查过，像韩愈、白居易，就有许多不合"韵书"的韵部通押的。宋代的《礼部韵略》，是把古韵书《切韵》《唐韵》《广韵》的韵部删并，用作考试士子作诗的押韵标准。南宋杨万里、魏了翁^②都提过反对意见（见罗大经^③《鹤林玉露》丙编卷六）。

元代周德清^④根据名家作的曲、剧本子中所用各韵的字编成《中原音韵》，是以北方语音为标准（入声分到前三声去了）。这可能是自东晋以来北方语言逐渐形成的方音（可惜北朝没留下韵书）。直到今天统一的"普通话"（又曾称"国语"），在小学、中学、大学各年级的教育语音中和广播的语音中都按统一读音，可以预料中国人的正规语言（或说"官方语言"），逐渐归于"普通话"的趋势。

现在全国作诗的风气很盛，出版的"诗刊"已"不计其数"。我也没细考过这些位诗人押的是什么韵部。但我听到过一位老前辈教学生作诗时说："你们要先掌握韵部。"哪个韵书中的韵部，怎么

---

① 王仁昫：一作王仁煦，字德温，唐代音韵学家。

② 魏了翁：南宋学者。字华父，号鹤山，邛州蒲江（今属四川）人。庆元进士，官礼部尚书。推崇朱熹理学。

③ 罗大经：南宋学者。字景纶，号儒林、鹤林，吉州吉水（今江西吉水）人。著有《鹤林玉露》，记载宋代文人逸事。

④ 周德清：元代音韵学家。高安（今属江西）人。善音律，兼长北曲。

掌握，是每作一首诗都要严格遵守韵部的规定吗？今天的习惯用北方音说普通话的人，读起古代有入声的唐诗宋词，会发生不协调的声调。例如柳永的词："对潇潇暮雨洒江天，一番洗清秋。"那个"番"字处应该用仄声，而"番"字在"韵书"中没有列入仄声的。待到查《康熙字典》，却有仄声一读，证据是杜甫诗中有作仄声的例子，可知唐代的杜甫、宋代的柳永都曾把"番"字读成"范"，就是不遵古韵书的大诗家、大词人。我们岂能因此怀疑陆法言、王仁昫、陈彭年①（《广韵》的编者），或怀疑杜甫和柳永！所以我们研究古籍是求它的"真"和"是"，但有一句古代的名言，"尽信书不如无书"，又是必须牢牢记住的。了解这类问题，就明白音韵与古代典籍的关系并不太小了。

近代有一位学者，是心理学家，也是音韵学家，他用统计学的方法把杜甫集中的七言律诗总数统计一番，见到杜甫晚年许多首诗是"吴体"那种"强戏为"的"拗体"，得出的结论，是七言律诗到杜甫时还没有成熟，竟忘记了《秋兴》八首、《咏怀古迹》五首、《诸将》五首是谁作的了。唐初武则天率群臣在洛阳石淙游览、作诗，只有沈佺期②、宋之问③二人各作的一首七言律诗完全合律，其余都有或多或少的失误，怎能说到杜甫时七言律诗还没成熟呢？

由于说到律诗，还有附带的一些问题。对偶不仅律诗有，它还独自流传得又远又广。自皇帝的宫殿、佛道的庙宇、民间的大小人家，民家的灶王龛、祖宗龛上，更不要说名胜古迹、圣贤的祠庙、文人的

---

① 陈彭年：北宋音韵学家。字永年，建昌军南城（今属江西）人。宋真宗时与丘雍等人根据《切韵》《唐韵》编成第一部官修韵书《广韵》。

② 沈佺期：唐代诗人。字云卿，相州内黄（今属河南）人。律体谨严精密，对律诗体制的定型颇有影响。与宋之问（见下注）齐名，并称"沈宋"。

③ 宋之问：唐代诗人。字延清，汾州（治今山西汾阳）人，一说弘农（今河南灵宝）人。文辞华丽。律体谨严精密，对律诗体制的定型颇有影响。

书房中、民间地上一尺来高的小土地庙，都贴着小对联，足见对联不仅是骈体文、五七言律诗中必不可少的构成部分，是中华民族的重要文化的一个方面，也是了解中华民族历代文化特征的一项普及的因素，这里不再特别举例，要知它是研究种种历史常识中必不可不知的一项罢了。

八、课程的初名和改名

由于社会上常见大学出来的知识分子，在给朋友的信札以及所发表的文章等，里边常见一些常识上的错误，如历代常用的词语、传统文字的写法、字音中的平仄读法，这必影响诗词的抑扬声调，字句的对偶。此外，如历史的朝代、古代文体的名称和特点，行、草书的认识等，我在给硕士班讲课时，曾以诙谐的语言将这些知识称为"猪跑学"。因为北京民间有一句谚语，对知识不足、发言错误的人批评说："他没吃过猪肉，难道还没见过猪跑吗？"我对这些最浅近、最常见的知识就借用这个谚语称其为"猪跑学"。这时常常开会，和北大金克木①先生见面，谈到社会上所见文章、信札中出现的种种错误，我谈起讲过"猪跑学"的事，金先生拍案称快，认为现在这种毛病，可能出于几项原因：一是中学读物包括课本中缺少有关这方面常识的教导；二是到了大学本科时课程和讲法都向高处追求，常识方面的问题容易被列入"早已讲过"的范畴，到研究班的硕士、博士时，追求的方向和选择的研究课题，距离更高更远，因而越发地缺少这方面补充注意的机会。金克木教授也提出他自己如

---

① 金克木：学者。安徽寿县人。梵语文学、印度文化研究的成就突出。与季羡林、张中行、邓广铭合称"未名四老"。

何增强研究生此类常识的办法。有人告知北大的吴组缃①教授有文章响应我这个"猪跑学"，可惜我没找到吴先生的文章。最近又读到北大吴小如②先生的文章，评论报刊、电视上的一些语词失误，大意说："安得许多启功到各处多讲些'猪跑学'？"老友的谐谈，也足见差错有更正的需要。

当年在讨论这个课程名称时，有人提出可叫"文化常识"，又有人提出可叫"文献学"，这当然文雅些了，但《论语》里孔子说："夏礼吾能言之，杞不足征也；殷礼吾能言之，宋不足征也。文献不足故也，足则吾能征之矣。"文是指文字的记载，献是指贤人，记得朝章国典的人。称"文献学"，又觉得提得太高、太大。元代马端临③撰《文献通考》，又通考古今的政治制度如田赋、货币等，他从经、史取材的属于"文"，他从当时的名流谈话和小说中取材的言论属于"献"，所以叫"文献""通考"。都不是这一课程所能胜任的。所以只想改变范围，改称今名。

九、余论

由于古书是古人写的，书中的语言、文辞、句法乃至文字的形体，在今人看来未必都能了解，所以作这方面研究的人还有许多专门问题、特定知识，要去学习探讨，于是又分出许多分支的学问。例如文字学、音韵学、训诂学，研究不同时代的历史制度、地理的划分、民族的分合、

---

① 吴组缃：作家、学者。原名祖襄，安徽泾县人。历任清华大学、北京大学教授，致力古典文学尤其是明清小说研究。

② 吴小如：历史学家。原名同宝，安徽泾县人。俞平伯弟子，被认为是"多面统一的大家"。

③ 马端临：宋元之际历史学家。字贵与，号竹洲，饶州乐平（今属江西）人。所撰《文献通考》，是古代典章制度方面的集大成之作。

文化的异同……都有相互的牵连。假定要整理某一部古书，并非任何人拿来就能办的。不管他有什么学历，什么特长，他所想整理的那部书，恐怕绝不是一个人所能立刻完全了解的。我们所见、常读的任何一部古书，不管我们对它如何熟习，也不管我们手中的本子是经过哪位专家校对标点过的，都能在报纸、杂志上，或其他书籍中遇到挑剔这部印本的问题的。例如书中本文的错误、注释的不足、标点的是非、印刷的失误，都在所难免。

至于整理者对所整理的书籍有什么评论，更容易引来不同的看法，能使整理者手忙脚乱。一稿自己改订多次，还未必毫无差错。汉代今古文学派之争，直到清代又还掀起。其实后代的争论与汉代的争论的目的、内容已全不相干。但争论的说法积累起来，已比汉代的文字材料不知增加多少倍。这样的争论，未必全有科学价值，往往是政治派系的见解。当然，政治也是一种科学，但出于个人私见的，就另当别论了。

说到目录之学，还有一派称为"辨伪"。因为古书有散佚的，后人伪造一书，题上已佚的古书名字，这当然应该辨，值得辨。但如果从某些书中对某几点有所怀疑，便指这本书是伪书，就著书立说称哪些都是伪书，使后学信以为真，就造成流弊，于整理古籍便起了相反的作用了。

谈清代改译少数

民族姓名事

一、元人乃贤的改名

　　元代诗人乃贤字易之，色目人①，葛逻禄②氏，元代又译为"合鲁"，汉义为"马"。著有诗集，名《金台集》，还有《河朔访古记》，是从《永乐大典》辑出的残本。他有手写的《南城咏古》五言律诗一卷，刻入《三希堂帖》。我曾得到其原本墨迹照片一份，因原卷早已失踪，这份照片，即成至宝。不久又见到北京图书馆影印的于敏中③自

---

① 色目人：也称"诸色目人"。元代把治下人民分为蒙古人、色目人、汉人、南人四等，每个等级在为官、考试、刑罚、赋役等方面有相应的规定。

② 葛逻禄：自 7 世纪至 12 世纪活跃于西域的突厥系民族之一，又称歌逻禄、哈剌鲁等。

③ 于敏中：清代大臣。江苏金坛人。在军机处任职近二十年，任《四库全书》正总裁。

热河行宫①致陆锡雄②、纪昀（yún）③（当时在北京主编《四库全书》）的手札，其中提到乃贤的名字改译为"纳新"，深为诧异。以为"贤贤易色"出于《论语》，此色目人全用汉文为名为字，何须改译。又见清初译本《太祖武皇帝实录》，稍后又有许多改译之少数民族词汇，如清始祖名"猛哥铁木儿"④改译为"都督孟特穆"；太祖之名，明人译为"奴儿哈赤"，改译为"努尔哈赤"，则是嫌"奴儿"不敬。国号、帝号原称"后金国汗"，因明人犹念宋金之仇，改称"大清"，读音为"戴清"，不像大唐、大宋、大金、大元，语义是"伟大的某国某朝"。独大清读为"戴清"，还有其他官名亦同此音，如"莫尔根戴清"，我至今尚不能解。如此等等是乾隆以前旧译、旧改。

及至乾隆朝时，改译少数民族语音之字更属常见了。

二、口语语音的改译用字

明珠⑤之子成德⑥致张纯修⑦之手札，张氏在其札之上端批"明阿哥"三字，"明"指明珠，"阿哥"如云"少爷"。其后殆因"哥"字有兄长之义，易于混淆，乃改写为"格"。而女称小姐、姑娘，乃

---

① 热河行宫，即避暑山庄，清帝避暑和处理政务的场所。位于河北承德，建于清代康熙、乾隆年间。

② 陆锡雄：清代学者。字健男，号耳山，上海人。曾任《四库全书》总纂官，官至左副都御史。

③ 纪昀：清代文学家。字晓岚，献县（今属河北）人。曾任《四库全书》总纂官。

④ 猛哥铁木儿，即猛哥帖木儿。明初建州女真首领，任建州左卫指挥使，是努尔哈赤六世祖，清代追尊为"肇祖"。

⑤ 明珠，即纳兰明珠。清代权臣。满洲正黄旗人。官至武英殿大学士，因擅权营私免职。

⑥ 成德，即纳兰性德。清代词人。原名成德，字容若，号楞伽山人。康熙进士，任一等侍卫。善骑射，工书法，其词成就尤高，王国维誉其为"北宋以来，一人而已"。

⑦ 张纯修：清代书画家。字子安，号见阳、敬斋，汉军正白旗人。官至庐州知府兼摄凤庐道。

汉语，而满语则称"哥哥"（语音），又与兄长之义相混，故写"格格"而读"哥哥"。清代内监多是河北人，其乡音虽称长兄，亦同"格格"（"阁阁"阳平声），故称少女亦作"格格"（阳平声）之音。非河北省人，亦作此音，闻之甚觉可笑。

三、清初满籍人曾用汉姓

金、元时，曾规定少数民族译用汉姓，如完颜为王姓、蒲察为李姓等。元代作曲家有蒲察李五[①]，清初有李荣葆[②]，其后人则名傅恒[③]，傅恒三子皆以"傅"字冠于名上，如傅长安、傅隆安、傅康安。乾隆帝不欲子孙俱沿用汉姓，改"傅某安"为"福某安"。在古代（至明末、清初）少有二字以上之名，姓有复姓俱与名字之义不联，只有滑稽戏之演员艺名，如"敬"姓者改为"镜"，名"新磨"[④]。铜镜新磨，其光倍亮，正是艺人取笑之名，而士大夫则无此例。乾隆帝改傅恒之子名字时，盖未考虑到汉族古代习俗。又乾隆以前有大臣名阿克敦（满语），其后代即以"阿"为姓，名"桂"，阿桂之后名"阿彦成"，即沿"阿"为汉姓。乾隆帝于其满文奏折中，"阿"字之满文字母旁加一点，便成了"那（阴平声）彦成"，与福康安之名同例。足见乾隆之前（实自金、元已肇其端）已曾有沿用汉姓之例，而乾隆帝特改之。又乾隆时一蒙籍官员名"运昌"，乾隆帝因其音与三国时关云长之"云长"同音，而改其名为"法式善"（满

[清] 沈贞《阿桂像》
现藏故宫博物院

---

① 蒲察李五，即李直夫。元曲作家。蒲察（清称富察）氏，女真人。

② 李荣葆，即李荣保。乾隆帝孝贤皇后之父，富察氏，满洲镶黄旗人。任察哈尔总管。

③ 傅恒：乾隆时期领班军机大臣。李荣保第九子，字春和，封一等忠勇公。

④ 敬新磨：五代后唐伶人，侍唐庄宗，事迹见《新五代史·伶官传》。

文音）。如此改法，未免多事。

四、《祭神典礼》与《三史语解》

清代有"堂子祭天祭神之举"。在宫内则于坤宁宫举行。官修之书初名《祭祀条例》，后定名为《满州祭天祭神典礼》。又编了一部《三史语解》，是把辽、金、元三代历史中的少数民族语辞（读音）有所改译。在《祭神典礼》序中说，有许多神名是辽、金相传，其源甚远，但自"大金天兴甲午①以来"，文献失传。如"武都本贝子""卓尔欢钟依""鄂啰啰"等。其实东北满族人还有知道部分译义的，如"鄂啰啰"即迎神之辞，如古代之"魂兮归来"。再观《三史语解》所改多是人名中汉语不雅之字。祭祀神名已多不解。而辽代更远于金，改译从何来呢？我的一位族叔恒熙先生与他的儿子金启综两代研究金朝文字，有很大的成绩。但辽代的大、小字还是不易认识的。因此三史的语言，能否全都了解，实属可疑。辽代的语言如此，元代色目人，种族不止一族，清代乾隆时能否完全了解，亦不可知。葛逻禄氏乃贤之汉文名字"乃贤"为色目某族语音"纳新"，更不可知。前年故宫博物院收购乃贤《南城咏古》诗卷原迹，卷前签题为"纳延"，是乾隆时文臣之笔，是在《四库》改译"纳新"之前又曾改译为"纳延"。今无论"纳延""纳新"，俱与汉字"乃贤"音近，则乾隆改译"乃贤"为"纳延"，为"纳新"，俱未必是据葛逻禄（合鲁）姓之民族语音所改。又乃贤自署其"字"为"易之"。"贤贤易色"，语出《论语》，"乃贤"二字如为色目民族之语音，何以又取汉人

---

① 天兴：金哀宗完颜守绪年号（1232—1234）。天兴甲午为天兴三年（1234 年）。

古籍之典故为字呢？我曾听说元代诗人"萨都剌"的汉语义为"上天所赐"，所以其表字为"天锡"（"锡"即"赐"义）。所以"乃贤"二字音果为色目民族之语，其义是否与"贤"有关，遂使其取字易之呢？如果"纳新"之民族语义与"贤"无关，则初改"纳延"更暴露出其据汉字之义只改其音了。或因"纳延"二字于"乃贤"之音更近，故改"延"为"新"，以泯其据汉字之音只改其汉字之迹，更为妥当了。

所以，乾隆时人未必真通元代色目各民族语言之发音，所改译之字，可能只有两类为最多：一为改易汉文旧译不雅之字，二为即据旧译汉字改其谐音而已。其中易改者乃女真语或蒙古语，至清仍在通行，只改其不雅之字，是改汉字，并非改译罢了。

五、乃贤在元代用"马"姓

乃贤姓"葛逻禄"，又译作"合鲁"，汉义是"马"。我求友人王连起先生代我翻阅元代和明初时文人的诗文集，他查了十个人的诗文集，其中七个元代人，三个明初的人。明唐桂芳[①] 称他为葛逻禄易之，元代余阙[②] 称他为合鲁易之。其他如元代张深、元代张

---

① 唐桂芳：元末明初学者。歙县（今属安徽）人。

② 余阙：元代唐兀人，生于庐州（今安徽合肥）。与北宋包拯、明代周玺并称"庐阳三贤"。

316

翥（zhù）^①、元代陈基^②、元代成庭珪^③、元代袁士元^④、元代沈梦麟^⑤、明代乌斯道^⑥、明代林弼^⑦都称他为"马易之"。这些人的诗文集并非某一个"出版社"统一出版的，也不是像《永乐大典》和《四库全书》统一编辑的。在统一编辑或同一出版单位所印，或有可能把某个作家的姓加以统一，像以上不同的许多人共称一人姓马，这说明在乃贤当时曾用马姓是毫无可疑的。

不佞昔撰《论书绝句》，有一首云："细楷清妍弱自持，五言绝调晚唐诗。平生每踏燕郊路，最忆金台乃易之。"当时自注又误以其诗中所咏之"妆台"即今北京北海之琼岛，又不知易之固以马为姓。未曾有乃易之之号。后经详考，辽金都城在今北京之西南方，今琉璃厂之海王村乃因出土金人墓志，言其地名海王村，在金都之东北郊。始知今北京乃在元大都旧址上略加改建，与金都全无关系。乃贤所咏之妆台，大约在今京城西南郊外，荒烟蔓草，已不易寻觅其旧址了。

① 张翥：元代文学家。字仲举，号蜕庵，晋宁（今山西临汾）人，居杭州。

② 陈基：元代诗人。字敬初，临海（今属浙江）人。在张士诚吴政权中任学士，书檄多出其手。明太祖平吴后召其预修《元史》，后赐金而还。

③ 成庭珪，即成廷珪。元代诗人。字原常，号居竹，兴化（今属江苏）人。元末避乱江南，隐居扬州。

④ 袁士元：元末明初诗人。字彦章，号菊村学者，鄞县（今浙江宁波鄞州区）人。任鄞学教谕、西湖书院山长，擢翰林国史院检阅官，不就。

⑤ 沈梦麟：元代文学家。字原昭，吴兴人。元代任武康令，归隐，明代征召为试官。擅七言律诗，时称"沈八句"。

⑥ 乌斯道：明初文人。字继善，浙江慈溪人。工古文，精书法。

⑦ 林弼：明代诗人。字元凯，龙溪（今福建漳州）人。元至正进士，明初征召参与修纂《元史》，任登州知府。

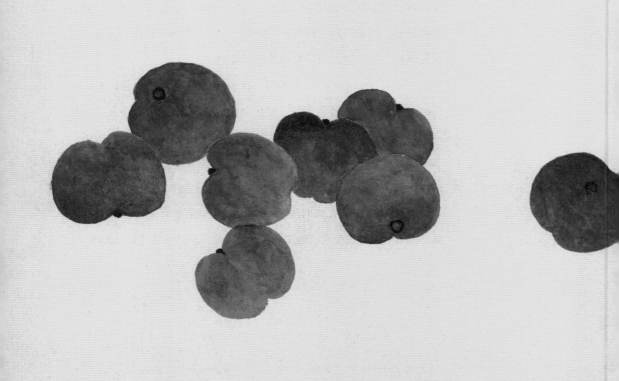

附录

启功年谱

一九二七年（丁卯，民国十六年）十五岁 拜贾尔鲁为师学画。

一九二四年（甲子，民国十三年）十二岁 入小学（北京汇文学校）。

一九二三年（壬戌，民国十一年）十岁 曾祖、继祖母、祖父相继去世。

一九一五年（乙卯，民国四年）三岁 去雍和宫接受灌顶礼，拜师白普仁，取名『察格多尔札布』。

一九一二年（壬子，民国元年）出生。七月二十六日

一九二六年

一九三〇年（庚午，民国十九年）十八岁 从戴绥之学习古典文学，参加翠锦园文人雅集、松风画会，自号松壑。

一九二三年（癸亥，民国十二年）十一岁 祖父学生募集两千元公债作为其生活费。

一九一三年（癸丑，民国二年）一岁 父亲去世。

一九二〇年

320

一九四六年（丙戌，民国三十五年）三十四岁 任故宫博物院专门委员，负责文献馆审稿和鉴定文物。

一九三五年（乙亥，民国二十四年）二十三岁 任辅仁大学美术系助教。

一九三二年（壬申，民国二十一年）二十岁 与章宝琛完婚。

一九四八年

一九三三年（癸酉，民国二十二年）二十一岁 入辅仁大学教书，受教于陈垣。

一九三八年（戊寅，民国二十七年）二十六岁 任辅仁大学国文系讲师。

一九六三年（壬寅）五十一岁 撰写《红楼梦札记》。

一九五八年（戊戌）四十六岁 被补划为『右派』，撤销教授职称。

一九五六年（丙申）四十四岁 升任北师大教授，参加中国画院筹备工作。

一九四九年（己丑）三十七岁 任辅仁大学国文系副教授。

一九六二年（壬寅）五十岁 《古代字体论稿》《诗文声律论稿》出版。

一九五七年（丁酉）四十五岁 参加故宫博物院回收文物鉴定工作，母、姑相继去世。

一九五二年（壬辰）四十岁 任北师大中文系副教授，加入九三学社。

一九八〇年（庚申）六十八岁
当选九三学社中央委员。

一九七八年（戊午）六十六岁
恢复教授职称。

一九七五年（乙卯）六十三岁
夫人章宝琛去世。

一九七九年（乙未）六十七岁
《古代字体论稿》出版。

一九七七年（丁巳）六十五岁
《诗文声律论稿》出版。

一九七一年（辛亥）五十九岁
参与中华书局《二十四史》《清史稿》整理工作。

一九八九年（己巳）七十七岁

《启功韵语》出版。

一九八三年（癸亥）七十一岁

任《中国美术全集》顾问。

一九八一年（辛酉）六十九岁

《启功丛稿》出版，任中国书
法家协会副主席，赴香港中文
大学讲学。

一九八五年

1982.11.4绍兴

古典文学专业硕士点。

一九八二年（壬戌）七十岁

国家古籍整理出版规划小组成
立，任该组成员，创建北师大

一九八四年（甲子）七十二岁

任北师大博士生导师、中国书
法家协会主席。

一九八六年（丙寅）七十四岁

任国家文物鉴定委员会委员。

二〇〇五年六月三十日（乙酉）九十三岁　于北大医院逝世。

二〇〇三年（癸未）九十一岁　当选西泠印社第六任社长。

一九九九年（己卯）八十七岁　任中央文史研究馆馆长。

一九九一年（辛未）七十九岁　设立『励耘奖学助学基金』以纪念陈垣。

二〇〇四年（甲申）九十二岁　《启功讲学录》《启功口述历史》出版。

一九九七年（丁丑）八十五岁　题写北师大校训『学为人师，行为世范』。

北京师范大学校训　学为人师　行为世范　一九九七年夏　启功敬书

一九九〇年（庚午）七十八岁　《论书绝句一百首》等出版。